Su PASIÓN

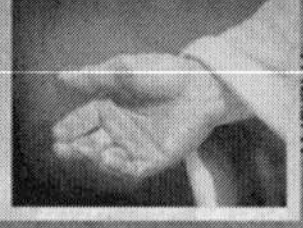

Su pasión por Integrity Publishers
Publicado por Casa Creación
Una compañía de Strang Communications
600 Rinehart Road
Lake Mary, Florida 32746
www.casacreacion.com

Traducción por: Belmonte Traductores
Tipografía por: Lillian McAnally

Library of Congress Control Number: 2004111062
ISBN: 1-59185-485-7
Impreso en los Estados Unidos de América
04 05 06 07 08   9 8 7 6 5 4 3 2 1

INTRODUCCIÓN

Durante muchos siglos, los seguidores de Jesús han pensado con reverencia, silencio y compromiso renovado en los últimos días que Él pasó. La culminación de su sufrimiento nos hace llorar de emoción y también pasar a la acción. Atesoramos sus últimas palabras; contemplamos aquel violento instrumento de tortura como un objeto precioso debido a que mide lo inmensurable. A pesar de lo grande que imaginemos que es el amor de Dios, la cruz nos muestra que su amor es aún más grande.

Durante su última semana, Jesús enseñó, discutió, clamó; Él respondió algunas preguntas, eludió otras, y desafió tanto a enemigos como a amigos con la verdad. Estuvo delante de sus acusadores en silencio. Se entregó a sí mismo para ser crucificado. Murió. Aquellos que lo amaban tanto como sabían enterraron su cuerpo e hicieron lamento.

Pero no por mucho tiempo. La nueva semana marcó el comienzo de un nuevo mundo. El primer día resultó ser mucho más que el comienzo de una nueva semana: el Domingo de Resurrección arrojó una brillante y nueva luz sobre todas las cosas. Por eso la experiencia de la Pasión de Cristo no finalizó con el momento en que su corazón dejó de latir, sino que continúa hasta nuestros días y lo hará hasta la eternidad.

Los próximos 365 días, sumérjase profundamente en la Pasión de Jesús. Mírelo a través de los ojos, las mentes y las palabras de otras personas que han realizado este viaje.

Jesús entra en Jerusalén

¡Bendito el que viene en el nombre del Señor!
MARCOS 11:9

La entrada triunfal puso en su lugar correcto muchas cosas, pero la más crucial, en el lugar equivocado. Jesús recibió una bienvenida real debido a razones con poca visión. Quienes cortaron las ramas de palma y tendían sus mantos esperaban mucho de Jesús; pero no esperaron suficiente. Querían un rey; pero necesitaban mucho más.

La entrada triunfal representa todos aquellos claros momentos en que la humanidad ha expresado sus más fuertes deseos de una intervención de Dios, pero ha confundido sus propios propósitos con los de Dios. Esta primera escena en la semana final de Jesús sirve como recordatorio de todas las maneras en que la entrada de Jesús en la Historia fue malinterpretada aun por parte de quienes lo esperaban. La entrada triunfal nos enseña a reconocer a Jesucristo como quien es en realidad.

Las lecturas en esta sección no sólo se enfocarán en los acontecimientos que rodean inmediatamente la entrada triunfal, sino que también explorarán muchas de las otras lecciones sobre el principio de la vida y el ministerio de Jesús que podrían verse de una manera pero que deberían ser entendidas de otra distinta. Nuestra compresión de Jesús mismo tiene mucho que ver con la forma en que veamos y comprendamos la entrada triunfal.

Día 1

PARA NOSOTROS

JUAN 3:16

Porque de tal manera amó Dios al mundo, que ha dado a su Hijo unigénito, para que todo aquel que en él cree, no se pierda, mas tenga vida eterna.

De tal manera ama Dios al mundo. ¿Hasta qué punto? Hasta el punto de que Él dio a su Hijo unigénito para que el mundo confíe en Él. ¿Y cómo lo dio? Lo dio en su nacimiento como hombre, para que fuese siempre uno con nosotros. Lo dio en su muerte en la cruz como fianza, para que tomase nuestro pecado y nuestra maldición sobre sí mismo. Lo dio en el trono celestial, para que asegurara nuestro bienestar, como nuestro Representante e Intercesor por encima de todos los poderes celestiales. Lo dio en el derramamiento del Espíritu, para que more dentro de nosotros, para que fuera en nosotros por completo y del todo... Sí; ese es el amor de Dios: que Él dio a su Hijo a nosotros, por nosotros y en nosotros.

Nada menos que su Hijo mismo. Este es el amor de Dios; no que Él nos dé algo, sino que nos da a Alguien —una persona viva—, no que nos dé una u otra bendición, sino a Aquel en quien están toda la vida y bendición: Jesús mismo.

ANDREW MURRAY

Día 2

VIDA EN ÉL

JUAN 1:1, 4

En el principio era el Verbo... en él estaba la vida, y la vida era la luz de los hombres.

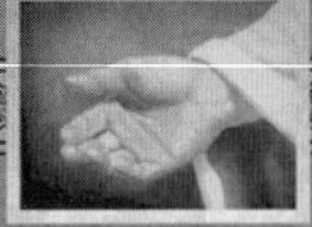

El Verbo era con Dios en el principio, y el Hombre estuvo sujeto al dolor de la muerte. La naturaleza humana no era eterna, y la naturaleza divina no era mortal. Todos sus otros atributos se consideran de la misma manera... No fue la naturaleza humana la que alimentó a miles, ni tampoco fue la fuerza poderosa la que se apresuró a acudir a la higuera. ¿Quién estaba cansado del viaje y quién dio existencia al mundo por su palabra? ¿Cuál es el brillo de la gloria y qué fue atravesado por los clavos? ¿Qué cuerpo fue azotado durante la semana de la Pasión, y qué cuerpo es glorificado eternamente? Esto está claro: que los golpes pertenecen al siervo que fue el Señor, y el honor pertenece al Señor que fue siervo. Como resultado, las naturalezas de Cristo son unificadas, y sus respectivos atributos pertenecen a ambas naturalezas. Al igual que el Señor recibió las cicatrices del siervo, el siervo es glorificado con el honor del Señor. Porque es por eso que la cruz se llama la cruz del Señor de gloria, y por eso toda lengua confesará que Jesucristo es Señor, para gloria de Dios Padre.

GREGORIO DE NICEA

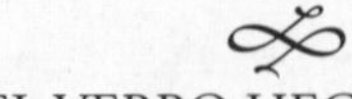

DÍA 3

EL VERBO HECHO CARNE

JUAN 1:14

Y aquel Verbo fue hecho carne, y habitó entre nosotros (y vimos su gloria, gloria como del unigénito del Padre), lleno de gracia y de verdad.

El Verbo fue hecho carne para que la sabiduría de Dios pudiera llegar al alcance de los seres humanos. Porque su Palabra —la expresión de la verdad plena sobre Dios— está mucho más allá de nuestra comprensión. Ninguna criatura puede llegar a comprender plenamente a su creador; pero el Verbo, el Hijo de Dios, toma forma humilde y humana, para que la verdad infinita pudiera verse en términos finitos.

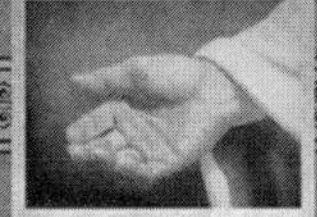

Él se humilló a sí mismo, descendiendo a los más bajos niveles humanos. Quienes se unan a Él allí —negándose a sí mismos, tomando el lugar más humilde— serán levantados con Él hasta las alturas de los cielos.

No es fácil para un hombre agacharse hasta un nivel tan bajo, o abandonar su confianza en sí mismo. Pero cuando ve al divino Hijo, como así fue, a sus pies y envuelto en las ropas de la pobreza humana, entonces puede que su corazón se conmueva y que se cure su orgullo. Y cuando nos cansemos de intentar demostrar lo que valemos, puede que estemos listos para arrojarnos a Él.

Cuando lo hacemos, quien descendió hasta donde nosotros estamos nos levanta hasta donde Él está.

AGUSTÍN

DÍA 4

COMO NOSOTROS

HEBREOS 2:17

Por lo cual debía ser en todo semejante a sus hermanos, para venir a ser misericordioso y fiel sumo sacerdote en lo que a Dios se refiere, para expiar los pecados del pueblo.

Cuando Dios entró en el tiempo y se hizo hombre, Aquel que no tenía límites se puso límites. Encarcelado en carne. Restringido por músculos y pestañas que se cansan. Por más de tres décadas, su alcance —una vez ilimitado— estaría limitado a la longitud de un brazo, y su velocidad controlada por el paso de los pies humanos.

Yo me pregunto: ¿Alguna vez fue tentado a reclamar sus fronteras sin límite? En mitad de un largo viaje, ¿alguna vez consideró transportarse a sí mismo hasta la siguiente ciudad? Cuando la lluvia le provocaba escalofríos, ¿se sentía tentado a cambiar el clima? Cuando el calor resecaba sus labios, ¿pensó alguna vez en

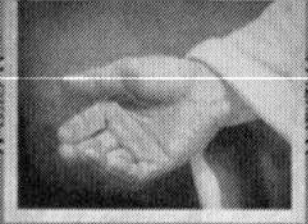

saltar hasta el Caribe para refrescarse?

Si alguna vez llegó a albergar ese tipo de pensamientos, nunca cedió a ellos. Ni una sola vez. Deténgase y piense en ello. Ni una sola vez Cristo utilizó sus poderes sobrenaturales para su comodidad personal. Con una sola palabra Él podría haber transformado la dura tierra en una blanda cama, pero no lo hizo.

Con un movimiento de su mano Él podría haber hecho volver la saliva de sus acusadores a sus propias caras, pero no lo hizo. Con un movimiento de sus cejas Él habría podido paralizar la mano del soldado cuando trenzaba la corona de espinas. Pero no lo hizo.

Extraordinario.

MAX LUCADO

Día 5

DIOS *con* NOSOTROS

MATEO 1:23 NVI

la virgen concebirá y dará a luz un hijo,
y lo llamarán Emanuel (que significa "Dios con nosotros.")

Leemos y creemos muchas cosas a la luz de la Encarnación. Pero aun en nuestros sentimientos humanos, podemos observar la grandeza de Dios. Por ejemplo, Jesús está cansado a causa de su viaje, por lo que Él puede refrescar a los cansados. Él desea beber cuando está a punto de dar agua espiritual a los sedientos. Él tuvo hambre cuando estaba a punto de proporcionar la comida de salvación a los hambrientos. Él muere para volver a vivir. Es enterrado para resucitar. Cuelga de la terrible cruz para fortalecer a quienes sienten pavor. Cubre los cielos con una espesa oscuridad para que Él pueda dar luz. Hace temblar la tierra para que Él pueda hacerla fuerte. Agita el mar para poder calmarlo. Abre los sepulcros de los muertos para poder demostrar que son los hogares de los vivos. Nace de una virgen para que la gente pueda

creer que ha nacido de Dios. Él finge no saber para así poder dar conocimiento a los ignorantes. Como judío, se le dice que adore para que así el Hijo pueda ser adorado como el verdadero Dios.

AMBROSIO

DÍA 6

UNA IMAGEN *de* DIOS

MATEO 1:23

He aquí, una virgen concebirá y dará a luz un hijo,
y llamarás su nombre Emanuel, que traducido es: Dios con nosotros.

En el nacimiento de Jesús, vemos a Dios en forma humana débil y vulnerable. Dios escoge compartir nuestra situación y condición. Dios está con nosotros. En la muerte de Jesús, vemos a Dios presente en forma humana que sufre. Dios escoge tomar nuestro lugar en vez de ser nuestro enemigo. Dios está por nosotros. En la resurrección y la ascensión, vemos a Dios en forma humana victoriosa. En esta forma, introduciéndose a sí mismo en las profundidades de nuestro ser, Dios está en nosotros: como el Espíritu de Cristo. Tres perspectivas de Jesús, tres perspectivas de Dios.

Aquí, entonces, en resumen, está la gloria de Dios. Aquí está lo que Dios es en realidad. Él es el Dios que está con nosotros, el Dios que está por nosotros, y el Dios que está en nosotros. En pocas palabras, cuando Dios muestra su rostro, siempre muestra su gracia; el tesoro que Él ofrece alojar con nosotros no es otra cosa que la gracia de Dios. Porque cuando hablamos de gracia, queremos decir precisamente esto: la promesa de "Dios con nosotros", el poder de "Dios en nosotros" y el perdón de "Dios por nosotros".

LEWIS B. SMEDES

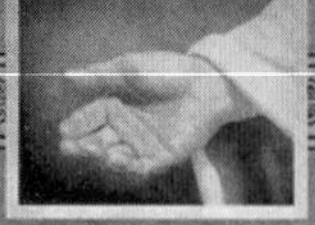

FORMA *de* SIERVO

FILIPENSES 2:6-8 NVI

Quien, siendo por naturaleza Dios, no consideró el ser igual a Dios como algo a que aferrarse. Por el contrario, se rebajó voluntariamente, tomando la naturaleza de siervo y haciéndose semejante a los seres humanos. Y al manifestarse como hombre, se humilló a sí mismo y se hizo obediente hasta la muerte, ¡y muerte de cruz!

¿Qué piensa la Iglesia sobre Cristo?

La respuesta de la Iglesia es categórica e inflexible: que Jesús bar José, el carpintero de Nazaret, era, de hecho y en verdad y en el sentido más exacto y literal de las palabras, el Dios "mediante el cual todas las cosas fueron hechas...".

Ahora bien, este no es un tópico piadoso; no es un tópico en absoluto. Porque lo que significa es lo siguiente, entre otras cosas: que por la razón que haya sido, Dios escogió hacerse hombre tal como este es —limitado, sufrido y sujeto a tristezas y a la muerte—; Dios tuvo la honestidad y el valor de tomarse su propia medicina. Cualquiera que sea el juego al que Él juega con su creación, ha cumplido sus propias reglas y ha jugado limpio. Él no puede exigir nada del hombre que no haya exigido de sí mismo.

Él mismo ha pasado por todas las experiencias humanas, desde las triviales irritaciones de la vida familiar y los obstáculos y restricciones del trabajo duro y la falta de dinero hasta los peores horrores del dolor, la humillación, la derrota, la desesperación y la muerte. Cuando Él era hombre, acató las normas del hombre. Nació en pobreza y murió en deshonra, y consideró que todo ello merecía la pena.

DOROTHY SAYERS

COMIENZA EL DESFILE

LUCAS 19:30

Id a la aldea de enfrente, y al entrar en ella hallaréis un pollino atado, en el cual ningún hombre ha montado jamás; desatadlo, y traedlo.

Este es realmente el más humilde de todos los memorables desfiles que Él planea y, sin embargo, en su misma humildad, apela a la antigua profecía y le dice a Sión que su Rey viene a ella. Los monarcas de Oriente y los capitanes de Occidente podrían montar a caballo como para la guerra, pero el Rey de Sión llegaría manso, montado en un asno, en un pollino, que es el potro del asno. Sin embargo, es adecuado y digno el uso de "un pollino en el cual ningún hombre ha montado jamás", y nos recuerda otros hechos, tales como que Él fue el primogénito de una madre virgen, y que descansó en un sepulcro que la corrupción nunca había manchado.

De esta forma llega, el más manso de los poderosos, sin ninguna espada reluciendo a su alrededor para protegerlo, ni para castigar a los extranjeros que pisotean Israel o los peores enemigos de su propia casa. Los hombres que sigan a un Rey así deben hacer a un lado sus ambiciones vanas y terrenales, y despertar a la verdad de que los poderes espirituales son más grandiosos que cualquier otro que la violencia haya controlado nunca.

CHADWICK

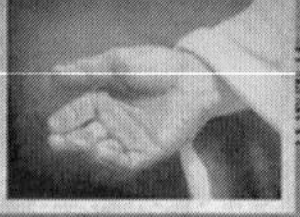

Día 9

TU REY VIENE

MATEO 21:5

Decid a la hija de Sión: He aquí, tu Rey viene a ti, manso, y sentado sobre una asna, sobre un pollino, hijo de animal de carga.

La entrada pública de Jesús a Jerusalén parece completamente diferente —y casi hemos dicho inconsistente— a su modo anterior de aparición. Evidentemente, el tiempo de silencio impuesto durante tanto tiempo, ha pasado, y ha llegado el momento de la declaración pública. Y así lo fue, sin ninguna duda, esta entrada. Desde el momento en que Él envió a los dos discípulos hasta su aceptación del homenaje de la multitud y su reprensión del intento de arrestarlo de los fariseos, todo debe considerarse como diseñado o aprobado por Él: no sólo una afirmación pública del hecho de ser el Mesías, sino también una reivindicación de su reconocimiento nacional. Y sin embargo, aun así, no debía ser el concepto de Mesías que tenía Israel, sino el cuadro profético: "justo y trayendo salvación; manso, y sentado sobre una asna...". Al menos, no puede haber ninguna duda de que esta profecía debía introducir, en contraste con la guerra terrenal y el triunfo del rey, otro Reino, del cual el Rey justo sería el Príncipe de Paz, el cual fue manso y humilde en su advenimiento, que habló palabras de paz a los paganos, y cuya espada aún se extiende hasta los límites más recónditos de la tierra.

ALFRED EDERSHEIM

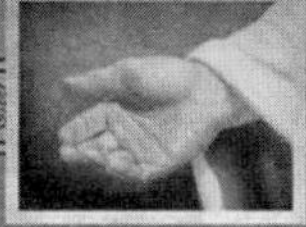

Día 10

VERDADERAMENTE HUMANO, VERDADERAMENTE DIOS

MATEO 21:5 NVI

Mira, tu Rey viene hacia ti...

El Dios de todas las cosas y de sus santos ángeles fue dado a conocer de antemano por los profetas... Como resultado, todo el pueblo judío esperaba expectante su venida. Después de la llegada de Jesús, sin embargo, ellos cayeron en una disputa los unos contra los otros. Un gran número reconocía a Cristo y creía que Él era el objeto de la profecía, mientras que otros no creían en Él... En cambio, se atrevieron a infligir sobre Jesús crueldades que sus discípulos narraron con verdad y candidez. Pero tanto Jesús como sus discípulos deseaban que sus seguidores no creyeran meramente en su Deidad y sus milagros (como si Él no hubiera tomado también una naturaleza humana y no hubiera asumido la carne humana que "batalla contra el Espíritu"), sino que también vieran que Él había descendido hasta tomar naturaleza humana y había estado en medio de toda la desgracia humana. Él tomó sobre sí un alma y un cuerpo humanos. Desde Él comenzó la unión de la naturaleza divina con la humana, para que la humana, por la comunión con la divina, pudiera elevarse a ser divina... Todo aquel que vive de acuerdo a la enseñanza de Jesús pasa a tener una amistad con Dios y comunión con Él.

ORÍGENES

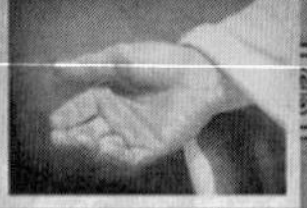

Día 11

EL AMOR LE INSTÓ A CONTINUAR

MATEO 21:7

Y trajeron el asna y el pollino, y pusieron sobre ellos sus mantos; y él se sentó encima.

El Salvador, qué noble llama fue encendida en su pecho,
Cuando apresurándose a Jerusalén, marchaba antes del resto.
Buena voluntad para con los hombres y celo por Dios absorbían su corazón;
Él anhela ser bautizado con sangre, ¡suspira por llegar a la cruz!
Con todos sus sufrimientos a plena vista, y ayes para Él desconocidos,
Adelante a la tarea vuela su espíritu; fue amor lo que le instó a continuar.
Señor, te devolvemos lo que podemos: nuestros corazones resonarán
¡Salvación para el Hombre que muere, y para el Dios que resucita!
Y mientras que tus sangrantes glorias aquí ocupan nuestros perplejos ojos,
Aprendemos a llevar nuestra cruz más ligera, y apresurarnos hacia los cielos.

WILLIAM COWPER

Día 12

MUCHO *que* APRENDER

MARCOS 11:8 NVI

Muchos tendieron sus mantos por el camino; otros usaron ramas que habían cortado en los campos.

Este era el anuncio de Jesús de que Él era ciertamente el tan esperado Mesías. Él escogió *un lugar* donde grandes multitudes podían verlo, y *una manera* de proclamar su misión que era inconfundible. La gente se volvió loca de entusiasmo. Estaban seguros de que su liberación de Roma estaba a la mano. Mientras que la multitud correctamente vio a Jesús como el cumplimiento de esas profecías, no comprendieron dónde conduciría a Jesús su reinado. La gente que alababa a Dios por haberlos dado un rey, tenía una idea equivocada sobre Jesús. Ellos esperaban que Él fuese un líder nacional que restaurara su país y le diera su gloria anterior; de esta manera, estaban sordos a las palabras de sus profetas y ciegos a la verdadera misión de Jesús. Cuando llegó a ser obvio que Jesús no iba a cumplir con las esperanzas que ellos tenían, muchas personas se pusieron en contra de Él. Una multitud similar gritaría, "¡Crucifícale!", cuando Jesús fue juzgado unos cuantos días después. Para ser un verdadero amigo y seguidor de Jesús se necesita algo más que participación en una reunión de alabanza...

Al igual que las personas que estaban en el camino a Jerusalén aquel día, nosotros tenemos mucho que aprender sobre la muerte y la resurrección de Jesús. No debemos permitir que nuestros deseos personales nos alcancen en la celebración y los gritos, no sea que pasemos por alto el significado del verdadero discipulado.

LIFE APPLICATION BIBLE COMMENTARY – MARCOS

DÍA 13

BENDITO EL QUE VIENE

MATEO 21:9

¡Bendito el que viene en el nombre del Señor!

¡Gloria a Dios! La humanidad que había sido separada de Dios e incapaz de aproximarse a Él, excepto de manera indirecta a través de los sacrificios y ceremonias judíos, ahora era invitada a

acercarse y ser reconciliada directamente con Él a través de este Bebé que había invadido el tiempo y el espacio para nacer...

El verdadero significado de su vida se encuentra en el glorioso amanecer de la historia de Dios, el cual llega a la revelación plena en la Persona de Jesucristo. ¡Qué verdad tan impresionante! ¡Qué mensaje tan transformador!

Porque Él se despojó de todo excepto de amor, usted puede ser lleno.

Porque su cuerpo fue quebrado, la vida de usted puede ser sanada.

Porque su sangre fue derramada, el pecado de usted puede ser perdonado.

Porque Él se sometió a la injusticia, usted puede perdonar.

Porque Él terminó la obra de su Padre, la vida de usted tiene valor.

Porque Él fue abandonado, usted nunca estará solo.

Porque Él fue enterrado, usted puede ser resucitado.

Porque Él vive, usted no debe tener temor.

Porque Él se acercó a usted, usted no tiene que esforzarse por llegar a Él.

Porque sus promesas son siempre verdaderas, ¡usted puede tener esperanza!

ANNE GRAHAM LOTZ

Día 14

¡HOSANNA!

MATEO 21:9

¡Hosanna al Hijo de David! ¡Bendito el que viene en el nombre del Señor! ¡Hosanna en las alturas!

Que se eleven gritos de alegría
Triunfantes al cielo.
Ahora llega el Rey más glorioso

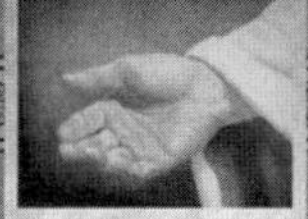

Para reinar sobre todo victorioso:
¡Hosanna, gloria a ti!
Nuestro Rey, nos inclinamos ante ti.

No lleva corona real,
Sin embargo, como Rey es conocido;
Aun no engalanado de esplendor,
¡Hosanna, gloria a ti!
Nuestro Rey, nos inclinamos ante ti.

Tu corazón abre por completo ahora,
Pide a Cristo que contigo more.
Él lleno de gracia te escuchará
Y siempre cerca de ti estará.
¡Hosanna, gloria a ti!
Nuestro Rey, nos inclinamos ante ti.

ANÓNIMO

DÍA 15

EN *el* NOMBRE *del* SEÑOR

JUAN 12:13

Bendito el que viene en el nombre del Señor.

El Hijo de Dios fue hecho el Hijo del Hombre por nuestra salvación. Nueve meses esperó Él su nacimiento dentro del vientre... Aquel que encierra el mundo en su puño estuvo dentro de las estrechas paredes de un pesebre... Cuando fue azotado, Él permaneció tranquilo. Cuando fue crucificado, Él oró por quienes lo crucificaban... La única respuesta digna que podemos dar hacia Él es dar sangre por sangre. Debido a que somos redimidos por la sangre de Cristo, deberíamos desear con alegría dar nuestras vidas por nuestro Redentor. ¿Qué santos han ganado alguna vez sus coronas sin competir primero?... Verá que todas las

personas santas han sufrido persecución... ¿Qué es mejor, luchar por un poco tiempo, cargar con los postes para la prisión, llevar armas, y desmayar ante las feroces batallas para regocijarnos victoriosos para siempre, o convertirnos en esclavos para siempre porque no podemos aguantar ni una sola hora?

JERÓNIMO

DÍA 16

LAS PIEDRAS CLAMARÁN

LUCAS 19:39-40

Entonces algunos de los fariseos de entre la multitud le dijeron: Maestro, reprende a tus discípulos. Él, respondiendo, les dijo: Os digo que si éstos callaran, las piedras clamarían.

¿Pero podían clamar las piedras? Sin ninguna duda podrían haberlo hecho si Aquel que abre la boca de los mudos les hubiera ordenado que elevaran su voz. Ciertamente, si ellas hablaran, habría mucho que testificar en alabanza de Aquel que las creó mediante la palabra de su poder; ellas podrían exaltar la sabiduría y el poder de su Creador que las hizo existir. ¿No hablaremos bien de Aquel que nos hizo nuevos y que levantó de las piedras hijos a Abraham?... Si las piedras hablaran, ellas podrían contar del minero, de cómo las sacó de la cantera y las hizo adecuadas para el templo, ¿y acaso no podemos nosotros contar de nuestro glorioso Minero, que quebró nuestros corazones con el martillo de su Palabra, para poder ponernos en su templo? Si las piedras clamaran, exaltarían a su edificador, que las pulió y las labró a semejanza de un palacio; ¿Y acaso no hablaremos nosotros de nuestro Arquitecto y Edificador, que nos ha puesto en nuestro lugar en el templo del Dios vivo?

CHARLES HADDON SPURGEON

Jesús limpia el templo

Y les enseñaba, diciendo: ¿No está escrito:
Mi casa será llamada casa de oración para todas las naciones?
Mas vosotros la habéis hecho cueva de ladrones.
MARCOS 11:17

Para algunas personas, Jesús era un hombre peligroso. Su pasión tenía un filo de furia; era impredecible en sus actos al igual que lo era en sus palabras. El día de la entrada triunfal, pues, Marcos nos dice que Jesús entró al templo y contempló atentamente las actividades que allí se producían. Regresó al día siguiente y limpió la casa de Dios. Él pasó por los atrios del templo como un fuego imparable de justicia; de hecho, esa era la segunda vez que Jesús había intentado limpiar la casa. La primera vez que Jesús limpió el templo, al comienzo de su ministerio, sus discípulos se acordaron de una antigua frase de los salmos: "El celo de tu casa me consume" (Juan 2:17; ver también Salmo 69:9).

De camino a Jerusalén al día siguiente, Jesús maldijo una higuera, y los discípulos se preguntaban cuál sería el significado. Jesús les dijo que el que la higuera se secara representaba el poder en la oración. Con fe, ellos también podrían hacer cualquier cosa.

Esta sección incluye lecturas sobre el lugar central de adoración en la vida de un creyente. A veces se deben llevar a cabo actos radicales para mantener alejados la confusión y las distracciones de nuestra comunión con Dios y de nuestras intenciones de darle gloria a Él.

LÁGRIMAS *por la* CIUDAD

LUCAS 19:41

Y cuando llegó cerca de la ciudad, al verla, lloró sobre ella.

Jesús llegó a la cima del último monte cuando iba de camino desde Betania. El camino descendía de forma repentina a la vez que una escena familiar sorprendía a los viajeros. Por un momento, el silencio de las piedras ofrecía el más elocuente comentario sobre las vistas.

El sol de las primeras horas de la mañana calentaba los hombros de Jesús. Bañaba los muros y las torres de Jerusalén, que relucían en el lejano flanco del valle. Alta y arrogante en la distancia, la ciudad conquistada escondía su vergüenza detrás de enormes piedras y fuertes puertas.

El pollino se detuvo, y quienes estaban cerca captaron un sonido inesperado: Jesús estaba llorando. Las palabras que fluían juntamente con sus lágrimas explicaban su tristeza. Él veía lo que otros no podían ver. Él sentía el horror del destino de la ciudad, con enemigos atacando desde todas partes. En lugar de la invencible fortaleza que estaba ante Él, Jesús veía la ciudad destruida y sin sus niños.

Jesús también susurró su tristeza por la condición de Jerusalén, que permanecía ajena a "lo que es para tu paz". Aun cuando escuchaba a las multitudes que lo aclamaban, Jesús sabía que caminaba entre muchos que "no conociste el tiempo de tu visitación".

¿Cuántas veces se le da la bienvenida a Jesús con una ignorante pompa? ¿Cuántas veces le ofrecemos una alabanza fuerte pero sin compromiso? ¿Cuántas veces reconocemos el tiempo de nuestra visitación?

NEIL WILSON

Día 18

JUICIO VENIDERO

LUCAS 19:42-43 NVI

Dijo: ¡Cómo quisiera que hoy supieras lo que te puede traer paz! Pero eso ahora está oculto a tus ojos. Te sobrevendrán días en que tus enemigos levantarán un muro y te rodearán, y te encerrarán por todos lados.

¿Quién puede contemplar al santo Jesús, viendo de antemano las desgracias que esperaban a sus asesinos, llorando sobre la ciudad donde su preciosa sangre estaba a punto de ser derramada, sin ver que la imagen de Dios en el creyente consiste mucho en la buena voluntad y la compasión? Sin lugar a dudas, no pueden llevar razón quienes toman cualquier doctrina de verdad para endurecerse contra los demás pecadores. Pero recordemos todos que aunque Jesús lloró sobre Jerusalén, Él ejecutó una horrible venganza sobre ella. Aunque Él no se deleita en la muerte de un pecador, sin embargo ciertamente hará que sucedan sus horribles amenazas sobre quienes rechazan su salvación. El Hijo de Dios no lloró lágrimas vanas y sin causa, no lo hizo por un asunto sin importancia, no lo hizo por sí mismo. Él sabe cuál es el valor de las almas, el peso de la culpa, y lo mucho que estas cosas presionan y humillan a la humanidad. Que Él, pues, venga y limpie nuestros corazones por su Espíritu de todo lo que contamina. Que los pecadores, en todas partes, estén atentos a las palabras de verdad y salvación.

MATTHEW HENRY

Día 19

MANSEDUMBRE NO ES DEBILIDAD

JUAN 2:15

Y haciendo un azote de cuerdas, echó fuera a todos, y las ovejas y los bueyes; y esparció las monedas de los cambistas, y volcó las mesas.

Siempre que usted y yo escuchamos la palabra *mansedumbre*, nuestras mentes tienden a pensar en *debilidad*. Pero ser manso no es ser débil. Ni siquiera se acerca...

Fuerza bajo control. Poder bajo disciplina.

Jesús es el principal ejemplo de una persona mansa. ¿Era débil Jesús? Bien, regresemos y observemos a Jesús cuando limpia el templo. Con un látigo hecho de cuerdas, Él echó a todo el mundo del atrio del templo con un orden extremadamente breve. Nadie luchó con Él; nadie le desafió. Para mí es difícil entender que una persona débil pudiera haber logrado hacer eso. Nadie quería tener problemas con el Hombre de Nazaret. Él ere muy fuerte y tenía gran autoridad... pero también se caracterizaba como una persona mansa...

Jesús era manso. Él tenía la fuerza más grande posible bajo el control más grande posible. Mientras Él estaba en la cruz, podría haber llamado a legiones de ángeles para que llegaran en su ayuda; pero se quedó en aquella cruz y mantuvo a raya su inmenso poder... por su amor por usted y por mí.

DAVID JEREMIAH

Día 20

UNA BUENA LIMPIEZA

LUCAS 19:45

Y entrando en el templo, comenzó a echar fuera a todos los que vendían y compraban en él.

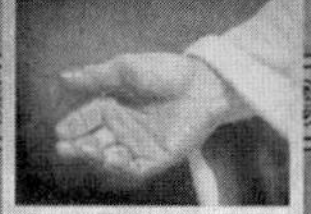

La explosión de Jesús en el templo nos muestra lo que es la indignación justa. Él se puso furioso porque los sacerdotes y sus asociados estaban apartando a las personas de Dios, y eso siempre pone a Dios *muy* furioso...

También deberíamos recordar que por dos veces Jesús limpió el templo; la primera, al comienzo de su ministerio y la segunda cercano al fin (ver Juan 2:13-17). Después de la primera limpieza, las cosas fueron bien en el templo por un tiempo; pero pronto un hombre puso su mesa, los precios se elevaron, y otro más se unió a él. Con el tiempo, las cosas se pusieron peor que nunca, y por eso Jesús regresó y volvió a hacerlo justo antes de su muerte.

De forma similar, cuando acudimos a Cristo por primera vez, Jesús "limpia nuestro templo". El Señor quita sucios hábitos y nos da un nuevo propósito. Con el tiempo, sin embargo, algunas de esas cosas encuentran el camino de regreso, y pronto vemos que nuestras vidas están llenas de suciedad que no debiera estar ahí. Es entonces cuando Jesús tiene que volver para una nueva "limpieza de casa".

¿Cómo está su "templo" hoy? ¿Podría necesitar un poco de limpieza?

GREG LAURIE

DÍA 21

CELO *por* LA CASA DE DIOS

JUAN 2:16-17

Y dijo a los que vendían palomas: Quitad de aquí esto, y no hagáis de la casa de mi Padre casa de mercado. Entonces se acordaron sus discípulos que está escrito: El celo de tu casa me consume.

Entonces los discípulos se acordaron que estaba escrito: "El celo de tu casa me consume": porque por ese celo por la casa de Dios, el Señor echa a esos hombres del templo. Hermanos, que

todo cristiano entre los miembros de Cristo sea consumido por el celo de la casa de Dios. ¿Quién es consumido por el celo de la casa de Dios? Aquel que se esfuerza para que todo lo que pueda ver allí que no sea correcto, se corrija; aquel que desea que esas cosas se solucionen y no que se pasen por alto; quien, si no puede corregirlo, lo soporta, lo lamenta... Por tanto, que el celo de la casa de Dios le consuma: que el celo de la casa de Dios consuma a todo cristiano, celo de esa casa de Dios de la cual él es miembro. Porque su propia casa no es más importante que aquella en la que morará por la eternidad. Usted acude a su propia casa para un descanso temporal, pero entra en la casa de Dios para un descanso eterno. Si, entonces, se ocupa de ver que no se haga nada incorrecto en su propia casa, ¿le corresponde sufrir, hasta donde no pueda evitarlo, si tuviera oportunidad de ver algo incorrecto en la casa de Dios, donde la salvación está delante de usted, y el descanso sin fin?

AGUSTÍN

DÍA 22

AMOR *por* LA CASA DE DIOS

JUAN 2:16-17

Y dijo a los que vendían palomas: Quitad de aquí esto, y no hagáis de la casa de mi Padre casa de mercado. Entonces se acordaron sus discípulos que está escrito: El celo de tu casa me consume.

Jesús observó y escuchó por unos minutos. Entonces llenó sus pulmones, y con voz que se elevó por encima de los balidos y los mugidos, de los gritos de los vendedores y de los argumentos de los engañadores, Él dijo textos de los profetas Isaías y Jeremías: "Escrito está: Mi casa, casa de oración será llamada; mas vosotros la habéis hecho cueva de ladrones".

Con determinación en su rostro, se acercó a las pilas de monedas más cercanas en las mesas de los cambistas y las derribó,

una tras otra. Las monedas resonaron al chocar contra las piedras del pavimento y se alejaron rodando. Él volcó las sillas de los vendedores de palomas y condujo a las ovejas y los rebaños hacia la puerta, gritando repetidamente los textos por los cuales la compra y la venta dentro del templo eran condenadas...

A la vez que los Doce ayudaban a Jesús, Juan quedó impresionado más que ninguno por la expresión que había en su rostro: no sólo de fuerza moral sino de amor. Juan pudo sentir el amor que empujaba a Jesús: amor por Dios y por su templo; amor por los que eran engañados, amor por los mercaderes y los pastores, los cuales habían caído en la trampa del sacrilegio por la avaricia y la costumbre; aun amor por las autoridades del templo que habían traicionado su confianza.

JOHN POLLOCK

DÍA 23

CORAZONES ROBADOS *a* DIOS

MATEO 21:12-13

Y entró Jesús en el templo de Dios, y echó fuera a todos los que vendían y compraban en el templo, y volcó las mesas de los cambistas, y las sillas de los que vendían palomas; y les dijo: Escrito está: Mi casa, casa de oración será llamada; mas vosotros la habéis hecho cueva de ladrones.

¿Sufrirán quienes son templos del Dios vivo, ser cuevas de ladrones y jaulas de aves impuras? ¿Sufrirán que haya pensamientos impuros que permanezcan el ellos? Y mucho menos, ¿se concebirá que cualquier cosa impura o se actuará conforme a ella?... Todos sabemos con qué distinguido ardor nuestro bendito Redentor purgó un templo terrenal; un celo de la casa de su Padre llegaba a consumirlo: ¡con qué vehemencia santa volcó las mesas de los cambistas y echó a los compradores y vendedores que estaban delante de Él! Ellos habían convertido la casa de su

Padre en una casa de mercado: habían convertido la casa de oración en cueva de ladrones.

Oh, hermanos míos, ¿cuántas veces usted y yo hemos sido culpables de esta gran maldad? ¿Cuántas veces la lujuria de la carne, la lujuria de los ojos y el orgullo de la vida han robado, sin ninguna sensibilidad, nuestros corazones a Dios? Una vez fueron ciertamente casas de oración; fe, esperanza, amor, paz, gozo y todos los demás frutos del bendito Espíritu se alojaban en ellos; pero ahora, oh, ahora, puede que haya ladrones... Por lo tanto, limpiemos los pensamientos de nuestros corazones mediante la inspiración del bendito Espíritu, para que de ahora en adelante podemos amarlo más perfectamente y podamos exaltar su santo nombre de forma más digna.

GEORGE WHITEFIELD

DÍA 24

CASA de ORACIÓN

MATEO 21:12 NVI

Jesús entró en el templo y echó de allí a todos los que compraban y vendían. Volcó las mesas de los que cambiaban dinero y los puestos de los que vendían palomas.

Tu mansión es el corazón cristiano, oh Señor, ¡tu segura morada!

Haz partir al ingobernable tropel, y deja la puerta consagrada.

Dedicado, como lo está, a ti, una multitud de ladrones frecuenta el lugar;

Me roban las alegrías, y roban sus alabanzas a mi Salvador.

Allí, también, se mantiene un astuto sistema de comercio con el pecado, Satanás y el mundo;

No dejan de presionarme, y de persuadirme para que parta con tranquilidad, y que compre dolor.

Yo los conozco, y odio su estruendo; estoy cansado de la ruidosa multitud;

Pero mientras oigo su voz en mi interior, no puedo servirte como debiera.

Oh, por el gozo que da tu presencia, ¡qué paz reinará cuando tú estés allí!

Tu presencia hace de esta cueva de ladrones una tranquila y deleitosa casa de oración.

Y si tú haces que tu templo brille, aunque rebajándome, yo te adoraré;

El oro y la plata no son míos, te entrego a ti lo que ya te pertenecía.

WILLIAM COWPER

DÍA 25

ESCOGER DE QUÉ LADO ESTAMOS

MATEO 21:15 NVI

Pero cuando los jefes de los sacerdotes y los maestros de la ley vieron que hacía cosas maravillosas, y que los niños gritaban en el templo:¡Hosanna al Hijo de David!, se indignaron.

Después de este episodio, la gente no podía ignorar a Jesús o ser indiferente a Él; tenían que escoger de qué lado estaban. O bien Jesús era un radical subversivo a quien había que detener (la muerte es una restricción muy eficaz), o bien era alguien a quien había que escuchar, creer y seguir.

Hoy día, la indiferencia es algo común porque las personas no escuchan las palabras de Jesús. Cuando los cristianos cuentan la verdadera historia, no hay terreno neutral. O bien Jesús es el Hijo de Dios, el Salvador del mundo, o bien es un impostor aturdido, incluso demente.

En este día escuche, crea y siga —mientras haya tiempo—, antes de que Jesús llegue para limpiar el área de religión falsa por última vez.

LIFE APPLICATION BIBLE COMMENTARY – MARCOS

Día 26

DULCE COMUNIÓN y DESCANSO

MATEO 21:17

Salió fuera de la ciudad, a Betania, y posó allí.

Jesús conocía y practicaba la disciplina del descanso, y honró a sus amigos permitiéndolos que le hospedaran durante esta semana final. Entre días de intensa presión pública en Jerusalén, Jesús encontró comunión en Betania. Jesús equilibraba el estrés con la amistad y la quietud. Su ejemplo nos recuerda que tomemos tiempo para descansar.

Una vida resuelta a servir a Dios se encontrará con resistencia. Puede que otras personas rechacen o malentiendan nuestros esfuerzos. El mal no cede terreno sin luchar. Aun la obra de Dios da lugar a obreros cansados. El cuarto mandamiento no ha sido cancelado, y Jesús lo puso en su contexto adecuado (Marcos 2:27) recordándonos que Dios nos mandó descansar para nuestro beneficio, y no sólo para obedecer un mandamiento. Al igual que Jesús, puede que nosotros tengamos que abandonar el lugar de conflicto y estrés para descansar. ¿Cuán a menudo descansa usted? ¿Planifica tiempos de retirada para la reflexión y la renovación? El discipulado puede ser un trabajo agotador sin el componente del descanso. Tenemos órdenes de incluirlo.

LIFE APPLICATION BIBLE COMMENTARY – MATEO

Jesús relata parábolas y responde preguntas

Ahora está turbada mi alma; ¿y qué diré?
¿Padre, sálvame de esta hora?
Mas para esto he llegado a esta hora.
JUAN 12:27

Jesús ocultó la verdad dentro de historias; sus enemigos escondían sus armas dentro de preguntas. Las parábolas hacían agujeros en las defensas y destruían argumentos a la vez que sonaban como poco más que relatos prácticos para aquellos que escuchaban sin mucha atención. Muchas de las preguntas lanzadas a Jesús tenían una cubierta pública de curiosidad o deseo de conocer, pero también llevaban un dardo venenoso de incriminación propia. Como la espada verbal que Él era, Jesús demostró su autoridad sobre los corazones de las personas mediante las preguntas que a su vez lanzaba, sus comentarios conciliadores y sus golpes inesperados.

Aun cuando Jesús decía la verdad claramente, permanecía oculta por la falta de entendimiento de la gente. Esta sección sigue a Jesús durante los intensos días de exposición y escrutinio públicos, cuando la marea de la opinión pasó de una exuberante aclamación política en la entrada triunfal a convertirse en sangrientos gritos pidiendo la crucifixión que dio término a la semana. Las historias y diálogos permanecen como testigos de la conciencia que Jesús tenía de la secuencia subordinada de acontecimientos en los que Él tendría un papel central.

Día 27

PREPARADOS *para el* REINO

MATEO 21:43 NVI

Por eso les digo que el reino de Dios se les quitará a ustedes y se le entregará a un pueblo que produzca los frutos del reino.

Quien se deleita en el mundo, quien es tentado por los halagos y los engañadores placeres terrenales quiere continuar en el mundo durante mucho tiempo... Ya que el mundo odia a los cristianos, ¿por qué ama aquello que le odia a usted? ¿Y por qué, en cambio, no sigue usted a Cristo, quien le redimió y le ama? Juan, en su epístola, clama y nos insta a no seguir los deseos de la carne ni amar el mundo. "No améis al mundo —dice—, ni las cosas que están en el mundo. Si alguno ama al mundo, el amor del Padre no está en él... Y el mundo pasa, y sus deseos; pero el que hace la voluntad de Dios permanece para siempre". En cambio, amados, estemos preparados para la voluntad de Dios con una mente razonable, una fe firme y una fuerte virtud. Dejando un lado el temor a la muerte, pensemos en la vida eterna que ha de venir. Mediante este conocimiento, demostremos que somos lo que creemos... Entonces no retrasaremos ni resistiremos al Señor el día que Él nos llame a sí mismo.

CIPRIANO

Día 28

DIGNO *de la* FIESTA

MATEO 22:11-12

Y entró el rey para ver a los convidados, y vio allí a un hombre que no estaba vestido de boda. Y le dijo: Amigo, ¿cómo entraste aquí, sin estar vestido de boda? Mas él enmudeció.

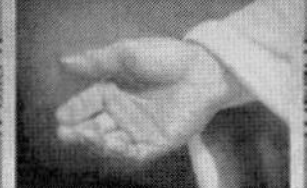

Cierto hombre en los Evangelios fue a una fiesta de bodas. Él no se vistió de boda, llegó, se sentó y comió: porque el novio lo permitió. Sin embargo, cuando vio que todos los demás estaban vestidos de blanco, debió haber buscado el mismo tipo de ropas para sí mismo. Mientras comía la comida como ellos, él no era como ellos en su forma y propósito... [el Maestro] vio a un extraño que no estaba vestido de bodas y le dijo: "Amigo, ¿cómo entraste aquí? ¿Con qué conciencia? No fue porque el portero no te detuviese, sino por la generosidad del anfitrión. ¿Acaso no sabías qué ropas llevar para el banquete? Entraste y viste el reluciente estilo de los invitados; ¿y acaso no deberías haber sabido por lo que tenías delante de tu vista? ¿No deberías haberte excusado educadamente para así poder volver vestido de forma adecuada?"... Así que ordena a los siervos: "Aten sus pies que han entrado sin derecho; aten sus manos que no sabían cómo ponerse ropas relucientes, y échenlo a las tinieblas de afuera, porque él no es digno de la celebración de bodas". Ya ven lo que le ocurrió al hombre; sean, pues, dignos de la fiesta.

CIRYL DE JERUSALÉN

DÍA 29

DEBERÍAN HABERLO SABIDO

MATEO 22:15

Entonces se fueron los fariseos y consultaron cómo sorprenderle en alguna palabra.

ENTONCES. ¿Cuándo? Cuando, por encima de todo, deberían haber sido movidos a sentir remordimientos, cuando deberían haber quedado sorprendidos por el amor de Él hacia el hombre, cuando deberían haber temido las cosas que estaban por llegar, cuando desde el pasado deberían haber creído en tocar el futuro también. Porque, sin ninguna duda, las cosas que se habían dicho clamaban en alta voz y en pleno cumplimiento; es decir, los publi-

canos y las rameras creían, y los profetas y los hombres justos eran muertos, y por esas cosas ellos no debieran haber negado que tocaban su propia destrucción, sino haber creído y ser sensatos y juiciosos. Pero sin embargo, ni aun así cesaron sus malvados actos, sino que se esforzaron y fueron incluso más allá. Y ya que no podían echarle mano a Él (porque temían a la multitud), emprendieron otro camino con la intención de ponerle a Él en peligro, y hacerle culpable de delitos en contra del Estado.

CRISÓSTOMO

DÍA 30

LA PREGUNTA sobre LOS IMPUESTOS

MATEO 22:17 NVI

Danos tu opinión: ¿Está permitido pagar impuestos al césar, o no?

¿Qué otra cosa sino la sabiduría divina podría escapar de un dilema tan astutamente planteado? De esta manera, antes de responder, Jesús expone la bajeza y la hipocresía que hay en su pregunta, enfatizando así el importante hecho de que no esquivaba la cuestión sino que la respondía...

Cada país utiliza su propia moneda. De no haber estado los judíos bajo soberanía romana, no habrían utilizado moneda romana; pero la moneda que le llevaron a Jesús daba testimonio contra ellos de que la soberanía romana estaba establecida en su país y que, por tanto, debía darse el tributo en justicia; porque quien así usa la moneda de César debe pagar el tributo a César. Esta parte de la respuesta satisfizo a la gente porque aseveraba, en una forma que expresaba convicción, que el pago del tributo obligatorio no era inconsistente con el mantenimiento de una fidelidad completa a Dios. Dios ya no era, como antaño, el gobernador civil de su pueblo, y de ahí que el pago de tributo a un soberano temporal no sea, en ningún sentido, incompatible con el servicio a Él, sino que se ordena como una obligación cris-

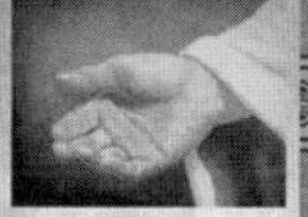

tiana. Ellos quedaron sorprendidos al ver hasta qué punto la sabiduría de Él trascendía la de los maestros en quienes ellos tenían tal confianza suprema.

J.W. MCGARVEY Y PHILIP Y. PEDLETON

DÍA 31

LA PREGUNTA *sobre la* RESURRECCIÓN

MARCOS 12:23

En la resurrección, pues, cuando resuciten, ¿de cuál de ellos será ella mujer, ya que los siete la tuvieron por mujer?

En su argumento contra los saduceos, Cristo apeló primero al *poder* de Dios. Lo que Dios iba a hacer era bastante distinto a lo que ellos imaginaban: no un mero despertar de nuevo, sino una transformación. El mundo venidero no iba a ser una reproducción del que ha pasado —si así fuera no habría razón para que pasara—, sino una regeneración y renovación...

Nuestro Señor no iba meramente a replicar, Él iba a responder a los saduceos; y nunca se ha ofrecido una evidencia más grandiosa o noble de la resurrección que aquella que Él ofreció. Desde luego, al estar hablando con saduceos, Él permaneció en la base del Pentateuco; y sin embargo, Él no sólo apeló a la Ley sino a toda la Biblia; no, a aquella que está en la revelación misma: la relación entre Dios y el hombre... Aquel que —no sólo históricamente sino en el pleno sentido— se llama a sí mismo el Dios de Abraham, de Isaac y de Jacob, no puede dejarlos muertos... "Él no es Dios de muertos, sino Dios de vivos; porque todo vive para Él".

Los saduceos fueron silenciados, la multitud quedó atónita, y aun de parte de algunos de los escribas la admisión fue concedida de forma involuntaria: "Maestro, lo has dicho de manera muy hermosa".

ALFRED EDERSHEIM

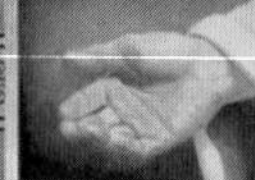

DÍA 32

SUPOSICIONES EQUIVOCADAS

MARCOS 12:24

Entonces respondiendo Jesús, les dijo: ¿No erráis por esto, porque ignoráis las Escrituras, y el poder de Dios?

Las doctrinas de Cristo no agradaron a los infieles saduceos, ni tampoco a los fariseos y los herodianos. Él llevó las grandes verdades de la resurrección y de un futuro estado más allá de lo que a ellos les había sido revelado. No hay caso en argumentar según el estado de las cosas en este mundo sobre lo que ocurrirá en el más allá. Que la verdad se vea a la claridad de la luz, y entonces aparecerá en toda su fuerza. Habiéndolos silenciado de esa manera, nuestro Señor procedió a mostrar la verdad de la doctrina de la resurrección desde los libros de Moisés. Dios declaró a Moisés que Él era el Dios de los patriarcas, los cuales habían muerto hacía mucho tiempo; esto demuestra que ellos estaban en un estado de existencia capaces de disfrutar del favor de Él, y prueba que la doctrina de la resurrección se enseña con toda claridad en el Nuevo Testamento al igual que en el Nuevo. Pero esta doctrina esperaba una revelación más plena, después de la resurrección de Cristo, el cual fue las primicias de los que durmieron. Todo error surge de no conocer las Escrituras y el poder de Dios.

MATTHEW HENRY

DÍA 33

EL GRAN MANDAMIENTO

MATEO 22:36

Maestro, ¿cuál es el gran mandamiento en la ley?

Un intérprete de la ley le hizo una pregunta a nuestro Señor

para probar no tanto su conocimiento sino su juicio. El amor de Dios es el primero y el gran mandamiento, y la suma de todos los mandamientos de la primera tabla de la ley. Nuestro amor a Dios debe ser sincero, no sólo en palabras. Todo nuestro amor es demasiado pequeño para ofrecérselo a Él; por tanto, todas las capacidades del alma deben emplearse para Él y ser llevadas a Él. Amar a nuestro prójimo como a nosotros mismos es el segundo gran mandamiento. Hay un amor propio que es corrupto, y la raíz de los mayores pecados, y debe ser rechazado y mortificado; pero hay un amor propio que es la norma de la mayor obligación: debemos preocuparnos por el bienestar de nuestras propias almas y cuerpos. Y debemos amar a nuestro prójimo de manera tan verdadera y sincera como lo hacemos con nosotros mismos; en muchos casos debemos negarnos a nosotros mismos por el bien de los demás. Que nuestros corazones sean formados como en un molde por estos dos mandamientos.

MATTHEW HENRY

DÍA 34

NO LEJOS *del* REINO

MARCOS 12:34

Jesús entonces, viendo que había respondido sabiamente, le dijo: No estás lejos del reino de Dios. Y ya ninguno osaba preguntarle.

Si el primer pensamiento de su espíritu ha sido: "¿Cómo puedo honrar a Jesús?"; si el deseo diario de su alma ha sido: "¡Ojalá supiera dónde poder encontrarle a Él!", le digo que puede que tenga usted miles de enfermedades o que apenas sepa si es usted hijo de Dios o no; y sin embargo, estoy persuadido, más allá de toda duda, de que usted está seguro, ya que la estima de Jesús por usted es grande. No me importan sus heridas, aunque sangren como torrentes, ¿qué piensa usted de las heridas de Él?

¿Son como relucientes rubíes para su vista? No pienso nada menos de usted, aunque esté como Lázaro en la mazmorra, y aunque los perros le laman; no le juzgo por su pobreza: ¿qué piensa usted del Rey en su belleza? ¿Tiene Él un glorioso trono en el corazón de usted? ¿Le ensalzaría usted aún más si pudiera? ¿Estaría dispuesto a morir si pudiera con ello aunque fuera añadir otra trompeta al torrente que proclama las alabanzas de Él? ¡Ah! Entonces todo está bien en usted.

CHARLES HADDON SPURGEON

DÍA 35

¿QUÉ PENSAMOS *de* CRISTO?

MATEO 22:45

Pues si David le llama Señor, ¿cómo es su hijo?

Cuando Cristo dejó perplejos a sus enemigos, Él les preguntó lo que pensaban del Mesías prometido. ¿Cómo podía ser el Hijo de David y sin embargo ser su Señor? Él cita el Salmo 110:1. Si el Cristo debía ser un mero hombre, que no existiría hasta muchas edades después de la muerte de David, ¿cómo pudo su antecesor llamarlo Señor? Los fariseos no pudieron responderle. Tampoco nadie puede salvar la dificultad excepto que conceda que el Mesías sea el Hijo de Dios y el Señor de David en igualdad con el Padre. Él tomó sobre sí mismo una naturaleza humana, y de esa manera se convirtió en Dios manifestado en carne; en este sentido, Él es el Hijo del hombre y el Hijo de David. A nosotros nos incumbe sobre todas las cosas preguntarnos seriamente: "¿Qué pensamos de Cristo? ¿Es Él del todo glorioso ante nuestros ojos y precioso para nuestros corazones?". Que Cristo sea nuestro gozo, nuestra confianza, nuestro todo. Que diariamente seamos transformados a su semejanza, y más y más dedicados a su servicio.

MATTHEW HENRY

Día 36

GLORIFICA TU NOMBRE

JUAN 12:27-28 NVI

Ahora todo mi ser está angustiado, ¿y acaso voy a decir: Padre, sálvame de esta hora difícil? ¡Si precisamente para afrontarla he venido! ¡Padre, glorifica tu nombre! Se oyó entonces, desde el cielo, una voz que decía: "Ya lo he glorificado, y volveré a glorificarlo.

¿Qué significa glorificar a Dios? Si no tenemos cuidado, puede dar un giro peligroso. *Glorificar* es como la palabra *beatificar*; pero *beatificar* normalmente significa "hacer algo más hermoso de lo que es", mejorar su belleza. Eso *no* es enfáticamente lo que queremos decir con *glorificar* en relación con Dios. Dios no puede ser hecho más glorioso o más hermoso de lo que ya es; no puede ser mejorado, "ni es honrado por manos de hombres, como si necesitase de algo" (Hechos 17:25). *Glorificar* no significa añadir más gloria a Dios.

Es más similar a la palabra *magnificar*; pero aquí también podemos equivocarnos. *Magnificar* tiene dos significados distintos. Con relación a Dios, uno es adoración y otro es maldad. Uno puede magnificar como en un telescopio o como en un microscopio. Cuando magnificamos como en un microscopio, hacemos que algo diminuto parezca más grande de lo que es. Una partícula de polvo puede parecer un monstruo. Pretender magnificar a Dios de esa manera es maldad. Pero cuando magnificamos como en un telescopio, hacemos que algo inimaginablemente grande se vea como lo que es. Con el telescopio espacial Hubble, galaxias pequeñas que se ven en el cielo se revelan como los gigantes de miles de millones de estrellas que son. El magnificar a Dios de esa manera es adoración.

JOHN PIPER

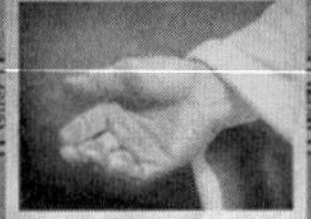

Jesús advierte contra la hipocresía

El que es el mayor de vosotros, sea vuestro siervo.
Porque el que se enaltece será humillado,
y el que se humilla será enaltecido.
MATEO 23:11-12

Jesús leía a las personas como si fueran libros. Él nunca se impresionaba por las cubiertas sino que enseguida examinaba los contenidos de las vidas de las personas. Él señalaba que las cubiertas lujosas y las fachadas elaboradas a menudo son una máscara de historias vergonzosas. Él hacía reseñas mordaces sobre esos volúmenes, pero apreciaba las cubiertas desgastadas que encerraban corazones de oro. Sus comparaciones entre vidas tenían una forma maestra de dejar a los justos muy poca razón para el orgullo y a los injustos numerosas razones para el arrepentimiento y el cambio.

A medida que seguimos a Jesús en sus encuentros personales, invariablemente nos sentimos atraídos hacia quienes lo escuchaban. Dependiendo del estado de nuestras almas que vagan continuamente, reconocemos a veces nuestra necesidad de que Él nos corrija, nos confronte o nos consuele. Vemos en sus palabras la sabia aplicación del tono y la verdad que fluyen de alguien a quien de verdad le importa. Nuestras elaboradas cubiertas no nos protegen, y mantenerlas cerradas delante de Dios no hace que Él sepa quiénes somos. Pero si con disposición las abrimos delante de nuestro Padre celestial, nos permite experimentar la intimidad de sus dedos que trazan las líneas escritas en nuestras vidas.

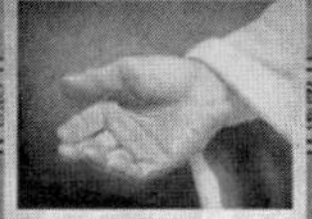

Día 37

NADIE DIJO QUE SERÍA FÁCIL

MATEO 23:11-12

El que es el mayor de vosotros, sea vuestro siervo. Porque el que se enaltece será humillado, y el que se humilla será enaltecido.

Solamente podemos alcanzar la libertad perfecta y disfrutar de la comunión con Jesús cuando su mandamiento, su llamamiento a un discipulado absoluto, sea apreciado en su totalidad. Sólo el hombre que sigue el mandamiento de Jesús con resolución, firmeza y con determinación permite que el yugo de Él descanse sobre él, descubre que su carga es ligera, y bajo su suave presión recibe el poder de perseverar en el camino correcto. El mandamiento de Jesús es difícil, indeciblemente difícil, para quienes intentan resistirse a él. Pero para aquellos que se someten con disposición, el yugo es fácil, y la carga es ligera. "Sus mandamientos no son gravosos" (1 Juan 5:3). Este mandamiento de Jesús no es un tipo de tratamiento de shock espiritual. Jesús no pide nada de nosotros sin darnos la fuerza para realizarlo. Su mandamiento nunca busca destruir la vida, sino hacerla crecer, fortalecerla y sanarla.

DIETRICH BONHOEFFER

Día 38

NO EXACTAMENTE SUTIL

MATEO 23:16

¡Ay de vosotros, guías ciegos!

Los religiosos de su tiempo se ofendieron porque Él no seguía sus reglas y sus tradiciones. Él era valiente y expresivo; fomentaba el cambio extremo y valoraba lo que para ellos era insignificante, lo cual era principalmente "lo feo y desagradable". Jesús conocía

el poder y el prestigio de los fariseos, un grupo clave de líderes judíos; y Él sabía que ellos esperaban que la gente les mostrase respeto. Pero Él amaba a los fariseos y quería que ellos vieran claramente quiénes eran y lo lejos que muchos de ellos estaban del Reino de Dios.

¿Qué les dijo?... Decir que Él no era el maestro de la sutileza sería decirlo suavemente. Imagine una escena en la que usted reuniera a todos los líderes poderosos y a la élite religiosa para que escucharan dar un discurso a Jesús... Cuando todos ellos están sentados, Jesús aparece y sus palabras de apertura son: "Ustedes, conjunto de víboras. Todos huelen mal; me recuerdan a cuerpos descompuestos andantes. Ustedes son unos hipócritas y guías de ciegos; y quiero darles muchas gracias por haber venido". No fue exactamente un discurso lo que le hizo granjearse a Jesús las simpatías de los fariseos, lo cual fue lo que destacaron los discípulos cuando le dijeron con una ráfaga repentina de perspectiva: "Creemos que puede que los hayas ofendido".

REBECA MANLEY PIPPERT

DÍA 39

PALABRAS DURAS

MATEO 23:16

¡Ay de vosotros, guías ciegos!

Sin lugar a dudas, Él era tierno con los desafortunados, paciente con los que buscaban sinceramente, y humilde delante del cielo; pero insultaba a los clérigos respetables llamándolos hipócritas. Él se refirió al rey Herodes como "esa zorra"; asistía a fiestas en compañía de quienes no eran respetados y era considerado un "glotón y bebedor, amigo de publicanos y de pecadores"; Él asaltó a los indignos mercaderes y los hizo salir a ellos y a sus pertenencias del templo; condujo un coche de caballos atravesando varias normas sacrosantas y viejas; curó enfermedades a

través de cualquier medio que tuviera a la mano, con una normalidad impactante en cuestión de los cerdos y las propiedades de otras personas; no mostró un respeto apropiado por la riqueza o la posición social; cuando se enfrentó a trampas dialécticas, Él demostró tener un sentido del humor paradójico que ofendió a las personas de mente seria, y replicaba haciendo molestas y agudas preguntas que no podían responderse mediante la regla empírica. Él, definitivamente, no fue un hombre gris ni aburrido durante toda su vida humana, y si Él era Dios, tampoco puede haber nada gris o aburrido acerca de Dios. Pero Él tenía "una belleza diaria en su vida que nos hacía feos", y la burocracia sentía que el orden de cosas establecido estaría más seguro sin Él. Por tanto, se deshicieron de Dios en nombre de la paz y la tranquilidad.

DOROTHY SAYERS

DÍA 40

EL CÓDIGO DE VESTIMENTA DE DIOS

MARCOS 12:38-39

Y les decía en su doctrina: Guardaos de los escribas, que gustan de andar con largas ropas, y aman las salutaciones en las plazas, y las primeras sillas en las sinagogas, y los primeros asientos en las cenas.

No ande a la caza de halagos, para que no desobedezca a Dios mientras le aplauden... Porque los soldados de Cristo marchan con buenas palabras en la mano derecha y malas palabras en la izquierda. Ningún halago les emociona; ninguna crítica los aplasta. No se inflan por las riquezas ni tampoco se retiran debido a la pobreza. Desprecian tanto la alegría como la tristeza. El sol no los quema durante el día ni la luna durante la noche. No ore en las esquinas de las calles por temor a que el aplauso humano pueda interrumpir el curso directo de sus oraciones. No alardee de sus flecos, vistiendo filacterias para que todos las vean ni se enrede en el interés propio de los fariseos. ¿Sabe qué clase de

vestimenta requiere el Señor? Sabiduría, justicia, dominio propio, valor. Que esos sean los cuatro puntos cardinales de su horizonte. Que sean un equipo de cuatro caballos que le transporten a usted, el auriga de Cristo, hacia su objetivo a toda velocidad. No hay ningún collar que pueda ser más precioso que esas cosas; ninguna piedra preciosa puede formar una galaxia más brillante. Ellas le decoran a usted, le agarran, le protegen por todos lados. Son su defensa al igual que su gloria. Porque cada piedra se convierte en un escudo.

JERÓNIMO

DÍA 41

SANTIDAD ENCARNADA

LUCAS 20:46

Guardaos de los escribas, que gustan de andar con ropas largas, y aman las salutaciones en las plazas, y las primeras sillas en las sinagogas, y los primeros asientos en las cenas.

Podríamos argumentar que los fariseos odiaban a Jesús porque Él era muy crítico con ellos. A nadie le gusta que lo critiquen, en especial las personas que están acostumbradas a recibir elogios. Pero el veneno de los fariseos era más agudo que todo eso. Se puede suponer con seguridad que aunque Jesús no les hubiera dicho nada, ellos igualmente le habrían despreciado. La mera presencia de Él era suficiente para hacer que ellos retrocedieran ante Él.

Se ha dicho que nada disipa una mentira más rápidamente que la verdad; nada expone la falsificación más rápidamente que lo genuino... La presencia de Jesús representaba la presencia de lo genuino en medio de lo falso. Apareció la santidad auténtica; las falsificaciones de la santidad no se sintieron agradados...

El Cristo encarnado ya no camina por la tierra; ha ascendido al cielo. Nadie puede verlo ni hablar audiblemente con Él en

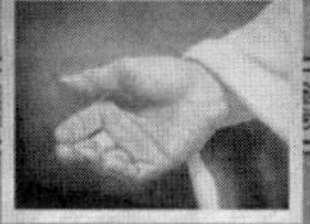

carne en la actualidad. Sin embargo, el amenazador poder de su santidad aún se siente, y a veces se transfiere a su pueblo. Al igual que los judíos al pie del monte Sinaí huyeron con terror del rostro resplandeciente de Moisés, así la gente hoy día no se siente cómoda son la mera presencia de cristianos.

R. C. SPROUL

DÍA 42

EL PROBLEMA *con* LOS LEGALISTAS

MATEO 23:23 NVI

¡Ay de ustedes, maestros de la ley y fariseos, hipócritas!
Dan la décima parte de sus especias: la menta, el anís y el comino.
Pero han descuidado los asuntos más importantes de la ley,
tales como la justicia, la misericordia y la fidelidad.
Debían haber practicado esto sin descuidar aquello.

Los fariseos llegaron a encariñarse tanto con ser buenos que continuaron inventando nuevas tradiciones y códigos que obedecer y, en el proceso, se hicieron más estrictos que Dios. De hecho, Jesús los reprendió por poner cargas espirituales sobre la gente que Dios nunca quiso que llevaran. Ser piadoso significa ser semejante a Dios. Cualquier añadido o sustracción de lo que Él es, cómo es Él y lo que requiere, es un movimiento que nos aleja de Él. La impiedad no siempre se trata de las personas realmente malvadas; algunas veces tiene que ver con las personas realmente buenas que son más restrictivas que Dios...

Jesús no se impresionó con la marca de justicia de los fariseos. Cuanto mejor se habían hecho ellos exteriormente, peor se habían hecho en su interior. Por eso Jesús fue tan duro con ellos: ellos malinterpretaron la Verdad...

Si no tenemos cuidado, también nosotros podemos poner al mismo nivel ser bueno y amar a Jesús.

JOSEPH M. STOWELL

Día 43

¿QUÉ HAY *en* TU CORAZÓN?

MATEO 23:27 NVI

¡Ay de ustedes, maestros de la ley y fariseos, hipócritas! que son como sepulcros blanqueados. Por fuera lucen hermosos pero por dentro están llenos de huesos de muertos y de podredumbre..

Por encima de todas las cosas, la vida cristiana es una aventura amorosa del corazón. No puede vivirse primordialmente como un conjunto de principios o ética; no puede manejarse con pasos y programas; no puede vivirse exclusivamente como un código moral que conduce a la justicia...

La verdad del evangelio tiene la intención de liberarnos para amar a Dios y a los demás con todo nuestro corazón. Cuando ignoramos este aspecto de nuestra fe e intentamos vivir únicamente por nuestra religión como una doctrina o una ética correcta, nuestra pasión queda mutilada, o pervertida, y el divorcio de nuestra alma de los propósitos del corazón de Dios hacia nosotros se hace más profundo.

Los tecnócratas religiosos de los tiempos de Jesús lo confrontaron con lo que ellos creían que eran las normas de una vida agradable a Dios. La vida externa —argumentaban ellos— la vida de los deberes, las obligaciones y el servicio, era lo que importaba. "Están totalmente equivocados —dijo Jesús—. De hecho, están completamente muertos [sepulcros blanqueados]. Lo que a Dios le importa es la vida interior, la vida del corazón" (Mateo 23:15-18). Por todo el Antiguo y el Nuevo Testamento, la vida del corazón es con toda claridad la preocupación principal de Dios...

Nuestro corazón es la clave de la vida cristiana.

BRENT CURTIS Y JOHN ELDREDGE

BUENAS OFRENDAS

LUCAS 21:3-4

Y dijo: En verdad os digo, que esta viuda pobre echó más que todos. Porque todos aquéllos echaron para las ofrendas de Dios de lo que les sobra; mas ésta, de su pobreza echó todo el sustento que tenía.

La viuda pobre solamente puso dos blancas en el arca de las ofrendas. Sin embargo, debido a que echó todo lo que tenía, la Escritura dice que sus ofrendas a Dios fueron mucho más valiosas que las que echaban los ricos. Porque tales ofrendas no son evaluadas por su peso, sino por la disposición del que da... Por lo tanto, yo no querría que usted ofreciera al Señor solamente lo que un ladrón pueda robarle o un enemigo pueda capturar. No le dé a Él lo que una ley podría confiscar o lo que es probable que cambie de valor. No ofrezca lo que pertenece a una larga línea de propietarios que se siguen los unos a los otros con tanta rapidez como una ola sigue a otra en el mar. Para resumir todo esto, no ofrezca lo que deba dejar atrás cuando muera. En cambio, ofrezca a Dios aquello que ningún enemigo puede llevarse ni ningún tirano puede robarle. Ofrézcale a Él aquello que descenderá al sepulcro; mas bien, aquello que irá con usted al reino de los cielos y el encanto del paraíso.

JERÓNIMO

Jesús habla acerca del futuro

Velad, pues, porque no sabéis
A qué hora ha de venir vuestro Señor.
MATEO 24:42

Varias veces durante su semana final, Jesús tuvo un especial cuidado de preparar a sus discípulos para el futuro. También dejó numerosas pautas para futuros discípulos. Habiendo hablado de su partida en repetidas ocasiones, Él entonces habló de qué condiciones habría en su ausencia; pero las lecciones y parábolas siempre incluían una nota de temporalidad. Antes de que Él regresara vendrían falsos profetas; el novio finalmente regresaría; el propietario de la tierra podría haberse ido por un largo tiempo, pero Él aparecería de forma inesperada. Jesús les dijo a sus seguidores que estuvieran preparados para las dificultades, preparados para la espera, y preparados para su regreso.

Esta sección se centrará en la extensa enseñanza de Jesús sobre los tiempos "intermedios" durante los cuales Él estaría ausente en cuerpo, pero presente en su Cuerpo, la Iglesia. Sus mandamientos de estar preparados con anticipación permanecen vigentes. Nadie nunca ha tenido que esperar más de una vida para encontrarse con Jesús cara a cara.

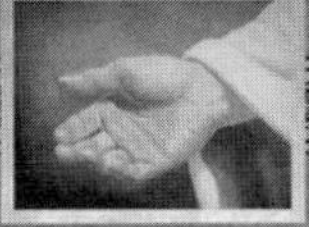

SU TIERNO CORAZÓN

MATEO 23:37

Jerusalén, Jerusalén, que matas a los profetas, y apedreas a los que te son enviados! ¡Cuántas veces quise juntar a tus hijos, como la gallina junta sus polluelos debajo de las alas, y no quisiste!

Jesucristo tenía un corazón notablemente tierno y cariñoso. Él es el pastor a quien el rebaño debería seguir. Su virtud se expresa en gran parte en el ejercicio del cariño santo. El suyo es el ejemplo más maravilloso de ardor, vigor y fuerza del amor, tanto hacia Dios como hacia el hombre, que haya habido nunca. Esos afectos le dieron la victoria en la tremenda batalla y conflicto de sus agonías, cuando "Él oraba más intensamente, y ofrecía fuerte clamor y lágrimas" y luchaba con lágrimas y con sangre. El poder del ejercicio de su santo amor era más fuerte que la muerte. En su gran lucha, Él venció los afectos naturales de temor y tristeza, aun cuando estaba tan lleno de estupor y su alma se sentía terriblemente triste hasta la muerte.

Durante el curso de su vida, Él también pareció estar lleno de afecto. Cumpliendo el Salmo 69, tuvo gran celo: "El celo de tu casa me consume" (Juan 2:17). Él sintió dolor por los pecados del hombre. "Mirándolos alrededor con enojo, entristecido por la dureza de sus corazones" (Marcos 3:5). Él lloró cuando pensó en el pecado y la desgracia del hombre impío. Cuando miraba la ciudad de Jerusalén y a sus habitantes, clamó: ¡Oh, Jerusalén, Jerusalén...!".

JONATHAN EDWARDS

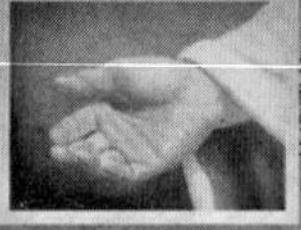

Día 46

COSAS POR VENIR

MATEO 24:7-8

Porque se levantará nación contra nación, y reino contra reino;
y habrá pestes, y hambres, y terremotos en diferentes lugares.
Y todo esto será principio de dolores.

Quienes luchan por Dios, habiendo sido situados en el ejército celestial, deberían esperar las cosas profetizadas. Ya que el Señor nos dijo que esas cosas sucederían, no temblaremos ante las tormentas y terremotos del mundo, y no tendremos razón para alarmarnos. El aliento de su Palabra previsora instruye, enseña, prepara y fortalece a las personas de su Iglesia para soportar las cosas que han de venir. Él predijo que por todas partes habría guerras, hambres, terremotos y plagas. Por temor a que una maldad inesperada y nueva nos hiciera temblar, Él nos advirtió de antemano de que el sufrimiento aumentaría más y más en los últimos tiempos. El reino de Dios, amados, está casi a la mano. La recompensa de la vida, el regocijo de la salvación eterna, y el gozo eterno y la obtención del paraíso llegan ahora cuando el mundo pase. En este momento, las cosas celestiales están ocupando el lugar de las cosas terrenales grandes o pequeñas, y las cosas eternas el lugar de las cosas que se desvanecen. ¿Qué lugar hay para la ansiedad y la preocupación? ¿Quién, en medio de estas cosas, está temblando y triste excepto aquellos que no tienen esperanza y fe? Porque son aquellos que no están dispuestos a acudir a Cristo quienes temen a la muerte. Son aquellos que no creen que están a punto de reinar con Cristo quienes no están dispuestos a acudir a Cristo.

CIPRIANO

Día 47

FALSOS MAESTROS

MARCOS 13:22

Porque se levantarán falsos cristos y falsos profetas, y harán señales y prodigios, para engañar, si fuese posible, aun a los escogidos.

La característica más peligrosa de los falsos profetas es que dicen ser de Dios y hablar por Él. "Los profetas profetizaron mentira, y los sacerdotes dirigían por manos de ellos; y mi pueblo así lo quiso" (Jeremías 5:31).

Tales líderes casi siempre parecen ser agradables y positivos. Les gusta estar con cristianos, y saben cómo hablar y actuar como creyentes.

Los falsos profetas normalmente rebosan sinceridad y mediante ella engañan a otros más fácilmente (ver 2 Timoteo 3:13). Pero usted identifica la verdadera personalidad de los falsos profetas notando de lo que ellos no hablan mucho. Generalmente *no niegan* las doctrinas básicas, tales como la deidad de Cristo y la expiación sustitutoria, la pecaminosidad de la humanidad o el que los incrédulos vayan al infierno. Ellos sencillamente *ignoran* ese tipo de verdades "controvertidas".

Pero siempre que un falso profeta esté en medio de usted, no debe ignorar su presencia o los efectos dañinos de su enseñanza herética.

JOHN MACARTHUR

Día 48

SIN ACEITE *en* SUS LÁMPARAS

MATEO 25:3-4

Las insensatas, tomando sus lámparas, no tomaron consigo aceite; mas las prudentes tomaron aceite en sus vasijas, juntamente con sus lámparas.

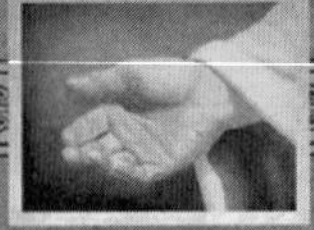

Las que fueron necias tomaron sus lámparas como una profesión externa. Asistían a la iglesia, recitaban varios manuales de oraciones, quizá iban a un campo a escuchar un sermón, daban en las ofrendas, y recibían los sacramentos constantemente; no, más a menudo que una vez al mes. Pero ahí estaba el error: no tenían aceite en sus lámparas, ningún principio de gracia, ninguna fe viva en sus corazones... En una palabra, ellas nunca sintieron, en efecto, el poder del mundo venidero. Pensaron que podrían ser cristianas sin mucho sentimiento interior...

Mientras he estado dibujando, aunque en miniatura, el carácter de estas vírgenes insensatas, ¿acaso no se lo han aplicado muchas de sus conciencias, y con una voz pequeña y callada, aunque articulada, han dicho: *tú, hombre, tú, mujer, eres una de esas vírgenes insensatas, ya que tus sentimientos y tus actos están de acuerdo con los suyos*? No se ahogue, sino más bien fomente esas convicciones; ¿y quién sabe si el Señor, que es rico en misericordia para con todos aquellos que claman a Él con fidelidad, pueda obrar en usted aun por esta locura de predicación para hacerle una virgen sabia antes de que regrese al hogar?

GEORGE WHITEFIELD

DÍA 49

LAS PRUDENTES TOMARON ACEITE

MATEO 25:3-4

Las insensatas, tomando sus lámparas, no tomaron consigo aceite; mas las prudentes tomaron aceite en sus vasijas, juntamente con sus lámparas.

Las vírgenes prudentes tenían sus lámparas; en esto no estaba la diferencia entre ellas y las insensatas, que unas adoraran a Dios de una forma y otras no; no, al igual que el fariseo y el publicano fueron al templo a orar, estas vírgenes prudentes e insensatas podrían ir al mismo lugar de adoración y sentarse bajo el mismo

ministerio; pero entonces las prudentes tomaron aceite en sus vasijas junto con sus lámparas; ellas mantuvieron la forma, pero no descansaban en ella; sus palabras de oración eran el lenguaje de sus corazones, y no eran extrañas a los sentimientos interiores; no tenían temor de examinar las doctrinas, ni se sentían ofendidas cuando los ministros les decían que se merecían ser condenadas; ellas no confiaban en sí mismas, sino que estaban dispuestas a que Jesucristo se llevara toda la gloria de su salvación; estaban convencidas de que los méritos de Jesucristo había que aceptarlos solamente por fe; pero al mismo tiempo también se preocupaban de mantener las buenas obras, como si fueran a ser justificadas por ellas: en resumen, su obediencia fluía del amor y la gratitud, y era alegre, constante, uniforme y universal, al igual que la obediencia que los santos ángeles dan a nuestro Padre en los cielos.

GEORGE WHITEFIELD

DÍA 50

ESTAR PREPARADOS

MATEO 25:13

Velad, pues, porque no sabéis el día ni la hora en que el Hijo del Hombre ha de venir.

Cada generación de cristianos ha esperado que Cristo regresara durante sus vidas, y han tenido una cosa en común: todos se han equivocado...

Suponiendo que Jesús hubiera dicho: "Les daré tres milenios para evangelizar el mundo y entonces, el 1 de enero del año 3001, regresaré precisamente a las 9:00 de la mañana". ¿Qué hubiera significado la promesa de su regreso para generaciones de creyentes que vivieron en los siglos anteriores? En medio de sus sufrimientos, exilios y martirio, ¿qué consuelo habrían tenido de su promesa, sabiendo que Él no regresaría pronto? ¿Y cuál

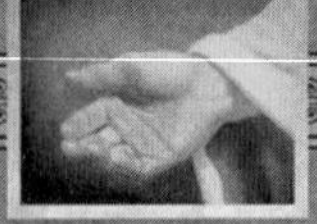

hubiera sido el efecto sobre la Iglesia si hubiera sabido que aún le quedaba algún tiempo para hacer lo que quisiera hacer antes de ponerse a hacer lo que Él le había mandado que hiciera? ¿Dónde habría estado el sentido de urgencia, el desafío a la santidad, y el vivo sentido de anticipación?

El punto de Jesús era que todos sus discípulos deberían vivir con un sentido de anticipación, activamente en la obra, trabajando duro para llevar a cabo la consumación de sus propósitos y viviendo vidas consistentes para que así no se avergüencen cuando Él regrese.

STUART BRISCOE

Jesús es traicionado

Uno de los doce, el que se llamaba Judas Iscariote, fue a ver a los jefes de los sacerdotes, ¿Cuánto me dan, y yo les entrego a Jesús?, les propuso. Decidieron pagarle treinta monedas de plata.

MATEO 26:14-15

Aun cuando todos nosotros tuvimos nuestra parte en la traición de Cristo, el plan necesitaba un hombre concreto. La traición de Jesús era un trabajo desde dentro. El plan también requería actores secundarios, y el paisaje humano tenía muchos candidatos: líderes religiosos corruptos, líderes políticos temerosos y corruptos, y elementos religiosos radicales. Ha sido históricamente popular asignar una culpa especial a Judas o a los líderes judíos, pero tales esfuerzos tienden a desviar el punto de que todos nosotros somos, en última instancia, responsables de la cruz. La Biblia describe papeles específicos en el lado oscuro de la salvación, pero el evangelio también deja claro que todos nosotros somos accesorios del trato. Jesús fue traicionado y crucificado por nosotros.

Las siguientes reflexiones se centrarán en los acontecimientos y las personas implicados en los detalles de la traición de Jesús. Aquí tenemos uno de los ejemplos más claros en la Historia de la manera en que Dios transforma los enojados y pecaminosos esfuerzos de los seres humanos en componentes de sus planes eternos.

Día 51

ACTO *de* TRAICIÓN

MATEO 26:14-15

Entonces uno de los doce, que se llamaba Judas Iscariote, f ue a los principales sacerdotes, y les dijo: ¿Qué me queréis dar, y yo os lo entregaré? Y ellos le asignaron treinta piezas de plata.

Los sentimientos humanos hacia Judas siempre han estado mezclados. Algunos lo han odiado fervientemente por su traición; otros le han tenido lástima por no haberse dado cuenta de lo que estaba haciendo. Unos cuantos han intentado hacer de él un héroe por su parte en hacer que el ministerio terrenal de Jesús finalizara. Algunos han cuestionado la justicia de Dios al permitir que un hombre cargase con una culpa tal...

Al traicionar a Jesús, Judas cometió el error más grande de la Historia, pero el hecho de que Jesús supiera que Judas le iba a traicionar no significa que Judas fuese una marioneta de la voluntad de Dios. Judas tomó la decisión. Dios sabía cuál era la decisión que él tomaría, y la confirmó. Judas no perdió su relación con Jesús; más bien, él nunca encontró a Jesús en primer lugar. Se le llama "el hijo de perdición" (Juan 17:12) porque él nunca fue salvo.

Judas nos hace un favor si nos hace pensar una vez más en nuestro compromiso con Dios y la presencia del Espíritu de Dios en nuestro interior. ¿Somos verdaderos discípulos y seguidores, o fingimos sin tener ningún compromiso? Podemos elegir la desesperación y la muerte, o podemos elegir el arrepentimiento, el perdón, la esperanza y la vida eterna. La traición de Judas envió a Jesús a la cruz para garantizar esa segunda elección: nuestra única oportunidad. ¿Aceptaremos el regalo gratuito de Jesús o, al igual que Judas, le traicionaremos?

LIFE APPLICATION BIBLE

Día 52

JUEGO DE PODERES

MATEO 26:16

Y desde entonces buscaban oportunidad para entregarle.

Jesús en realidad abandonó el poder cuando vivió entre nosotros. Él no estaba simplemente refrenándose y fingiendo poseer nuestras limitaciones físicas: Él fue verdaderamente uno de nosotros. No nos gusta el hecho, y hacemos todo lo posible para suprimirlo. Queremos pensar de Él que se disfrazaba a sí mismo como un sofisticado rotario que podía meterse en una cabina telefónica, quitarse sus ropas, y demostrar quién era en realidad: un Clark Kent/Superman del primer siglo.

Judas fue alguien que se negó a aceptar a un Mesías tan limitado. El Domingo de Ramos, el poder había estado al alcance del Maestro, y era el momento lógico para hacerse cargo. Era la oportunidad de reunir a las masas para la causa, la hora en que Él debiera haber reclamado el poder. Y Jesús lo dejó escapar todo.

Algunos creen que Judas traicionó a Jesús para obligarlo a jugar al juego del poder y establecer su reino. Quienes sostienen esa teoría sugieren que Judas sintió que si se dejaba a Jesús sin ninguna otra alternativa, Él se vería obligado a hacer a un lado su reticencia a agarrar el trono. Si ese era el plan de Judas, le salió el tiro por la culata. Quizá fuese cuando se dio cuenta de que su intento de manipular a Jesús para que utilizara el poder solamente dio como resultado la muerte de alguien que lo había amado infinitamente, que Judas se ahorcó.

ANTHONY CAMPOLO

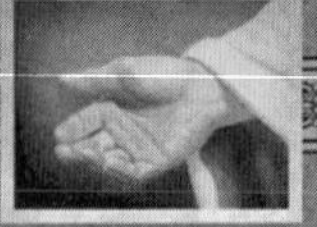

UNO de VOSOTROS

MARCOS 14:18

Y cuando se sentaron a la mesa, mientras comían, dijo Jesús: De cierto os digo que uno de vosotros, que come conmigo, me va a entregar.

Jesús comenzó a hablar de nuevo, esta vez con un tono bajo y solemne; sus palabras llevaban mucho peso: el peso del presentimiento:

"¡Uno de vosotros me va a traicionar!".

Parecía un trueno de condenación.

¿Cómo podría ser? Acababa de lavar a cada uno de ellos. ¿Cómo podría cualquiera de ellos ser tan cruel y tan desagradecido?

Uno a uno, incluyendo a Judas, preguntaron: "¿Seré yo?".

En aquel mismo instante, Judas tenía el sangriento dinero bien amarrado, en silencio, en un cinturón secreto que llevaba atado a su cuerpo. Debió de haberle quemado como un hierro ardiente. Se necesitaron unas agallas tremendas para llevar esa horrible suma sobre su persona misma a la vez que fingía inocentemente que él no era culpable. La audacia de todo ello es sorprendente. Parece imposible que un hombre pueda hundirse en tales profundidades de astuta bestialidad. Pero él lo hizo.

El problema con Judas era que la ciudadela central de su voluntad nunca había sido sometida al control de Cristo. Él nunca había capitulado del todo ante su Señor. El Salvador, por su Espíritu, nunca había sido recibido como realeza ni reconocido como soberano por este hombre. En realidad fue así de básico y sencillo. Y explica el porqué él, o cualquiera de nosotros, puede descender a comportarse como una bestia brutal.

W. PHILLIP KELLER

Día 54

LA ENTRADA DE SATANÁS

LUCAS 22:3

Y entró Satanás en Judas.

Aun extendiendo nuestra imaginación hasta el extremo, es difícil comprender el terrible acto de Judas. Obviamente, fue perpetrado primero en una mente rebosante de agresividad; fue engendrado en un alma que hervía de resentimiento...

Jesús y Judas habían sido amigos íntimos por casi tres años. Habían compartido la misma vida, habían recorrido los mismos caminos, habían comido de la misma comida, habían bebido de los mismos pozos, habían dormido bajo los mismos árboles, habían visto los mismos amaneceres, habían compartido las mismas tragedias y triunfos, habían hablado de las mismas verdades, y habían vivido el mismo camino áspero.

Pero Judas había sido herido. Su orgullo se había visto agujereado; había permitido la autocompasión; su hostilidad se había inflamado. Ahora estaba a matar con su mejor amigo. Estaba decidido a destruirlo: el amor se había convertido en odio...

La razón de todo esto sigue estando de alguna manera rodeada de misterio. Se nos escapa, aun cuando nos propongamos desenmarañar sus enredados flecos.

Una cosa es cierta: el alma oscura y negra de este hombre era una cabeza de playa adecuada desde la cual Satanás intentó realizar un ataque importante contra el Salvador del mundo.

El relato que se nos da de esas horrendas horas está expresado en un lenguaje increíble: "Satanás entró en Judas".

W. PHILLIP KELLER

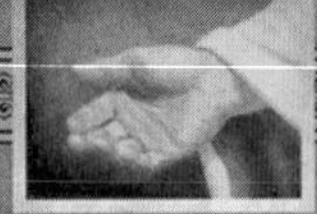

Jesús lava los pies de los discípulos

Se acercaba la fiesta de la pascua. Jesús sabía que le había llegado la hora de abandonar este mundo para volver al Padre. Y habiendo amado a los suyos que estaban en el mundo, los amó hasta el fin.

JUAN 13:1 NVI

Jesús hizo muchas cosas para preparar a sus seguidores para el trauma de su muerte. Les dijo por qué y les mostró cómo; les dio dosis de vacuna que los condicionaban para la mayor de todas. Indicó hasta dónde llegaría para servir tocando a los intocables, amando a quienes no eran merecedores de amor, y deteniéndose a lavar pies sucios antes de su última cena con los discípulos. Él mezcló el amor con la toalla y el lebrillo para darles una señal de los que significa servir.

El ejemplo de Jesús de un servicio de amor que tuvo su punto culminante en la cruz incluía incontables momentos anteriores sorprendentes. Pocos de ellos captan nuestra imaginación y nuestras emociones como lo hace el cuadro de Jesús arrodillándose ante Pedro y los otros discípulos para lavar sus pies. Permita que su ejemplo toque su vida a medida que considera las siguientes reflexiones.

¿PUEDE AMAR *como* ÉL AMÓ?

JUAN 13:3-5

Sabiendo Jesús que el Padre le había dado todas las cosas en las manos, y que había salido de Dios, y a Dios iba, se levantó de la cena, y se quitó su manto, y tomando una toalla, se la ciñó. Luego puso agua en un lebrillo, y comenzó a lavar los pies de los discípulos, y a enjugarlos con la toalla con que estaba ceñido.

Jesús sabía que uno de sus discípulos ya había decidido traicionarlo; otro le iba a negar a la mañana siguiente; incluso aquella noche, todos ellos lo abandonarían. En las siguientes horas, ellos repetidamente demostrarían ignorancia, pereza y falta de confianza. Ciertamente era un grupo penoso el que estaba reunido en el aposento alto. Incluso con buenas razones para rechazar a todo el grupo, Jesús deliberadamente les demostró el pleno alcance de su amor. Las obras, palabras y sentimientos que Él compartió con sus discípulos expresaban la forma más elevada de amor, porque sus discípulos no merecían ni apreciaban de inmediato ese amor.

Jesús nos conoce tan plenamente como conocía a aquellos discípulos; conoce de manera íntima cada momento y cada manera en que nosotros le hemos negado o le hemos abandonado. Sin embargo, conociéndonos, Él estuvo dispuesto a morir por nosotros. Jesús continuamente demuestra su amor por nosotros y nos alcanza. Él continúa sirviéndonos en la Santa Cena, y nos guía y alienta por su Espíritu. Él nos sirve a la vez que nos servimos los unos a los otros. ¿Estamos preparados para amarnos los unos a los otros con la misma clase de amor que Jesús demostró por nosotros?

LIFE APPLICATION COMMENTARY – JUAN

ÉL VINO para SER UN SIERVO

JUAN 13:3-5

Sabiendo Jesús que el Padre le había dado todas las cosas en las manos, y que había salido de Dios, y a Dios iba, se levantó de la cena, y se quitó su manto, y tomando una toalla, se la ciñó. Luego puso agua en un lebrillo, y comenzó a lavar los pies de los discípulos, y a enjugarlos con la toalla con que estaba ceñido.

Debemos aprender a adorar como un estilo de vida diario. Aun si formamos parte de una adoración maravillosa y poderosa una vez a la semana desde el banco de una iglesia, no debería ser suficiente. El Espíritu de Dios nos acompaña dondequiera que vamos, y podemos adorarlo en medio de nuestra vida cotidiana...

Es una cuestión de tener o no tener perspectiva eterna. Dondequiera que vaya, y en cualquier cosa que haga, el Señor Jesús anhela ser su compañero constante. Usted tiene la oportunidad de alabarlo y adorarlo durante todo el día. Él en una ocasión lavó los sucios pies de sus discípulos, así que los detalles del trabajo de usted no marcan ninguna diferencia.

Si sencillamente practica la presencia de Él, hallará que una perspectiva eterna se arraiga en su alma; comenzará a ver este mundo a través de ojos celestiales. Las pruebas parecerán más triviales, y las bendiciones serán más obvias para usted. Verá a cada persona como Cristo la ve, y no se sorprenderá si se encuentra a usted mismo lavando un pie o dos.

Dondequiera que usted vaya será un buen lugar donde estar. Y cualquier cosa que haga estará llena de una alegría incontenible, porque está usted en compañía del Rey.

DAVID JEREMIAH

Día 57

LIMPIEZA DIARIA

JUAN 13:5 NVI

Luego echó agua en un recipiente y comenzó a lavarles los pies a sus discípulos y a secárselos con la toalla que llevaba a la cintura.

El Señor Jesús ama tanto a su pueblo, que cada día sigue haciendo por ellos mucho de lo que es análogo a lavar sus sucios pies. Él acepta sus actos más pobres; siente sus tristezas más profundas; escucha todos sus deseos y perdona todas sus transgresiones. Él sigue siendo su siervo al igual que su Amigo y Maestro... Humilde y pacientemente, Él sigue caminando entre su pueblo con el lebrillo y la toalla. Él lo hace cuando nos quita día a día nuestras constantes enfermedades y pecados... Es un gran acto de amor eterno cuando Cristo, una vez por todas, absuelve al pecador y lo pone en la familia de Dios; pero qué paciencia tan condescendiente hay cuando el Salvador, muy sufrido, carga con las periódicas locuras de su discípulo descarriado; día a día, y hora tras hora, lavando las múltiples transgresiones de su hijo errante y sin embargo amado... Mientras que hallamos consuelo y paz en la limpieza diaria de nuestro Señor, su legítima influencia sobre nosotros será la de aumentar nuestra vigilancia y avivar nuestro deseo de santidad. *¿Es así?*

CHARLES HADDON SPURGEON

Día 58

PRUEBA DE AMOR

JUAN 13:6

Entonces vino a Simón Pedro; y Pedro le dijo:
Señor, ¿tú me lavas los pies?

Cristo manifestó su amor hacia ellos lavando sus pies, como aquella buena mujer (Lucas 7:38) mostró su amor hacia Cristo lavando sus pies y secándolos. De esta manera, Él demostró que su amor por ellos era constante y, así, condescendiente —que en proceso del diseño de éste, estaba dispuesto a humillarse a sí mismo—, y que las glorias de su estado de exaltación, al cual iba a entrar, no deberían ser un obstáculo en absoluto para el favor que Él mostró a sus elegidos; y de esta manera Él confirmaría la promesa que había hecho a todos los santos de que Él *hará que se sienten a la mesa, y vendrá a servirles* (Lucas 12:37), les daría honor tan grande y sorprendente como el de que un señor sirva a sus siervos. Los discípulos acababan de traicionar la debilidad de su amor por Él, al quejarse por el ungüento que fue derramado sobre su cabeza (Mateo 26:8); sin embargo, Él les da esta prueba de amor a ellos. Nuestras flaquezas contrastan con la bondad de Cristo, y la hacen resaltar.

MATTHEW HENRY

DÍA 59

LOS PIES *del* TRAIDOR

JUAN 13:10-11 NVI

El que ya se ha bañado no necesita lavarse más que los pies —le contestó Jesús—; pues ya todo su cuerpo está limpio. Y ustedes ya están limpios, aunque no todos. Jesús sabía quién lo iba a traicionar, y por eso dijo que no todos estaban limpios.

¡Qué grande es el ejemplo que mostraste de soportar el mal! ¡Qué grande, también, es tu modelo de humildad! ¿Cómo es que el Señor nos dio este ejemplo para mostrarnos que nosotros no debiéramos dejar de dar consejo a nuestro prójimo aun cuando no se vea afectado por nuestras palabras? Porque las heridas incurables son heridas que no pueden ser sanadas por los fuertes medicamentos o por otros más agradables. Se forma similar, el

alma, cuando ha sido llevada cautiva, se entrega a la maldad, se niega a considerar lo que es beneficioso para ella, y no acepta la bondad a pesar de un gran consejo. Como si estuviera sorda, no se beneficia de ningún consejo; no que no pueda, sino que no quiere. Esto sucedió en el caso de Judas. A pesar de ello, Cristo, aunque lo sabía de antemano, ni siquiera dejó de hacer todo lo posible para aconsejarlo. Ya que sabemos que Jesús puso esto en práctica, nosotros también debiéramos no dejar nunca de luchar por corregir a los descuidados aun cuando parezca que no resulta ningún bien de nuestro consejo.

DIONISIO DE ALEJANDRÍA

DÍA 60

NUESTRO LLAMADO

JUAN 13:14 NVI

Pues si yo, el Señor y el Maestro, les he lavado los pies, también ustedes deben lavarse los pies los unos a los otros.

El orgullo despoja de vitalidad a nuestro carácter. Bernardo de Clairvaux enseñó sabiamente que hay cuatro virtudes cristianas. La primera es la humildad; la segunda es la humildad; la tercera es la humildad; y la cuarta es la humildad. Bernardo también enseñó que a la mayoría de nosotros nos gustaría obtener humildad sin humillación. Desgraciadamente, eso no es posible. Nuestra arrogancia es la menos adorable de todas nuestras cualidades personales. El ego es la barrera que se erige entre Dios y sus sueños para nuestras vidas.

Como siervos debemos ser sacerdotes. Un sacerdote es tierra, una tierra intermedia, una pequeña parcela de terreno sobre el cual tanto Dios como el necesitado se encuentran. Nuestro trabajo es sacerdotal, y es glorioso. Al igual que Jesús, nuestro gran Sumo Sacerdote, nosotros también vestimos las ropas de nuestra mediación de gracia. Una vez más hacemos posible su encarnación; somos los dispuestos

amenes de Walt Whitman. De igual manera debemos clamar a nuestro mundo necesitado: "Si nos quieren, miren debajo de la suela de sus botas". Nuestra humildad puede verse fácilmente en que amamos ayudar a los demás. Nuestro servicio es nuestro oficio. Si el Rey del cielo puede lavar pies, nuestro llamado está claro.

CALVIN MILLER

DÍA 61

NUESTRO EJEMPLO

JUAN 13:14-15

Pues si yo, el Señor y el Maestro, he lavado vuestros pies, vosotros también debéis lavaros los pies los unos a los otros. Porque ejemplo os he dado, para que como yo os he hecho, vosotros también hagáis.

Al lavar los pies de discípulos quienes ya estaban lavados y limpios, el Señor instituyó una señal, con el fin de que... nosotros pudiéramos saber que no estamos exentos de pecado, el cual Él, a partir de entonces, nos lava intercediendo por nosotros... ¿Qué conexión, pues, puede tener tal entendimiento del pasaje con el que Él después se diera a sí mismo, cuando explicó la razón de su acto con las palabras: "Pues si yo, el Señor y el Maestro, he lavado vuestros pies, vosotros también debéis lavaros los pies los unos a los otros. Porque ejemplo os he dado, para que como yo os he hecho, vosotros también hagáis"?... Escuchemos al apóstol Santiago, quien afirma este precepto con la mayor claridad cuando dice: "Confesaos vuestras ofensas unos a otros, y orad unos por otros". Porque de eso también el Señor nos dio ejemplo. Porque si Él —que ni tiene, ni tuvo, ni tendrá pecado— ora por nuestros pecados, ¡cuánto más deberíamos nosotros orar unos por otros a cambio! Y si Él nos perdona, a quienes no tenemos nada que perdonar, ¡cuánto más deberíamos nosotros, que somos incapaces de vivir aquí sin pecado, perdonarnos unos a otros!

AGUSTÍN

PERSONAS DE CARÁCTER

JUAN 13:15

Porque ejemplo os he dado, para que como yo os he hecho, vosotros también hagáis.

El carácter llega gradualmente en el proceso de permitir a Dios que nos haga siervos. Pero, oh, ¡el dolor que espera en el camino! El dolor es la desagradable fragua sobre la cual Dios martillea nuestra semejanza a Cristo. Rogamos a Dios que cubra el martillo de fieltro, pero el hierro golpea fuerte y el yunque rasga. Algunos han tenido incluso que morir para servir a Cristo; y algunas veces son las mismas personas a quienes somos llamados a servir quienes mantienen en sus ingratas vidas el dolor que quebranta nuestros espíritus y nos desmenuza más allá del alejamiento y la soledad.

Desgraciadamente, servir a las personas es la única manera por la cual podemos servir a Dios. Y servir a las personas significa que vamos a resultar heridos en el proceso...

Jesús, según Filipenses 2, se humilló a sí mismo y se hizo hombre. Ahora nosotros debemos humillarnos a nosotros mismos para convertirnos en siervos y personas de carácter. La crucifixión puede ser un fin muy desagradable para cualquiera que quiera ser un siervo. ¿Por qué? Considere la metodología de la servidumbre: ¡Debemos volver nuestra mejilla y caminar dos millas para cualquier persona que nos obligue a caminar una! Servir a nuestros antagonistas y bendecir a nuestros perseguidores puede ser la terrible pesadez que nos moldee a imagen de Él.

CALVIN MILLER

Día 63

SIERVOS HUMILDES

JUAN 13:16 NVI

Ciertamente les aseguro que ningún siervo es más que su amo, y ningún mensajero es más que el que lo envió.

Jesús se humilló a sí mismo y los sirvió como su sirviente. Aunque Él era el Hijo de Dios, no reclamó sus derechos; en cambio, renunció a sus derechos y se humilló a sí mismo para servir a discípulos orgullosos y malolientes. Él podría haber reclamado sus derechos al menos durante esa última cena, pero no sólo renunció a ellos, sino que también decidió servirlos humildemente. Él no los reprendió diciendo: "¿Qué aprendieron en estos tres años? ¿No me merecía una última comida siendo servido apropiadamente?". En lugar de hacer eso, tomó forma de siervo y comenzó a lavarles los pies uno a uno. En este mundo, la posición más elevada significa más respeto por parte de los demás. Como el Señor y Maestro al lavar los pies de ellos, Jesús les demostró que el servicio humilde es un amor verdadero.

UNIVERSITY BIBLE FELLOWSHIP

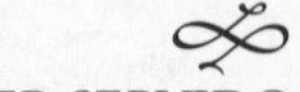

Día 64

NO *para* SER SERVIDO, SINO *para* SERVIR

MATEO 20:28

Como el Hijo del Hombre no vino para ser servido, sino para servir, y para dar su vida en rescate por muchos.

Tan grande y maravillosa fue la obra que Jesús tenía que hacer por el pecador, que nada menos era necesario sino que Él se entregara a sí mismo para realizar esa obra. Tan grande y maravilloso fue el amor de Jesús hacia nosotros, que Él realmente se dio

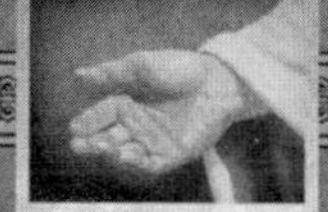

a sí mismo por nosotros y a nosotros. Tan grande y maravillosa es la rendición de Jesús, que eso mismo por lo cual Él se dio a sí mismo puede real y completamente pasar en nosotros. Porque Jesús, el Santo, el Todopoderoso, ha tomado sobre sí mismo el hacerlo: Él se entregó *a sí mismo* por nosotros... Y ahora lo que es necesario es que nosotros comprendamos correctamente y creamos firmemente esa rendición suya por nosotros...

Cuando le recibo a Él, cuando creo que Él se entregó a sí mismo para hacer eso por mí, ciertamente lo experimentaré. Seré purificado por medio de Él, seré agarrado rápidamente como posesión suya, y seré lleno de celo y de gozo para trabajar para Él.

ANDREW MURRAY

Jesús comparte la última cena

Porque esto es mi sangre del nuevo pacto, que por muchos es derramada para remisión de los pecados.
MATEO 26:28

La cena de la Pascua rememora la esclavitud en Egipto, la visita del ángel de la muerte, y un largo éxodo. El cordero consumido no sólo proporciona el primer plato; su sangre también mancha los dinteles de las puertas, alejando la plaga final. Jesús reunió a sus discípulos para la Pascua, para finalizar todas las Pascuas.

Durante esa última cena con sus discípulos, Jesús, el Cordero de Dios, ofreció su cuerpo y su sangre para compartir, para que siempre se tomasen con una solemne reflexión sobre su sacrificio y su futuro regreso. Él lo ofreció a pesar de la indignidad de sus seguidores: uno que lo había traicionado, otro que lo iba a negar, y todos que lo abandonarían. Él lo ofreció porque ellos necesitaban un Salvador, y Él era ese Salvador.

Al regresar a esa última cena, encuentre su lugar entre las demás personas indignas, y tome parte en la cena con dignidad. Festeje el banquete de las palabras de Jesús.

Día 65

LA PARTE DE SATANÁS

JUAN 13:27 NVI

Tan pronto como Judas tomó el pan, Satanás entró en él.
Lo que vas a hacer, hazlo pronto—le dijo Jesús.

Ahora la mediación más poderosa requiere un espíritu de consejo porque "si la hubieran conocido, nunca habrían crucificado al Señor de la gloria" (1 Corintios 2:8). Pero el Hijo de Dios ocultó su gloria de divinidad, revelando solamente la debilidad de la carne sin pecado. De ese modo quitó la envidia de la maldad hostil por medio de la santidad de su vida. A través de su debilidad, el enemigo esperaba tener victoria sobre Él.

Cristo también incitó la envidia de Satanás por medio de sus milagros, los cuales Él utilizaba para fortalecer la fe del hombre en Él como reconciliador. Satanás, el engañador, habiendo sido engañado, infligió sobre Cristo —quien no se merecía el castigo por el pecado— la paga del pecado: esto es, una muerte muy cruel. Sin embargo, el justo —tan golpeado injustamente por causa de la justicia— obtuvo una nueva justicia del enemigo de la muerte que tan injustamente fue infligida sobre Él.

Ya que esa muerte no le beneficiaba a Él —porque Él era sin pecado—, al compartir esa victoria con el hombre pecador, Él absolvió al acusado por medio del castigo de su inocencia.

BERNARDO DE CLAIRVAUX

Día 66

YO, EL HIJO DEL HOMBRE, DEBO MORIR

MARCOS 14:21

A la verdad el Hijo del Hombre va, s
egún está escrito de él.

La vida de Jesús fue tan rápida y recta como un relámpago. Por encima de todas las cosas fue dramática; y sobre todas las cosas consiste en hacer algo que debe hacerse. Enfáticamente no se habría hecho si Jesús hubiera caminado en el mundo para siempre no haciendo otra cosa sino decir la verdad. Y aún el movimiento externo de todo ello no debe ser descrito como un vagar en el sentido de olvidar que era un viaje. Es aquí donde fue un cumplimiento de los mitos en lugar de las filosofías; es un viaje con una meta y un objetivo, como Jasón saliendo a buscar el vellón de oro, o como Hércules las manzanas de oro de Hespérides. El oro que él estaba buscando era muerte. Lo principal que iba a hacer era morir. Él iba a hacer otras cosas igualmente definitivas y objetivas; podríamos casi decir igualmente externas y materiales. Pero desde el principio hasta el fin el hecho más definitivo es que Él va a morir.

G. K. CHESTERTON

Día 67

PARTICIPACIÓN *con* ÉL

MARCOS 14:22-23

Y mientras comían, Jesús tomó pan y bendijo, y lo partió y les dio, diciendo: Tomad, esto es mi cuerpo. Y tomando la copa, y habiendo dado gracias, les dio; y bebieron de ella todos.

Esta alimentación con el cuerpo de Cristo se produce, del lado

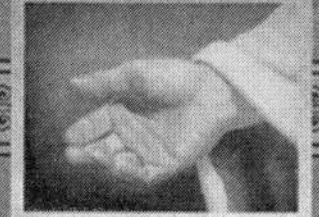

del Señor por el Espíritu, y del lado nuestro por fe. Del lado del Señor por el Espíritu: porque el Espíritu nos comunica el poder del cuerpo glorificado, por el cual aun nuestros cuerpos, según las Escrituras, se convierten en miembros de su cuerpo... El Espíritu nos da a beber del poder de la vida de su sangre, de tal modo que esa sangre se convierte en la vida y el gozo de nuestra alma. El pan es una participación en el cuerpo: la copa es una participación en la sangre.

Y esto se lleva a cabo de nuestra parte por fe: una fe que, por encima de lo que pueda verse o entenderse, cuenta con el poder maravilloso del Espíritu Santo para unirnos en realidad, similares en alma y cuerpo, con nuestro Señor, comunicándonosle a Él interiormente.

ANDREW MURRAY

DÍA 68

MI CUERPO, PARTIDO

LUCAS 22:19 NVI

También tomó pan y, después de dar gracias, lo partió,
se lo dio a ellos y dijo: Este pan es mi cuerpo,
entregado por ustedes; hagan esto en memoria de mí.

Toda vida tiene necesidad de alimento: se sostiene mediante los nutrientes que absorbe desde el exterior. La vida celestial debe tener alimento celestial; nada menos que Jesús mismo es el pan de vida... Este alimento celestial, Jesús, se acerca a nosotros en dos de los medios de la gracia: la palabra y la Cena del Señor. La palabra llega a presentarnos a Jesús desde el lado de la vida intelectual, mediante nuestros pensamientos. La Cena del Señor viene, de manera similar, a presentarnos a Jesús desde el lado de la vida emocional, mediante los sentidos físicos... La Cena es la promesa de que el Señor también cambiará nuestro cuerpo de humillación y lo hará semejante a su propio cuerpo glorificado

por la obra mediante la cual Él somete todas las cosas a sí mismo... En la Cena, Cristo toma posesión del hombre completo, cuerpo y alma, para renovarlo y santificarlo por el poder de su santo cuerpo y su santa sangre. Aun su cuerpo comparte su gloria: aun su cuerpo es comunicado por el Espíritu Santo. Aun nuestro cuerpo es alimentado con su cuerpo santo, y renovado por la obra del Espíritu Santo.

ANDREW MURRAY

DÍA 69

UNO *con* JESÚS

LUCAS 22:19 NVI

Hagan esto en memoria de mí.

Esta profunda unión interior con Jesús, aun con su cuerpo y sangre, es el gran objetivo de la Cena del Señor. Todo lo que nos enseña y nos da sobre el perdón de los pecados, de la memoria de Jesús, de la confirmación del pacto divino, de la unión los unos con los otros, del anuncio de la muerte del Señor hasta que Él venga, debe conducir a esto: una completa unidad con Jesús mediante el Espíritu...

Sin duda se comprende que la bendición de la Cena depende mucho de la preparación en el interior, del hambre y sed con las que uno anhela al Dios vivo... No imagine, sin embargo, que la Cena no es otra cosa que un símbolo de lo que ya tenemos por fe en la palabra. No: es una verdadera comunicación espiritual por parte del Señor exaltado en los cielos de los poderes de su vida: sin embargo, esto es según la medida del deseo y de la fe. Prepárese para la Cena del Señor, por tanto, con una separación y oración sinceras. Y después espere que el Señor, con su poder celestial, de una manera incomprensible para usted aunque segura, renueve su vida.

ANDREW MURRAY

Día 70

PERDÓN EXTRAVAGANTE

LUCAS 22:20 NVI

De la misma manera tomó la copa después de la cena, y dijo: Esta copa es el nuevo pacto en mi sangre, que es derramada por ustedes.

¿Qué tiene que ver la gratitud con el llamado? Ciertamente es más fácil y más correcto ver la gratitud como una respuesta a la cruz de Cristo. Cerca del año 1546 Miguel Ángel hizo un dibujo a lápiz de la Pietá para Vittoria Colonna, su pía amiga de la aristocracia. Con el cuerpo muerto de Jesús sostenido por ángeles a sus pies, María no acuna a su hijo como en sus otras representaciones de la Pietá, sino que eleva sus ojos y sus manos al cielo en un asombro sin palabras. En el travesaño de la cruz, Miguel Ángel inscribió una línea del *Paraíso* de Dante, la cual es el centro de la meditación del cuadro: "Nadie piensa en cuánta sangre es necesaria".

Sin ninguna duda, cualquiera que piense en cuánta sangre es necesaria, y la sangre de quién y el por qué, lo único que podrá hacer es detenerse y adorar. Así pues, la mujer adúltera, perdonada, baña los pies de Jesús con sus besos, su perfume y sus lágrimas: su entrega extravagante es la respuesta al perdón de Él, aún más extravagante. Simona Weil lo expresó de forma elocuente: "nuestro país es la Cruz".

OS GUINESS

Día 71

CONTEMPLAR *con* REVERENCIA

LUCAS 22:20

De la misma manera tomó la copa después de la cena, y dijo: Esta copa es el nuevo pacto en mi sangre, que es derramada por ustedes.

El Salvador no enseña nada de una forma meramente humana, sino que enseña lo suyo propio con sabiduría divina y mística. Por lo tanto, no debemos escuchar sus palabras solamente con oídos terrenales; debemos escudriñar y aprender el significado oculto en ellas. Porque lo que el Señor parece haber simplificado para los discípulos requiere incluso más atención que las desconcertantes afirmaciones, debido a la superabundancia de sabiduría. Además, las cosas que Él explicó a sus hijos requieren aún más consideración que las cosas que parecen haber sido simplemente afirmadas. Aquellos que escucharon tales explicaciones no hicieron preguntas, porque las palabras del Señor que incumben al diseño completo de la salvación debían contemplarse con reverencia y una mente profundamente espiritual. No debemos recibir esas palabras de manera superficial con nuestros oídos, sino que debemos aplicar nuestras mentes a comprender el Espíritu del Salvador y el significado no expresado de sus palabras.

CLEMENTE DE ALEJANDRÍA

DÍA 72

UN NUEVO MANDAMIENTO

JUAN 13:34

Un mandamiento nuevo os doy: Que os améis unos a otros; como yo os he amado, que también os améis unos a otros.

Las Escrituras también enseñan de forma clara y abundante que todos los verdaderos santos tienen un espíritu amoroso, compasivo y bondadoso. Sin esto —dice el apóstol—, podemos hablar con lenguas de hombres y de ángeles y ser, sin embargo, sólo un metal que resuena o un címbalo que retiñe. Aunque tengamos el don de profecía, y comprendamos todos los misterios, y todo el conocimiento, sin ese espíritu no somos nada. No se insiste de manera expresa y tan frecuentemente en ninguna otra virtud o

disposición de mente como marca del verdadero cristiano. El amor con frecuencia se da como la evidencia de quienes son discípulos de Cristo, y la forma en que pueden ser conocidos.

Además, Cristo llama a la ley del amor: su mandamiento. "Un mandamiento nuevo os doy: Que os améis unos a otros; como yo os he amado, que también os améis unos a otros" (Juan 13:34). "Este es mi mandamiento: Que os améis unos a otros, como yo os he amado" (Juan 15:12). Y en el versículo 17: "Esto os mando: Que os améis unos a otros". Él dice en el capítulo 13:35: "En esto conocerán todos que sois mis discípulos, si tuviereis amor los unos con los otros". De nuevo en el capítulo 14:21: "El que tiene mis mandamientos, y los guarda, ése es el que me ama".

JONATHAN EDWARDS

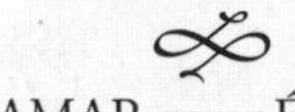

DÍA 73

AMAR *como* ÉL AMÓ

JUAN 13:34

Un mandamiento nuevo os doy: Que os améis unos a otros; como yo os he amado, que también os améis unos a otros.

Como yo os he amado: esas palabras nos dan la *medida* del amor con el cual debemos amarnos unos a otros. El verdadero amor no conoce medida: se da a sí mismo totalmente...

Nuestro amor no debe reconocer otra medida que no sea la de Él, porque su amor es la fuerza del nuestro. El amor de Cristo no es una mera idea o sentimiento; es un verdadero poder divino para la vida. Mientras el cristiano no entienda esto, no podrá ejercer su poder pleno en él. Pero cuando su fe se eleva y comprende que el amor de Cristo no es nada menos que la impartición de Él mismo y de su amor al amado, y él se arraiga en este amor como la fuente de la que su vida obtiene su sustento, entonces ve que su Señor sencillamente le pide que él permita que el amor de Él fluya por medio de él. Debe vivir una

vida con la fortaleza dada por Cristo: el amor de Cristo lo constriñe, y lo capacita para amar como Él lo hizo.

ANDREW MURRAY

Día 74

AMOR LOS UNOS *con* LOS OTROS

JUAN 13:35

En esto conocerán todos que sois mis discípulos, si tuviereis amor los unos con los otros.

Antes de que Cristo prometiera el Espíritu Santo, Él dio un nuevo mandamiento, y dijo cosas maravillosas sobre ese nuevo mandamiento. Una de ellas fue: "Como yo os he amado, que también os améis unos a otros". Para ellos, el amor de Él que lo llevó a la muerte debía ser su única ley de conducta y relación de unos con otros. ¡Qué mensaje para aquellos pescadores, aquellos hombres llenos de orgullo y egoísmo! "Aprendan a amarse unos a otros —dijo Cristo— como yo los he amado". Y por la gracia de Dios, ellos lo hicieron. Cuando Pentecostés llegó, ellos eran de un mismo sentir y un solo corazón. Cristo lo hizo por ellos.

Y ahora Él nos llama a nosotros a morar y caminar en amor. Él demanda que aunque un hombre nos odie, lo sigamos amando. El verdadero amor no puede conquistarse mediante ninguna cosa en el cielo o en la tierra. Cuanto más odio hay, más triunfa el amor en ello y más muestra su verdadera naturaleza. Este es el amor que Cristo mandó a sus discípulos que ejercitasen.

¿Qué más dijo Él? "En esto conocerán todos que sois mis discípulos, si tuviereis amor los unos con los otros".

ANDREW MURRAY

Día 75

CREAN EN MÍ

JUAN 14:NVI

No se angustien. Confíen en Dios y confíen también en mí.

Todas sus palabras pueden reducirse a tres: *Crean en mí...*

No esté preocupado por el regreso de Cristo. No esté ansioso por cosas que no puede comprender. Asuntos como el milenio y el anticristo están ahí para desafiarnos y hacernos pensar, pero no para abrumarnos y mucho menos para dividirnos. Para el cristiano, el regreso de Cristo no es como un acertijo que hay que resolver o un código que hay que descifrar, sino más bien un día que hay que esperar.

Jesús quiere que creamos en Él. Él no quiere que estemos preocupados, así que nos reafirma con estas verdades...

No sabemos cuándo vendrá a buscarnos. No sabemos cómo vendrá a buscarnos. Y en realidad ni siquiera sabemos por qué querría venir a por nosotros. Oh, tenemos nuestras propias ideas y opiniones; pero la mayoría de lo que tenemos es fe,: fe en que Él tiene un espacio amplio y un lugar preparado y, en el momento correcto, vendrá para que podamos estar donde Él está.

Él se ocupará de tomarnos. A nosotros nos corresponde creer.

MAX LUCADO

Día 76

UN LUGAR *para* USTEDES

JUAN 14:2

En la casa de mi Padre muchas moradas hay; si así no fuera,
yo os lo hubiera dicho; voy, pues, a preparar lugar para vosotros.

Jesús moriría pronto en la cruz, resucitaría de los muertos, y ascendería al cielo, dejando a sus discípulos en la tierra. Para ayudarlos a prepararse para la vida sin Él, Jesús explicó que Él iba a regresar a su Padre en el cielo y que prepararía un lugar para ellos allí. También prometió regresar.

Los discípulos estaban confundidos, no creyendo en realidad que Jesús tuviera que morir, sin comprender que Él volvería a la vida y, por tanto, sin comprender en absoluto lo que Él quería decir con que iría al Padre y "prepararía un lugar" para ellos.

Pero nosotros tenemos la perspectiva de la Historia. Sabemos que Jesús murió en la cruz, y sabemos que se levantó del sepulcro y después ascendió al cielo. De esta manera, podemos tener más confianza en que ahora Él está allí preparando un lugar para nosotros.

¡Qué gran promesa! Si ha confiado usted en Cristo como su Salvador, su futuro está asegurado: Él tiene un lugar para usted en "la casa del Padre". Nadie puede detenerlo; nada puede disuadirlo; nadie puede robarle su esperanza... porque Jesús lo ha prometido.

Y Él regresará para llevarlo a usted allí.

DAVE VEERMAN

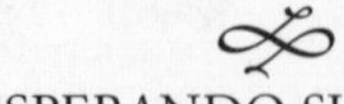

DÍA 77

ESPERANDO SU REGRESO

JUAN 14:2 NVI

En el hogar de mi Padre hay muchas viviendas; si no fuera así, ya se lo habría dicho a ustedes. Voy a prepararles un lugar.

Jesús está con sus Doce la noche anterior a ser llevado bajo arresto e ir a la cruz. Mientras están allí, Él abruptamente desvela la verdad de su inminente muerte; eso agarra a los discípulos fuera de guardia. Ellos se sorprendieron visiblemente, y es comprensible. Si nosotros hubiéramos estado entre sus discípulos, también habríamos esperado que Él viviera para siempre, que

estableciera su reino, y que nos llevase con Él cuando se convirtiera en Rey de reyes y Señor de señores, gobernando sobre toda la tierra.

Pero de repente, Él introduce un cambio en el plan de juego: la Cruz. Llenos de inquietud, duda y temor, los discípulos se quedaron totalmente sorprendidos cuando Él habló de su inminente muerte... Para aquellos ansiosos discípulos, Él hizo una promesa incondicional. Él no dice: "Si ustedes me esperan, regresaré". Ni siquiera dice: "Si caminan conmigo, regresaré". No; su promesa es totalmente incondicional. "Voy a preparar lugar... regresaré... los recibiré... ustedes estarán conmigo". Su regreso no era una conjetura... ¡iba a ocurrir!...

Claramente, Cristo va a regresar. Nuestra pregunta es esta: ¿Cuál es la mejor manera de "estar listos para el momento de la partida"?

CHARLES R. SWINDOLL

DÍA 78

NO HAY OTRO CAMINO

JUAN 14:6

Jesús le dijo: Yo soy el camino, y la verdad, y la vida; nadie viene al Padre sino por mí.

¿Qué significa venir al Padre? Ninguna otra cosa sino pasar de la muerte a la vida, del pecado y la condenación a la inocencia y la rectitud, de la angustia y la tristeza al gozo y la bendición. Cristo está diciendo: "Nadie debería intentar venir al Padre de ninguna otra manera sino por mí. Solamente yo soy el camino, la verdad y la vida". Cristo claramente descarta y desaprueba con contundencia a todos los que enseñan que la salvación puede obtenerse mediante las obras. Él niega completamente que podamos llegar al cielo por ningún otro camino. Porque Jesús dice: "Nadie viene al Padre sino por mí". No hay otro camino...

Aunque todos los demás puedan abandonarme y dejarme arruinado, yo seguiré teniendo un tesoro eterno que no puede fallarme. Este tesoro no es el resultado de mis propias obras o esfuerzos. El tesoro es Cristo: el camino, la verdad y la vida. Solamente a través de Cristo puedo venir al Padre. Me mantendré firme en esto, viviré por ello, moriré por ello.

MARTÍN LUTERO

DÍA 79

CRISTO ES NUESTRO CAMINO

JUAN 14:6

Jesús le dijo: Yo soy el camino, y la verdad, y la vida; nadie viene al Padre sino por mí.

Podemos decir que los caminos del Señor son los cursos de una buena vida, guiados por Cristo. Él dice: "Yo soy el camino, la verdad y la vida". El camino, entonces, es el inmenso poder de Dios; porque Cristo es nuestro camino: y un buen camino, también. Él es el camino que ha abierto el reino del cielo a los creyentes. Además, los caminos del Señor son derechos. Está escrito: "Hazme conocer tus caminos, oh Señor"... Cristo, por tanto, es el principio de nuestra justicia; Él es el principio de la pureza... Cristo es el principio de la frugalidad, porque Él se hizo pobre aun cuando era rico. Cristo es el principio de la paciencia, porque cuando abusaron de Él verbalmente, Él no respondió. Cuando fue golpeado, no respondió con golpes. Cristo es el principio de la humildad, porque Él tomó forma de siervo aun cuando era igual a Dios el Padre en la majestad de su poder. Toda virtud tiene su origen en Cristo.

AMBROSIO

Día 80

NOMBRES PODEROSOS

JUAN 14:6

Jesús le dijo: Yo soy el camino, y la verdad, y la vida; nadie viene al Padre sino por mí.

Aquel que es el camino no nos despista ni nos guía a amplios terrenos baldíos. Aquel que es la verdad no se burla de nosotros con mentiras. Aquel que es la vida no nos traiciona con ilusiones muertas. Cristo escogió estos encantadores nombres para sí mismo para indicar sus métodos para nuestra salvación. Como el camino, Él nos guiará a la verdad; y la verdad nos arraigará en la vida. Por tanto, es vital que conozcamos el misterioso camino (que Él revela) para obtener esta vida: "Nadie viene al Padre sino por mí". El camino al Padre es a través del Hijo. Ahora bien, debemos preguntar si el camino es por la obediencia a su enseñanza o por fe en su Deidad. Porque es concebible que nuestro camino al Padre pudiera ser por obedecer la enseñanza del Hijo, en lugar que por creer que el Padre mora en el Hijo. Por tanto, lo siguiente que debemos hacer es buscar el verdadero significado de este mandamiento. Porque no es por aferrarse a una opinión preconcebida, sino por estudiar la fuerza de las palabras, que podemos poseer esta fe.

HILARY OF POITIERS

Día 81

LO BASTANTE ANCHO *para* TODO EL QUE CREE

JUAN 14:6

Jesús le dijo: Yo soy el camino, y la verdad, y la vida; nadie viene al Padre sino por mí.

Cuando los discípulos preguntaron cómo llegar al Padre y a su "casa", Jesús respondió que Él era el *único* camino.

Este hecho de que Jesús es el único camino al cielo no es popular en nuestra era que piensa: "no importa lo que creas mientras que seas sincero" y "todas las creencias conducen al mismo destino". La gente argumenta que tener solamente un camino es demasiado estrecho y limitado; en realidad, es lo bastante ancho para todo el que cree. En lugar de argumentar y preocuparse por lo limitado que parezca, deberían estar agradecidos de que realmente haya un solo camino a Dios. Cuando estamos al borde de un precipicio y deseamos cruzar al otro lado de la gran sima, no hacemos pucheros y demandamos que haya un puente en el punto donde nosotros estamos. En cambio, nosotros viajamos hasta donde está el puente, el único puente, a unos cuantos kilómetros de distancia, agradecidos de que haya una manera de cruzar.

Jesús es el camino: sígalo. Jesús es la verdad: créalo. Jesús es la vida: viva en Él. No hay ningún otro puente al Padre y a su casa.

DAVE VEERMAN

DÍA 82

VENCER EL TEMOR

JUAN 14:6

Jesús le dijo: Yo soy el camino, y la verdad, y la vida; nadie viene al Padre sino por mí.

El temor humedece las palmas de nuestras manos, hace que se nos doblen las rodillas y nos corta la respiración. El temor debilitante convierte en cobardes aún a los guerreros más fuertes y poderosos. Algunos intentan luchar contra los temores ignorándolos; otros ponen una máscara a sus temores mediante la anestesia (alcohol y drogas) o falsas bravatas (fingir que todo va bien). Algunos responden metiéndose imprudentemente en el

peligro. Pero la respuesta, el antídoto eficaz para el temor, viene de conocer la verdad y saber lo que hay más adelante en el camino.

Jesús les dijo a sus discípulos que Él era la verdad (Juan 14:6) y que el cielo esperaba a todos aquellos que confiaran en Él (Juan 14:1-4). Por eso, no debían tener temor, a pesar de sus circunstancias, presiones y problemas. Sin ninguna duda, esos jóvenes hombres no conocían el futuro, pero conocían a aquel que sí lo conocía; y Él les prometió paz.

¿Qué temores le roban la esperanza y le mantienen despierto en la noche? Confíe en el Salvador, y duerma como un niño.

DAVE VEERMAN

DÍA 83

DIOS en ÉL

JUAN 14:8 NVI

Señor —dijo Felipe—, muéstranos al Padre y con eso nos basta.

En los Evangelios, Dios habló por medio de su Hijo: Jesús... Los discípulos habrían sido unos necios si hubieran dicho: "Es maravilloso conocerte, Jesús; pero en realidad nos gustaría conocer al Padre".

Felipe llegó a decir: "Señor, muéstranos al Padre, y nos basta" (Juan 14:8).

Jesús respondió: "¿Tanto tiempo hace que estoy con vosotros, y no me has conocido, Felipe? El que me ha visto a mí, ha visto al Padre; ¿cómo, pues, dices tú: Muéstranos el Padre? ¿No crees que yo soy en el Padre, y el Padre en mí? Las palabras que yo os hablo, no las hablo por mi propia cuenta, sino que el Padre que mora en mí, él hace las obras" (Juan 14:9-10). Cuando Jesús hablaba, el Padre estaba hablando por medio de Él. Cuando Jesús hacía un milagro, el Padre estaba haciendo su obra a través de Jesús.

Tan cierto como Moisés se encontró con Dios cara a cara en la

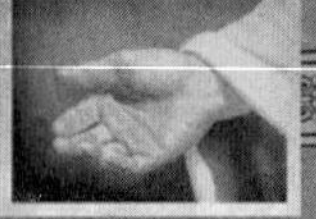

zarza ardiente, los discípulos estuvieron cara a cara con Dios en una relación personal con Jesús. Su encuentro con Jesús fue un encuentro con Dios. Escuchar *a* Jesús era escuchar a Dios.

HENRY BLACKABY Y CLAUDE KING

DÍA 84

VERME A MÍ ES VER A DIOS

JUAN 14:9

Jesús le dijo: ¿Tanto tiempo hace que estoy con vosotros, y no me has conocido, Felipe? El que me ha visto a mí, ha visto al Padre; ¿cómo, pues, dices tú: Muéstranos el Padre?

Deberíamos guardarnos atentamente de separar a Cristo de Dios. Eso es lo que Felipe estaba haciendo; él ignoró a Cristo y buscó a Dios en el cielo... ¿Qué otra cosa es esto sino incredulidad y una secreta negación de Dios? Cristo tuvo que corregir a Felipe para arrancar de él esa falsa idea. Él dijo: "Felipe, ¿por qué intentas separar al Padre de mí? Con tus ideas, estás subiendo a las nubes y dejándome aquí en la tierra hablando en vano. ¿No escuchas lo que estoy diciendo? El que me ve a mí, ve también al Padre. ¿No crees que yo soy en el Padre y el Padre en mí?".

Esas son palabras serias, aunque amorosas, del Señor, porque Él no puede tolerar que revoloteemos en la inseguridad. Cristo quiere que estemos atados firmemente a Él y a su Palabra para que no busquemos a Dios en ninguna otra parte sino en Él.

MARTÍN LUTERO

Día 85

ORAR *como* ÉL ORÓ

JUAN 14:13-14

Y todo lo que pidiereis al Padre en mi nombre, lo haré, para que el Padre sea glorificado en el Hijo. Si algo pidiereis en mi nombre, yo lo haré.

La vida y la obra de Cristo, su sufrimiento y su muerte: todo fue oración, todo fue dependencia de Dios, confianza en Dios, recibir de Dios, rendirse a Dios. Tu redención, oh, creyente, es una redención ganada en oración e intercesión: tu Cristo es un Cristo que ora: la vida que Él vivió por ti, la vida que Él vive en ti, es una vida de oración que se deleita en esperar en Dios y recibir todo de Él. Orar en su nombre es orar como Él oró. Cristo es nuestro único ejemplo porque Él es nuestra Cabeza, nuestro Salvador, y nuestra Vida. En virtud de su Deidad y de su Espíritu, Él puede vivir en nosotros: nosotros podemos orar en su nombre, porque permanecemos en Él y Él en nosotros.

ANDREW MURRAY

Día 86

DESDE EL CORAZÓN

JUAN 14:14 NVI

Lo que pidan en mi nombre, yo lo haré.

La verdadera oración es solamente otro nombre para el amor de Dios. Su excelencia no consiste en la multitud de nuestras palabras; porque nuestro Padre conoce las cosas de las que tenemos necesidad antes que se las pidamos. La verdadera oración es la que sale del corazón, y el corazón ora solamente por lo que desea. *Orar,* por tanto, es *desear*; pero desear lo que Dios

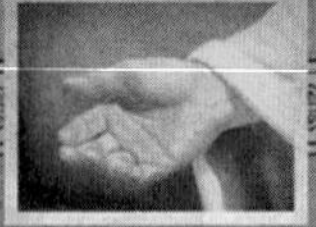

quiera que deseemos. Aquel que pide sin hacerlo desde lo profundo del deseo de su corazón, está equivocado al pensar que está orando. Puede pasar días recitando oraciones, en meditación o instigándose a sí mismo a hacer ejercicios de piedad; no estará orando en verdad ni una sola vez si realmente no desea las cosas que finge pedir.

FRANCOIS FENELON

DÍA 87

ELLOS CANTARON un HIMNO

MARCOS 14:26

Cuando hubieron cantado el himno, salieron al monte de los Olivos.

Qué apropiado que en aquella misma noche Cristo, el Rey que vendrá, diera voz a himnos escritos cientos de años antes para Él... Imagine al Hijo de Dios cantando esas palabras a la vez que los segundos transcurrían hacia la cruz... "El Señor está conmigo; no temeré. ¿Qué puede hacerme el hombre?... La piedra que los edificadores rechazaron ha venido a ser cabeza del ángulo; el Señor ha hecho esto, y es cosa maravillosa a nuestros ojos".

Cualquiera que fuera el himno que Cristo cantó en la cena de la Pascua, concluyó aquella noche; las palabras tenían un significado para Él que los demás nunca podrían haber comprendido. Me pregunto si su voz tembló de emoción; ¿o cantó con júbilo? Quizá hiciera ambas cosas, al igual que usted y yo hemos hecho durante un momento terriblemente agridulce en el que nuestra fe se regocija a la vez que nuestros ojos lloran. Una cosa sabemos: Cristo, por encima de todos los demás, sabía que estaba cantando algo más que palabras. Aquella noche Él cantó el alcance de su destino.

BETH MOORE

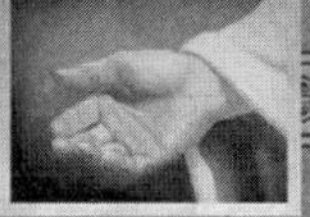

LA HORA de LA TENTACIÓN

MATEO 26:34

Jesús le dijo: De cierto te digo que esta noche, antes que el gallo cante, me negarás tres veces.

[Pedro] imaginó que en la hora de la tentación él debería salir más airoso que cualquiera de los demás, y Cristo le dice que él sería quien saldría peor parado: "acepta mis palabras, las de quien te conoce mejor que tú mismo". Él le dice que le negaría. Pedro prometió que él no se escandalizaría de Él y que no lo abandonaría; pero Cristo le dice que él iría aún más lejos: que lo deshonraría. Él dijo: "Aunque todos lo hagan, yo no", y lo hizo antes que ninguno. Creía que él nunca llegaría a hacer tal cosa, pero Cristo le dice que lo haría una y otra vez; porque cuando nuestros pies comienzan a resbalar por primera vez, es difícil volver a recuperar el equilibrio.

MATTHEW HENRY

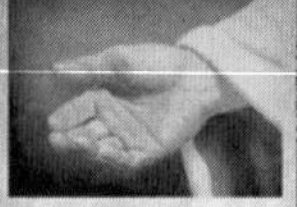

Jesús promete el Espíritu Santo

Pero les digo la verdad: Les conviene que me vaya porque,
si no lo hago, el Consolador no vendrá a ustedes;
en cambio, si me voy, se lo enviaré a ustedes.
JUAN 16:7 NIV

Los discípulos no pudieron ayudarse a sí mismos: sus corazones *estaban* angustiados. Las repetidas predicciones de Jesús acerca de su inminente muerte y partida les angustiaron, pero ahora que la cena había finalizado y habían recogido la mesa, el tono de Jesús cambió. Él comenzó a hablar con urgencia acerca de la vida sin su presencia física; prometió que el Padre enviaría otro Consolador y Consejero, alguien que estaría con ellos en maneras en que Jesús, limitado por su humanidad, no podía estar. Esa nueva presencia, que moraría en su interior, sería el Espíritu Santo.

Juan capítulos 13 al 17 incluye el relato más extenso de enseñanza de Jesús en los Evangelios. Los detalles del papel del Espíritu Santo, las pautas para la oración en la vida de un creyente, y la propia oración de Jesús por sus seguidores, tanto presentes como futuros, ocuparán nuestras meditaciones en esta sección.

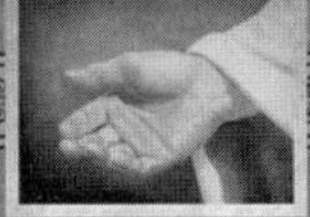

Día 89

ÉL ESTARÁ *en* VOSOTROS

JUAN 14:17

El Espíritu de verdad, al cual el mundo no puede recibir, porque no le ve, ni le conoce; pero vosotros le conocéis, porque mora con vosotros, y estará en vosotros.

Sea constante en la oración al igual que en la lectura. Hable con Dios, y deje que Dios hable con usted. Deje que Él le instruya en sus mandamientos; deje que Él lo dirija. Nadie puede hacer pobres a aquellos a quienes Él hace ricos, porque aquellos que han sido provistos de comida celestial no pueden ser pobres. Cuando sepa que es usted mismo quien será perfeccionado, los techos de oro y las casas con mosaicos de costoso mármol le parecerán apagados en comparación con la morada en la cual Dios ha vivido y en la cual el Espíritu Santo ha comenzado a edificar su hogar. Por tanto, decoremos esta casa con los colores de la inocencia; iluminémosla con la luz de la justicia. Así nunca se deteriorará con el peso de la edad, ni los colores de sus paredes o su oro se deslustrarán. Estas cosas, hermosas de forma artificial, son perecederas. Las cosas que en realidad no pueden poseerse no pueden proporcionar una seguridad permanente a quienes las poseen. Pero permanezca en una hermosura que es continuamente intensa, en perfecto honor, en perfecto esplendor. No puede ni deteriorarse ni ser destruida; solamente puede ser cambiada a una perfección mayor.

CIPRIANO

Día 90

EL HOGAR DE DIOS

JUAN 14:17

El Espíritu de verdad, al cual el mundo no puede recibir, porque no le ve, ni le conoce; pero vosotros le conocéis, porque mora con vosotros, y estará en vosotros.

Simplemente pensemos en ello: si usted y yo somos creyentes en Jesucristo, ¡somos el hogar del Espíritu Santo de Dios! Deberíamos meditar en esta verdad una y otra vez hasta que se haga realidad en nuestras vidas. Si lo hacemos, nunca nos sentiremos indefensos, sin esperanza o sin poder, porque Él promete estar con nosotros para fortalecernos y capacitarnos. Nunca estaremos sin un amigo o sin dirección, porque Él promete guiarnos e ir con nosotros.

Eme emociona mucho poder compartir estas cosas con usted, y sinceramente oro para que las cosas que comparto estén abriendo su corazón a la maravilla de todo ello...

Esta verdad que he compartido es tan preciosa que lo animo a que la guarde, a que la mantenga en su corazón. No permita que se aleje de usted. Ya que usted es creyente en Jesucristo, el Espíritu Santo está en usted para ayudarlo no solamente a mantener esta revelación sino a darle muchas más además de esta. Considérelo, déle honor, ámelo y adórelo. Él es muy bueno, amable, increíble. ¡Él es maravilloso!

JOYCE MEYER

Día 91

SIEMPRE *con* VOSOTROS

JUAN 14:18

No os dejaré huérfanos; vendré a vosotros.

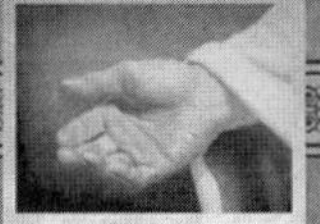

Jesús, viendo sus ansiosos rostros, notó la temerosa pregunta de Pedro: "Señor, no comprendo. ¿Adónde vas?". Él se apresuró a tranquilizarlos. "No los dejaré huérfanos —prometió al pequeño grupo—. "No los dejaré sin consuelo. Me manifestaré a mí mismo a ustedes".

Por tanto, Jesús les estaba diciendo a sus seguidores: "Miren, habiendo entrado en la cápsula espacio-tiempo del planeta tierra y habiendo vivido un tiempo con ustedes, no creerán que voy a dejarlos, ¿verdad? Porque en ese caso, ¿qué tendrían quienes vengan detrás de ustedes? Solamente lo que está escrito de mí como figura histórica. No tendrían ninguna expresión contemporánea de Dios, el Padre, o de mí —Jesús— para ellos mismos. No, no lo dejaré así. Yo vendré a ustedes en la forma de Uno que les ama como yo y que es capaz de cuidar de ustedes como yo lo hago ahora"...

La promesa de Jesús para usted y para mí es que el Ayudador estará siempre con nosotros, día y noche, estando a nuestro lado para protegernos de la forma en que lo necesitemos y para cualquier emergencia. La única parte que nos toca a nosotros es reconocer su presencia y clamar a Él con fe gozosa.

CATHERINE MARSHALL

DÍA 92

VIVIREMOS en TI

JUAN 14:23

Respondió Jesús y le dijo: El que me ama, mi palabra guardará; y mi Padre le amará, y vendremos a él, y haremos morada con él.

El reino de Dios está dentro de ustedes, dijo el Señor. Vuélvanse con todo su corazón al Señor y abandone este mundo miserable, y encontrará descanso para su alma. Aprenda a despreciar las cosas del exterior y a darse a usted mismo a las cosas del interior, y verá que el reino de Dios llega a usted. Porque el reino de Dios

es paz y gozo en el Espíritu Santo, y no es dado a los malvados. Cristo vendrá a usted, y le mostrará su consuelo...

Alma fiel, acuda a preparar su corazón para este novio y así Él se digne venir a usted y morar dentro de usted, pues así Él lo dijo: *El que me ama, mi palabra guardará; y mi Padre le amará, y vendremos a él, y haremos morada con él.* Por lo tanto, haga lugar para Cristo y niegue la entrada a todos los demás. Cuando usted tiene a Cristo, es rico, y tiene lo suficiente. Él será su proveedor y vigía fiel en todas las cosas, de tal manera que usted no tenga necesidad de confiar en los hombres, pues ellos pronto cambian y rápidamente mueren, pero Cristo permanece para siempre y está a nuestro lado firmemente hasta el fin.

THOMAS À. KEMPIS

DÍA 93

LA CASA del SEÑOR

JUAN 14:23 NVI

Le contestó Jesús: El que me ama, obedecerá mi palabra, y mi Padre lo amará, y haremos nuestra vivienda en él.

Nuestra Cabeza, la cual es Cristo, ha querido que seamos sus miembros. Como resultado, por el vínculo del amor y la fe Él nos hace un solo cuerpo en sí mismo. A nosotros nos corresponde pegar nuestros corazones a Él, ya que sin Él no podemos ser nada, pero por medio de Él podemos ser aquello que somos llamados a ser. Que nada nos divida de nuestra bien establecida Cabeza, no sea que por negarnos a ser sus miembros se nos deje separados de Él y nos marchitemos como ramas que han caído de la vid. Por lo tanto, para ser considerados el digno lugar de morada de nuestro Redentor, debemos permanecer en su amor con unas mentes totalmente resueltas. Ya que Él mismo dice: "El que me ama, mi palabra guardará; y mi Padre le amará, y vendremos a él, y haremos morada con él". Pero no podemos

permanecer cerca del Autor del bien a menos que cortemos la codicia, porque es la raíz de toda maldad... Por tanto, eliminamos la avaricia del templo de la fe, pues esta solamente sirve a ídolos. Entonces no nos enfrentaremos a nada hiriente o desordenado mientras estemos en la casa del Señor.

GREGORIO I

DÍA 94

CARÁCTER SANTO

JUAN 14:26 NVI

Pero el Consolador, el Espíritu Santo,
a quien el Padre enviará en mi nombre,
les enseñará todas las cosas y les hará recordar
todo lo que les he dicho.

Bajo el Antiguo Testamento sabemos que el Espíritu Santo a menudo descendía sobre los hombres como un Espíritu divino de revelación para revelar los misterios de Dios, o para dar poder para hacer la obra de Dios, pero Él no moraba dentro de ellos. Ahora bien, muchos simplemente quieren el don de poder para obrar del Antiguo Testamento, pero conocen muy poco del don de la morada interior del Espíritu del Nuevo Testamento, que anima y renueva toda la vida. Cuando Dios da el Espíritu Santo, su gran objetivo es la formación de un carácter santo; es un don de una mente santa y una disposición espiritual, y lo que necesitamos por encima de todo es decir: "Debo tener al Espíritu Santo santificando toda mi vida interior si en realidad voy a vivir para la gloria de Dios".

ANDREW MURRAY

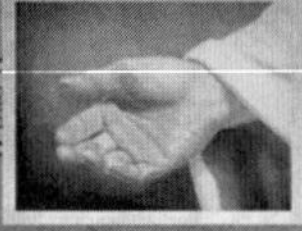

DÍA 95

NINGÚN PODER

JUAN 14:30 NVI

Ya no hablaré más con ustedes, porque viene el príncipe de este mundo. Él no tiene ningún dominio sobre mí.

¿"Sirvió" el diablo a Jesús? Sí, inconscientemente. Él susurró a las gentes: "Lleven a Jesús a la cruz; eso lo arreglará todo". Y ellos hicieron eso mismo. Así que cuando Jesús fue clavado a la cruz, el diablo estaba allí en pie con los brazos cruzados y diciéndose a sí mismo: "Esto lo arregla todo; se terminó". Y entonces sus ojos se abrieron como platos por la sorpresa: "Vaya, Él tiene el control, aún en la cruz". Porque Él estaba dando perdón a sus enemigos, abriendo las puertas del paraíso a un ladrón moribundo, clamando: "¡Consumado es!". "¡Consumado es!", no "estoy acabado", sino que el propósito por el cual vine —la redención de una raza— ha sido consumado. El diablo se carcomía en angustia: "¡Qué hombre! ¡Me ha hecho "servir" a sus propósitos!". Cuando podemos hacer que el enemigo nos sirva, entonces somos victoriosos; estamos seguros porque todas las cosas benefician a aquellos que siguen a Cristo. Si sabe usted qué hacer con ello, utilícelo.

E. STANLEY JONES

DÍA 96

MI PADRE ES el LABRADOR

JUAN 15:1

Yo soy la vid verdadera, y mi Padre es el labrador.

Ahora bien, si no hay duda de que el Hijo de Dios es llamado la Vid con respecto a su encarnación, podemos ver la verdad

oculta del Señor al decir: "El Padre es mayor que yo". Porque después de establecer esta premisa, Él de inmediato continúa: "Yo soy la vid verdadera, y mi Padre es el labrador". Como resultado, podemos saber que el Padre es mayor porque Él prepara y cuida la carne del Señor, al igual que los labradores preparan y cuidan sus vides. Además, la carne de nuestro Señor fue capaz de envejecer con la edad y ser herida mediante el sufrimiento. Por lo tanto, toda la raza humana podría descansar bajo la sombra de los miembros extendidos en la cruz, a resguardo del calor pestilente de los placeres del mundo.

AMBROSIO

DÍA 97

PRODUCIR MUCHO FRUTO

JUAN 15:5

Yo soy la vid, vosotros los pámpanos; el que permanece en mí y yo en él, éste lleva mucho fruto; porque separados de mí nada podéis hacer.

El propósito de un manzano es dar manzanas. El propósito de un cerezo es dar cerezas. El propósito de una vid es dar uvas. También se espera de los cristianos que produzcan fruto: amor, gozo, paz, paciencia, benignidad, bondad, fe, mansedumbre, templanza (Gálatas 5:22-23), y que ganen almas (Juan 15:16). Aquí, Jesús dice que Él es la vid y que los creyentes son los pámpanos. De esta manera, el secreto para producir fruto es estar unido a la vid. Lo que Jesús quiere decir es que nosotros somos totalmente dependientes de Él. Al igual que nosotros no podemos convertirnos en hijos de Dios mediante nuestros propios esfuerzos sino solamente mediante la fe en Cristo, así también, no podemos producir fruto solamente deseándolo y esperándolo, o trabajando duro por nosotros mismos. En cambio, debemos permitir que Cristo produzca su fruto a través de nosotros. El secreto está en

"permanecer". Permanecemos en Cristo comunicándonos con Él, haciendo lo que Él dice, viviendo por fe, y relacionándonos en amor con la comunidad de creyentes. Permanezca, pues, cerca, reciba alimento y produzca fruto.

DAVE VEERMAN

DÍA 98

EL FRUTO de la FE

JUAN 15:5

Yo soy la vid, vosotros los pámpanos; el que permanece en mí y yo en él, éste lleva mucho fruto; porque separados de mí nada podéis hacer.

Al decir que los creyentes viven en Él y que Él vive en ellos, Jesús está dejando claro que el cristianismo no es algo que nos ponemos externamente; no nos lo ponemos encima como si fuera ropa. No lo adoptamos como un nuevo estilo de vida que se centra en nuestros propios esfuerzos, como hacen aquellos que practican un estilo de vida santo que ellos mismos han inventado. En cambio, la fe cristiana es un nuevo nacimiento producido por la Palabra de Dios y el Espíritu. El cristiano debe ser una persona desde lo más profundo de su corazón. Una vez que el corazón ha nacido de nuevo en Cristo, estos frutos seguirán: confesión del evangelio, amor, obediencia, paciencia, pureza, etcétera.

Las obras que nosotros procuramos requieren que nos esforcemos más, pero nunca producen el mismo efecto que el crecimiento natural. En contraste, el crecimiento natural permanece, se mueve, vive, y hace lo que debería hacer de manera natural. Por eso Cristo dice: "Cualquier otra enseñanza humano no puede prosperar porque enseña a la gente a procurar obras. Pero si ustedes viven en mí, como los pámpanos naturales viven en la vid, ciertamente producirán buen fruto".

MARTÍN LUTERO

DÍA 99

NADA SIN ÉL

JUAN 15:5

Yo soy la vid, vosotros los pámpanos; el que permanece en mí y yo en él, éste lleva mucho fruto; porque separados de mí nada podéis hacer.

Somos renovados día tras día realizando progresos en nuestra verdadera rectitud y santidad mediante el conocimiento de Dios. Porque aquellos que así lo hacen transfieren su amor de las cosas temporales a las cosas eternas, de las cosas visibles a las cosas invisibles, de las cosas carnales a las cosas espirituales... Lo hacen en proporción a la ayuda que reciben de Dios. Porque Dios dijo: "Separados de mí nada podéis hacer". Cuando el último día de sus vidas los encuentra agarrados firmemente a su fe en el Mediador mediante ese progreso y crecimiento, los ángeles les darán la bienvenida. Serán conducidos a Dios, a quien han adorado, y serán perfeccionados por Él. Como resultado, recibirán un cuerpo inmortal en el fin del mundo. No serán llevados al castigo, sino a brillar. Porque nuestra semejanza de Dios será perfeccionada a su imagen cuando nuestra visión de Dios sea perfeccionada.

AGUSTÍN

DÍA 100

ÉL SE DA A SÍ MISMO

JUAN 15:7 NVI

Si permanecen en mí y mis palabras permanecen en ustedes, pidan lo que quieran, y se les concederá.

Queremos una seguridad paternal de que hay un orden en nuestra dolorosa realidad que de alguna manera trasciende a

nuestros problemas... Ese es nuestro clamor cuando preguntamos: "¿por qué?". El problema del sufrimiento no es por algo; es por alguien. Y así se deduce que la respuesta no es algo, sino alguien. Y Dios, al igual que todo buen papá, no da respuestas sino más bien se da a sí mismo...

Yo aprendí muy pronto en esta silla de ruedas que Dios no me debía ninguna explicación. Él ya explicó lo suficiente en la cruz. Él no me proporcionó las palabras que yo buscaba al principio de mi parálisis; en cambio, Él es la Palabra. El Verbo hecho carne, con las manos casi desgarradas, clavado a una cruz, vomitando, siendo escupido, traspasado, sangre reseca, un odio martilleante, moscas revoloteando... Para ser alguien que sufre, estoy muy alegre de que Jesús soportara una muerte horrenda en la cruz. Estoy muy agradecida de que nuestro Dios no sea una medicina mística de un gurú que se sienta sobre alguna cumbre de una montaña con los brazos cruzados, sino que es nuestro Salvador quien sufrió una muerte horrenda y sangrienta que fue tremendamente dolorosa a manos de hombres mezquinos y deseosos de venganza.

Dios permite el sufrimiento para que nada se interponga entre Él y yo. Ya ven, cuando sufrimos, somos mucho más aptos para caer de rodillas y, cuando lo hacemos, nuestros corazones están abiertos al Señor.

JONI EARECKSON TADA

DÍA 101

PEDID TODO LO QUE QUERÉIS

JUAN 15:7

Si permanecéis en mí, y mis palabras permanecen en vosotros, pedid todo lo que queréis, y os será hecho.

Entonces, ¿cómo oramos en el nombre de Jesús; es decir, en conformidad a su naturaleza? Jesús mismo dice: "Si permanecéis en mí, y mis palabras permanecen en vosotros, pedid todo lo que

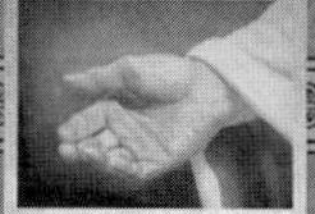

queréis, y os será hecho" (Juan 15:7). Este "permanecéis en mi" es la condición indispensable para la intercesión eficaz; es la clave de la oración en el nombre de Jesús. Aprendemos a ser semejantes al pámpano, el cual recibe su vida de la vid: "Permaneced en mí, y yo en vosotros. Como el pámpano no puede llevar fruto por sí mismo, si no permanece en la vid, así tampoco vosotros, si no permanecéis en mí" (Juan 15:4). Nada es más importante para una vida de oración que aprender a convertirse en un pámpano.

Conforme vivamos de esta manera, desarrollaremos lo que Thomas À. Kempis llama "una amistad familiar con Jesús". Nos acostumbramos a su rostro; distinguimos la voz del verdadero Pastor de la los vendedores ambulantes religiosos de la misma manera en que los joyeros profesionales distinguen un diamante de los cristales de imitación: por el conocimiento. Cuando hemos estado al lado del artículo genuino el tiempo suficiente, lo barato y lo de baja calidad se hace obvio... Conocemos tal como somos conocidos. Así es como oramos en el nombre de Jesús.

RICHARD J. FOSTER

DÍA 102

PARA QUE VUESTRO GOZO SEA CUMPLIDO

JUAN 15:11

Estas cosas os he hablado, para que mi gozo esté en vosotros, y vuestro gozo sea cumplido.

En su discurso antes de morir con sus once discípulos, Jesucristo —en los capítulos catorce, quince y dieciséis de Juan— frecuentemente declara su amor especial y eterno hacia ellos en los términos más claros y positivos. De la manera más absoluta, Él los promete una participación futura con Él en su gloria. Les dice al mismo tiempo que hace eso para que el gozo de ellos sea cumplido (Juan 15:11). Cristo no tenía temor de hablarles con demasiada claridad y de manera positiva; no desea dejarlos en suspense.

Concluye su último discurso con una oración en presencia de ellos, en la cual Él habla de forma positiva a su Padre de aquellos once discípulos que le conocen a Él de manera salvadora, que creen en Él, y que le han recibido y han guardado su Palabra.

JONATHAN EDWARDS

Día 103

NO HAY MAYOR AMOR

JUAN 15:13

Nadie tiene mayor amor que este,
que uno ponga su vida por sus amigos.

En la mayor demostración de amor imaginable, Cristo irrumpió en la vida humana, en la historia que el amor había hecho, como Jesús de Nazaret. Cristo, la segunda persona de la Trinidad, abandonó el lugar de creación y poder y se hizo mortal, abierto a la tentación, a la debilidad y a la fatiga, a la tristeza y a la alegría, y a la risa y al llanto. ¿Quién era ese Jesús? ¿Dios? ¿Mortal? ¿Ambos? ¡Sí, ambos! ¿Cómo pudo ser?

Es imposible, pero Jesús reiteró que aunque muchas cosas son imposibles para nosotros, nada es imposible para Dios.

Aun el amor humano está más allá de toda explicación. Estoy agradecida por mi vida junto con mi esposo, por mis hijos (que son milagros en sí mismos), y por los suyos; estoy agradecida por los amigos que me aceptan tal como soy, con todos mis fallos y errores, con mis dudas y mis faltas.

Batallo por escribir sobre Dios y sobre el amor de Dios, sabiendo que soy completamente inadecuada y, sin embargo, sintiéndome llamada a proclamar un amor tan maravilloso que lo único que se puede hacer es quedarse maravillado y regocijarse con alegría...

Cristo, la segunda persona de la Trinidad, no está limitado por el cuerpo mortal de Jesús de Nazaret. Cristo es el Verbo que creó todas las cosas por su palabra y que continuamente nos llama a

cada uno de nosotros a un ser más completo cada día, cada minuto, en este mismo instante.

MADELEINE L´ENGLE

DÍA 104

SÓLO PURO AMOR

JUAN 15:13

Nadie tiene mayor amor que este,
que uno ponga su vida por sus amigos.

Jesús, tu ilimitado amor por mí
No hay pensamiento que pueda alcanzarlo,
Ni lengua que pueda declararlo;
Une mi agradecido corazón a ti
Y reina sin rival allí.
Sólo para ti, querido Señor, vivo;
A ti, querido Señor, me entrego.

Oh, concédeme que nada en mi alma
More ¡sino sólo tu puro amor!
Oh, que tu amor me posea por completo,
¡Mi alegría, mi tesoro y mi corona!
Quita de mi corazón toda frialdad,
Y que todos mis actos, palabras y pensamientos sean amor.

¡Oh, amor, qué alentador es tu rayo!
Todo dolor huye delante de tu presencia;
La preocupación, la angustia y la tristeza se derriten
Dondequiera que se elevan tus rayos de sanidad.
Oh Jesús, que nada vea yo,
¡Que nada desee o busque excepto a ti!

PAUL GERHARDT

PONER LA VIDA

JUAN 15:13
Nadie tiene mayor amor que este,
que uno ponga su vida por sus amigos.

No somos desanimados por el castigo de nuestros pecados, pues está diseñado para entrenarnos en la disciplina propia, para que a medida que prosigamos en la santidad, podamos vencer nuestro temor a la muerte. Si a los que no tienen temor ("a causa de la fe que actúa por medio del amor") apenas se los reconociera, entonces no habría mucha gloria en el martirio, y el Señor no podría decir: "Nadie tiene mayor amor que este, que uno ponga su vida por sus amigos". Juan, en su Epístola, lo expresa con estas palabras: "Él puso su vida por nosotros; también nosotros debemos poner nuestras vidas por los hermanos". Por lo tanto, no tendría caso elogiar a aquellos que se enfrentan a la muerte por causa de la justicia si la muerte no fuera realmente una severa prueba. Pero quienes vencen el temor a la muerte mediante su fe, recibirán mayor gloria y una justa compensación por su fe. Nadie debería sorprenderse, por tanto, de que la muerte sea un castigo por pecados anteriores; tampoco debería sorprendernos que los fieles mueran después de que sus pecados sean perdonados para ejercitar la rectitud sin temor mediante la conquista de su temor a la muerte.

AGUSTÍN

Día 106

CAMBIO *para* MEJOR

JUAN 15:15

Ya no os llamaré siervos, porque el siervo no sabe lo que hace su señor; pero os he llamado amigos, porque todas las cosas que oí de mi Padre, os las he dado a conocer.

El Verbo divino no quiere que seamos esclavos de nada; nuestra naturaleza ha sido cambiada para mejor. Él ha tomado todo lo que era nuestro con el acuerdo de que Él nos dará lo que es suyo a cambio. Al igual que Él tomó la enfermedad, la muerte, la condenación y el pecado, también tomó nuestra esclavitud. Él no se queda con lo que tomó, sino que purgó nuestra naturaleza de tal maldad. Nuestros defectos son tragados y limpiados con su naturaleza sin mancha. Por lo tanto, no habrá condenación a la enfermedad, el pecado o la muerte en la vida que esperamos; y la esclavitud también se desvanecerá. La Verdad misma testifica de ello; dice a sus discípulos: "ya no os llamaré siervos, sino amigos"... Si "el siervo no sabe lo que hace su señor", y si Cristo posee todas las cosas del Padre, entonces que quienes se tambalean por el alcohol se vuelvan sobrios al fin. Que ahora, como nunca antes, miren a la verdad y vean que Aquel que posee todas las cosas del Padre es Señor de todo y no es un esclavo.

GREGORIO DE NICEA

Día 107

USTEDES SON MIS AMIGOS

JUAN 15:15

Ya no os llamaré siervos, porque el siervo no sabe lo que hace su señor; pero os he llamado amigos, porque todas las cosas que oí de mi Padre, os las he dado a conocer.

En mitad de sus últimas instrucciones a sus discípulos antes de ser traicionado, juzgado y crucificado, Jesús explicó que ellos deberían verse a sí mismos como sus amigos y no como sus siervos. Esa era una importante distinción. Los buenos siervos trabajan duro para sus amos y son leales y fieles; pero no preguntan por qué. No tienen el privilegio de conocer los planes del amo, sus razones y sus motivos. Simplemente obedecen.

Los amigos, sin embargo, disfrutan de una relación íntima. Comparten experiencias e información; se conocen bien el uno al otro, y se mueven juntos en la misma dirección. Jesús había revelado a aquellos hombres todo lo que Él había aprendido de su Padre. Ellos eran verdaderamente sus amigos.

Veinte siglos después, nosotros que proclamamos a Cristo como Salvador también somos sus amigos. Él nos ha dado la Biblia, su Palabra escrita, para que la estudiemos y apliquemos, y al Espíritu Santo para que nos enseñe (Juan 14:26). Podemos conocer los planes del Maestro.

Cuando no sepa hacía dónde dirigirse, pregunte a Dios. Él responderá porque Jesús es su amigo. Cuando se sienta completamente solo, dirija sus pensamientos hacia el cielo, recordando que Jesús es su amigo. Él está ahí cuando usted lo necesita.

DAVE VEERMAN

DÍA 108

YO LOS ESCOGÍ

JUAN 15:16

No me elegisteis vosotros a mí, sino que yo os elegí a vosotros y os he puesto para que vayáis y llevéis fruto, y vuestro fruto permanezca; para que todo lo que pidiereis al Padre en mi nombre, él os lo dé.

Los discípulos eran galileos normales y corrientes, sin ninguna reivindicación en especial de los intereses de Jesús. Pero Jesús, el rabí que hablaba con autoridad, el profeta que era más que un

profeta, el maestro que evocaba en ellos una reverencia y una devoción cada vez mayores hasta que ellos no pudieron hacer otra cosa sino reconocerlo como su Dios, los encontró, los llamó a sí mismo, los integró en su círculo de confianza, y los enroló como agentes suyos para declarar al mundo el reino de Dios. "Y estableció a doce, para que estuviesen con él, y para enviarlos a predicar"... (Marcos 3:14). Ellos reconocieron a Aquel que los había escogido y los había llamado amigos como "el Cristo, el hijo del Dios viviente" (Mateo 16:16), el hombre nacido para ser rey, el portador de "palabras de vida eterna" (Juan 6:68); y el sentido de lealtad y de privilegio que ese conocimiento produjo, transformó por completo sus vidas.

J. I. PACKER

DÍA 109

USTEDES NO PERTENECEN al MUNDO

JUAN 15:18-19

Si el mundo os aborrece, sabed que a mí me ha aborrecido antes que a vosotros. Si fuerais del mundo, el mundo amaría lo suyo; pero porque no sois del mundo, antes yo os elegí del mundo, por eso el mundo os aborrece.

Nadie está libre del riesgo de ser perseguido... Pero ¡cuán grave es para los cristianos que no están dispuestos a sufrir por sus propios pecados cuando Aquel que no tenía pecado sufrió por nosotros! El Hijo de Dios sufrió para hacernos hijos de Dios, ¡pero la gente no quiere sufrir para seguir siendo hijos de Dios! Si sufrimos el odio del mundo, Cristo soportó primero el odio del mundo. Si sufrimos reprensiones en este mundo, o exilio, o torturas, el Creador y Señor del mundo experimentó cosas peores que esas. Él también nos advierte: "Si el mundo os aborrece, sabed a que a mí me ha aborrecido antes que vosotros. Si fuerais del mundo, el mundo amaría lo suyo; pero porque no sois del

mundo, antes yo os elegí del mundo, por eso el mundo os aborrece. Acordaos de la palabra que yo os he dicho: El siervo no es mayor que su señor. Si a mí me han perseguido, también a vosotros os perseguirán". Todo lo que nuestro Señor Dios enseñó, lo hizo para que los discípulos que aprenden no tengan excusas para no hacer lo que aprenden.

CIPRIANO

DÍA 110

EL COSTO DE SEGUIR

JUAN 15:20

Acordaos de la palabra que yo os he dicho: El siervo no es mayor que su señor. Si a mí me han perseguido, también a vosotros os perseguirán.

Pero no nos equivoquemos. Ningunas palabras caprichosas deben nunca disfrazar el hecho de que escoger el sufrimiento no es normal. Los seres humanos evitan el sufrimiento y prefieren no pensar en la muerte. Si se nos da a elegir, preferimos unas circunstancias mejores. Nos tomamos aspirinas, agradecemos un sillón acolchado, nos protegemos del frío, etc. Cualquiera que escoja, el dolor es extraño, si es que no es masoquista, a los ojos de la mayoría de nosotros.

Los Evangelios, sin embargo, son totalmente claros acerca del coste del discipulado y también sobre que el llamamiento de Jesús al discipulado es el eco del llamamiento del Padre a Él. Llamado a ser el Mesías, Jesús sabía que debía sufrir y ser aparentemente contradictorio: un Mesías rechazado. Pero Él pone esta necesidad también en los discípulos. Al igual que Jesús es el Mesías, el Cristo, solamente en la medida en que Él sufre y es rechazado, así los discípulos de Jesús son obedientes al llamado de Jesús en la medida en que están preparados para pagar el coste.

OS GUINESS

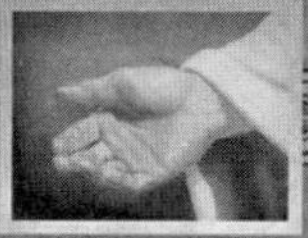

Día 111

NO ESTÁN SOLOS

JUAN 15:26

Pero cuando venga el Consolador, a quien yo os enviaré del Padre, el Espíritu de verdad, el cual procede del Padre, él dará testimonio acerca de mí.

Jesús está enseñando a los discípulos sobre el Espíritu Santo, el "Espíritu de verdad". Traducido como "Consejero" o "Consolador", la palabra griega significa literalmente "uno que se pone al lado". Por tanto, este título representa a una persona acercándose a otra, poniéndose a su lado para guiar (como en un sendero en el bosque), para abogar (como un abogado en un tribunal de justicia), para aconsejar (como un psiquiatra o sencillamente un amigo de confianza), o para consolar (como en un cementerio).

Claramente, Dios envía su Espíritu para ayudar a todos los creyentes; y Él aconseja y consuela diciendo la verdad acerca de Jesús, asegurando a los creyentes la verdadera identidad de Cristo, el perdón de los pecados, amor y salvación.

¿Se siente perdido, preguntándose hacia dónde ir? No está solo. El Espíritu Santo está a su lado y te guiará a la manera de Dios.

¿Se siente abordado y acusado? No está solo. El Espíritu de Dios llega para defenderle.

¿Se siente confundido, frustrado, ansioso o temeroso? No está solo. El Consejero está con usted para darle esperanza y decirle cómo vivir.

¿Se siente devastado por la pérdida y vencido por el dolor? No está solo. El Consolador está cerca, rodeándole con sus brazos y susurrando palabras de amor.

DAVE VEERMAN

Día 112

¿QUÉ OCUPA SUS PENSAMIENTOS?

JUAN 16:7

Pero yo os digo la verdad: Os conviene que yo me vaya; porque si no me fuese, el Consolador no vendría a vosotros; mas si me fuere, os lo enviaré.

Jesús dijo estas palabras justo antes de partir al cielo, donde está sentado a la diestra del Padre en la gloria. Es obvio por este pasaje que es la voluntad de Dios que nosotros estemos en estrecha comunión con Él. Nada está más cercano a nosotros que nuestros propios pensamientos. Por lo tanto, si llenamos nuestras mentes con el Señor, eso le traerá a Él a nuestras conciencias y comenzaremos a disfrutar de una comunión con Él que nos dará gozo, paz y victoria en nuestra vida cotidiana.

Él está siempre con nosotros tal como prometió que estaría (Mateo 28:20; Hebreos 13:5); pero no seremos conscientes de su presencia a menos que pensemos en Él. Yo puedo estar en un cuarto con alguien, y si tengo mi mente en muchas otras cosas puedo irme y nunca siquiera llegar a saber que esa persona estaba allí. Así es con nuestros privilegios de comunión con el Señor. Él está siempre con nosotros, pero necesitamos pensar en Él y ser conscientes de su presencia.

JOYCE MEYER

Día 113

A CAUSA DE ÉL

JUAN 16:7 NVI

Pero les digo la verdad: Les conviene que yo me vaya Porque, si no lo hago, el Consolador no vendrá a ustedes; en cambio, si me voy, se lo enviaré a ustedes.

Al igual que para el perdón, y también para la venida del Espíritu Santo sobre nosotros, la cuestión se trata de la fe. En cuanto vemos al Señor Jesús en la cruz, sabemos que nuestros pecados son perdonados; y en cuanto vemos al Señor Jesús sobre el trono, sabemos que el Espíritu Santo ha sido derramado sobre nosotros. La base sobre la cual recibimos el Espíritu Santo no es nuestra oración, nuestro ayuno o nuestra espera; sino la exaltación de Cristo. Quienes enfatizan la espera y el realizar "reuniones de espera" no hacen sino darnos una idea equivocada, porque el don no es para los "pocos favorecidos" sino para todos, ya que no es dado sobre la base de lo que somos, sino de lo que Cristo es. El Espíritu ha sido derramado para demostrar su bondad y su grandeza, no la nuestra. Cristo ha sido crucificado y, por lo tanto, se nos ha otorgado el poder de lo alto. Todo es a causa de Él.

WATCHMAN NEE

DÍA 114

ENFRENTARSE A LA VERDAD

JUAN 16:12

Aún tengo muchas cosas que deciros,
pero ahora no las podéis sobrellevar.

Jesús podía haber mostrado a sus discípulos toda la verdad, pero Él sabía que ellos no estaban preparados para eso. Les dijo que tendrían que esperar hasta que el Espíritu Santo descendiera del cielo para permanecer con ellos y morar en ellos.

Después de que Jesús hubo ascendido a los cielos, envió al Espíritu Santo para trabajar con nosotros, preparándonos continuamente para que la gloria de Dios sea manifestada a través de nosotros en varios grados.

¿Cómo podemos tener al Espíritu Santo trabajando en nuestras vidas si no nos enfrentamos a la verdad? Él es llamado "el

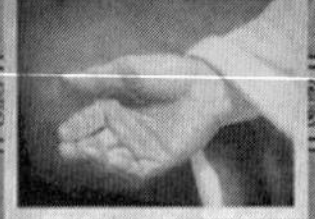

Espíritu de verdad". Una importante faceta de su ministerio para con usted y conmigo es la de ayudarnos a enfrentarnos a la verdad: llevarnos a un lugar de verdad, porque solamente la verdad nos hará libres.

Algo en su pasado —una persona, un evento o circunstancia que le haya herido— puede que sea la fuente de su actitud y su comportamiento incorrectos, pero no permita que eso se convierta en una excusa para permanecer de esa manera...

Pídale a Dios que comience a mostrarle la verdad sobre usted mismo. Cuando Él lo hace, ¡espere! No será fácil, pero recuerde que Él ha prometido: "No te dejaré ni te abandonaré" (Hebreos 13:5).

JOYCE MEYER

DÍA 115

GUIADO *por* EL ESPÍRITU SANTO

JUAN 16:13

Pero cuando venga el Espíritu de verdad, él os guiará a toda la verdad.

Todos saben lo que es un cambio de vía en los raíles del tren. Una máquina locomotora con su tren puede ir dirigida en cierta dirección, y los puntos en un lugar dado puede que no estén adecuadamente abiertos o cerrados, y de forma desapercibida es cambiada de vía hacia la derecha o hacia la izquierda. Y si eso se produce, por ejemplo en una noche oscura, el tren va en la dirección incorrecta, y las personas podrían no llegar a saberlo hasta después de haber recorrido cierta distancia.

Y de esa manera Dios da a los cristianos el Espíritu Santo con esa intención, para que cada día de su vida sea vivido en el poder del Espíritu. Un hombre no puede vivir una vida de rectitud ni siquiera por una hora a menos que sea por el poder del Espíritu Santo. Puede que viva una vida apropiada y consistente, como la gente la llama, una vida irreprochable, una vida de virtud y ser-

vicio diligente; pero vivir una vida aceptable a Dios, disfrutando de la salvación de Dios y del amor de Dios, vivir y caminar en el poder de la nueva vida, no puede hacerse a menos que sea dirigida por el Espíritu Santo cada día y cada hora.

ANDREW MURRAY

DÍA 116

GOZO QUE PERMANECE

JUAN 16:22

También vosotros ahora tenéis tristeza; pero os volveré a ver, y se gozará vuestro corazón, y nadie os quitará vuestro gozo.

El gozo de Cristo no se aleja. ¿Se ha dado cuenta de los fácilmente que el gozo terrenal puede alejarse? ¿Ha descubierto lo sencillo que es que su alegría del presente se convierta en la tristeza de su mañana, que la dulzura de su mañana se vuelva la amargura de su noche? ¿Ha descubierto cómo las personas que creía que eran sus amigos hoy pueden convertirse en sus enemigos mañana, que la sabiduría que pensaba que era tan grande ayer es necedad hoy?

Nada parece ser demasiado estable en el mundo; uno ya no puede contar realmente con mucho. Pero el gozo de Cristo es un gozo continuo, inagotable y absolutamente constante cuando seguimos los principios de la Palabra de Dios. Este gozo sobrevive a todos los momentos difíciles de la vida; este gozo no depende de lo que ocurre, sino que depende de una Persona.

En Juan 16:22 Jesús dice: "También vosotros ahora tenéis tristeza; pero os volveré a ver, y se gozará vuestro corazón, y nadie os quitará vuestro gozo". ¿No es eso algo? Jesús dice que el gozo que Él quiere dar a cada uno de sus hijos es la clase de gozo que no tenemos por qué perder. ¡Nadie puede quitárselo!

DAVID JEREMIAH

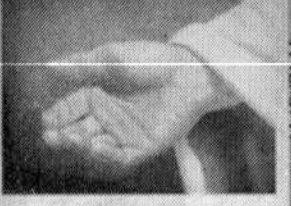

Día 117

LA PRIMERA LÍNEA de DEFENSA

JUAN 16:23-24

En aquel día no me preguntaréis nada. De cierto, de cierto os digo, que todo cuanto pidiéreis al Padre en mi nombre, os lo dará. Hasta ahora nada habéis pedido en mi nombre; pedid, y recibiréis, para que vuestro gozo sea cumplido.

Estudie lo que Cristo manda en este pasaje y póngalo en práctica. No considere la oración como algo que usted hace de forma voluntaria, como no fuera un pecado que usted descuide orar. No actúe como si fuera suficiente con que otros oren; ahora sabe que Cristo fervientemente manda que oremos. Si usted no ora, se arriesga a la mayor de las caídas y el más duro de los castigos. El mandamiento de Cristo aquí es similar al mandamiento que prohibe adorar a ningún otro dios y blasfemar el nombre de Dios. Quienes no oran nunca deberían saber que no son cristianos y que no pertenecen al reino de Dios. Ahora bien, ¿no cree que Dios tiene una buena razón para estar enojado con los idólatras, los asesinos, los ladrones, los blasfemos, y otros que menosprecian su Palabra? ¿No cree usted que Él tiene el derecho de castigar esos pecados? ¿Por qué, entonces, no tiene usted temor de la ira de Dios cuando usted no respeta su mandamiento y actúa confiadamente como si no estuviera obligado a orar?

Por tanto, este pasaje debiera servir como un fuerte estímulo a orar diligentemente. La oración es nuestro consuelo, fortaleza y salvación. Es nuestra primera línea de defensa contra todos nuestros enemigos.

MARTÍN LUTERO

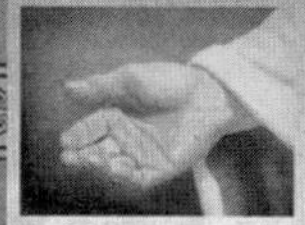

DOS OBSTÁCULOS *para* LA ORACIÓN

JUAN 16:24

Hasta ahora nada habéis pedido en mi nombre; pedid, y recibiréis, para que vuestro gozo sea cumplido.

Hay dos obstáculos principales para la oración. El primer obstáculo surge cuando el diablo le empuja a pensar: "Aún no estoy preparado para orar. Debería esperar otra media hora u otro día hasta estar más preparado o hasta que haya terminado de ocuparme de esto o de eso". Mientras tanto, el diablo le distrae por media hora, para que usted ya no piense más en la oración durante el resto del día. Un día tras otro, usted es estorbado y se ve apurado con otros asuntos. Este común obstáculo nos muestra lo maliciosamente que el diablo intenta engañarnos...

El segundo obstáculo surge cuando nos preguntamos a nosotros mismos: "¿Cómo puedes orar a Dios y decir el Padrenuestro? Eres demasiado indigno y pecas cada día. Espera hasta que seas más devoto. Puede que ahora tengas ánimo para orar, pero espera hasta que hayas confesado tu pecado y hayas tomado la Comunión para que así puedas orar con más fervor y acercarte a Dios con confianza. Solamente entonces podrás decir el Padrenuestro con todo tu corazón". Este serio obstáculo nos destruye como una pesada piedra. A pesar de nuestros sentimientos de indignidad, nuestros corazones deben luchar para quitar este obstáculo y así poder acercarnos con libertad a Dios y clamar a Él.

MARTÍN LUTERO

CRISTO HA VENCIDO

JUAN 16:33

Estas cosas os he hablado para que en mí tengáis paz. En el mundo tendréis aflicción; pero confiad, yo he vencido al mundo.

Deberíamos aprender a recordarnos a nosotros mismos la victoria de Cristo. En Cristo, ya tenemos todo lo que necesitamos. Vivimos solamente para extender este mensaje de victoria a otras personas. Con nuestras palabras y nuestro ejemplo, les decimos acerca de la victoria que Cristo nos aseguró y nos dio. Cristo, nuestro vencedor, logró todo, y no necesitamos añadir ninguna otra cosa. No tenemos que limpiar nuestros propios pecados, o intentar conquistar la muerte y al diablo. Todo ya ha sido hecho por nosotros. No somos nosotros quienes luchamos la verdadera batalla; solamente sufrimos ahora para ser participantes de la victoria de Cristo. No se logra por lo que nosotros hacemos...

Sabemos por el pasado que cuando los creyentes sufrían duras pruebas, el Espíritu Santo les recordaba la victoria de Cristo y les fortalecía para que pudieran soportar todas las cosas. Ellos pudieron aun enfrentarse al martirio, confiando en la victoria de Cristo. Que Dios nos ayude a nosotros también a agarrarnos de la victoria de Cristo durante nuestros problemas y cuando estemos enfrentándonos a la muerte. Aun cuando no comprendemos por completo esas palabras de Cristo, podemos seguir creyendo en ellas en momentos de problemas y tranquilizarnos a nosotros mismos.

MARTÍN LUTERO

Día 120

SER VENCEDORES

JUAN 16:33

Estas cosas os he hablado para que en mí tengáis paz. En el mundo tendréis aflicción; pero confiad, yo he vencido al mundo.

Jesús estaba a punto de ser arrestado, juzgado, condenado y crucificado. Pronto sus discípulos serían quienes llevarían su mensaje por todo el mundo, y Jesús sabía que ellos serían probados, tentados y perseguidos. Por eso en estas instrucciones finales, Él los advirtió y les dio una promesa.

Notemos que Jesús no dijo a los discípulos que "podrían" tener problemas; Él dijo que los "tendrían": era algo cierto. Sin embargo, en medio de sus problemas ellos podrían tener paz y ser alentados.

Hasta que Cristo regrese, los cristianos siempre tendrán conflicto con el mundo. Expresamos una lealtad diferente, distintos valores y un estilo de vida diferente; amenazamos el *status quo* negándonos a comprometer nuestra fe, viviendo para Cristo, y llamando a la gente a que se vuelva de sus pecados y entregue su vida al Salvador.

Eso no nos hace ser populares. Tendremos problemas.

Sin embargo, con todos esos problemas podemos tener paz. Saber que nuestro Señor ha vencido al pecado, a la muerte y a todas las tentaciones y ataques de Satanás, nos da valor para enfrentar la adversidad con tranquilidad de espíritu durante cualquier prueba.

En cualquier "problema" al que se enfrente, ¡cobre ánimo! Usted puede ser un vencedor porque Él ha "vencido al mundo".

DAVE VEERMAN

Día 121

ES SIMPLEMENTE PARTE DE LA VIDA

JUAN 16:33

Estas cosas os he hablado para que en mí tengáis paz. En el mundo tendréis aflicción; pero confiad, yo he vencido al mundo.

Si en nuestras mentes tenemos la idea de que todo lo referente a nosotros y a nuestras circunstancias y relaciones siempre debiera ser perfecto —sin molestias, sin estorbos, sin personas desagradables con quienes tratar—, entonces nos estamos disponiendo a nosotros mismos para el fracaso; o, en realidad, debería decir que Satanás nos está disponiendo para un fracaso mediante una forma de pensar errónea. No estoy sugiriendo que seamos negativos; yo creo firmemente en las actitudes y las ideas positivas. Lo que estoy sugiriendo es que seamos lo bastante realistas para comprender de antemano que muy pocas cosas en la vida real son alguna vez perfectas...

Yo no hago planes para el fracaso, pero sí que recuerdo que Jesús dijo que en este mundo tendremos que enfrentarnos a la tribulación, a las pruebas, a la angustia y a la frustración. Estas cosas son parte de la vida en esta tierra, tanto para el creyente como para el incrédulo. Pero todos los contratiempos del mundo no pueden hacernos daño si permanecemos en el amor de Dios.

JOYCE MEYER

Día 122

ARMADOS *con la* CRUZ

JUAN 16:33

Estas cosas os he hablado para que en mí tengáis paz. en el mundo tendréis aflicción; pero confiad, yo he vencido al mundo.

No debemos perseguir la necedad y las cosas vanas, o ceder ante el temor en medio de los problemas. Sin ninguna duda, somos halagados por el engaño y abrumados por los problemas, pero debido a que "la tierra está llena de la misericordia del Señor", la victoria de Cristo es nuestra. Él cumple lo que dijo: "Confiad, yo he vencido al mundo". Entonces, por tanto, ya sea que luchemos contra la ambición del mundo, los deseos de la carne, o contra los dardos de la herejía, siempre debemos armarnos con la cruz del Señor... Deberíamos recordar la enseñanza del apóstol Pablo: "Haya, pues, en vosotros este sentir que hubo también en Cristo Jesús, el cual, siendo en forma de Dios, no estimó el ser igual a Dios como cosa a que aferrarse, sino que se despojó a sí mismo, tomando forma de siervo, hecho semejante a los hombres; y estando en la condición de hombre, se humilló a sí mismo, haciéndose obediente hasta la muerte, y muerte de cruz. Por lo cual Dios también le exaltó hasta lo sumo, y le dio un nombre que es sobre todo nombre, para que en el nombre de Jesús se doble toda rodilla de los que están en los cielos, y en la tierra, y debajo de la tierra; y toda lengua confiese que Jesucristo es el Señor, para gloria de Dios Padre".

LEO I

DÍA 123

TRIBULACIÓN y TENTACIÓN

JUAN 16:33

Estas cosas os he hablado para que en
mí tengáis paz. En el mundo tendréis aflicción;
pero confiad, yo he vencido al mundo.

Después de decir: "En el mundo tendréis aflicción", Cristo añadió: "pero confiad, yo he vencido al mundo". Él enseñó a los discípulos a orar que no entraran en tentación. Dijo: "Y no nos metas en tentación", lo cual significa: "No nos dejes caer en

tentación". Para mostrar que esto no implicaba que ellos no serían tentados sino que serían salvos del mal, añadió: "Mas líbranos del mal". ¿Qué diferencia hay entre ser tentado y caer o entrar en tentación? Bien, si una persona es vencida por el mal (y será vencida a menos que luche contra él, y a menos que Dios la proteja con su escudo), esa persona ha entrado en tentación y ha sido tomada cautiva a ella; pero si alguien resiste y soporta, es tentado pero no ha entrado en tentación o ha caído en ella. Por lo tanto, el maligno nos arrastra a malvadas tentaciones cuando nos tienta, pero Dios nos prueba como uno que no es tentado por la maldad. Porque Dios, se dice, "no puede ser tentado por el mal". El diablo, por tanto, nos conduce mediante violencia, llevándonos a la destrucción; pero Dios nos guía de la mano, entrenándonos para nuestra salvación.

DIONISIO DE ALEJANDRÍA

DÍA 124

VIDA ETERNA

JUAN 17:3

Y esta es la vida eterna: que te conozcan a ti, el único Dios verdadero, y a Jesucristo, a quien has enviado.

Dios nos amó al darnos *vida eterna* a costa de su Hijo Jesucristo, ¿pero qué es vida eterna? ¿Es una autoestima eterna? ¿Es un cielo lleno de espejos? ¿O tablas para deslizarse por la nieve, o campos de golf, o vírgenes de ojos negros?

No, Jesús nos dice exactamente lo que Él quiso decir: "Y esta es la vida eterna: que te conozcan a ti, el único Dios verdadero, y a Jesucristo, a quien has enviado" (Juan 17:3). ¿Qué es la vida eterna? Es conocer a Dios y a su Hijo, Jesucristo. Ninguna cosa puede satisfacer el alma. El alma fue creada para reverenciar a una Persona: la única persona digna de ser reverenciada. Todos los héroes son sombras de Cristo. A nosotros nos encanta admirar su

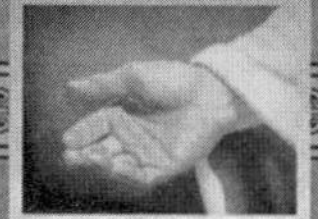

excelencia; cuánto más seremos satisfechos por la única Persona que concibió toda excelencia y personifica toda capacidad, todo talento, toda fortaleza y brillantez, inteligencia y bondad. Esto es lo que he estado intentando decir. Dios nos ama liberándonos de la atadura del yo para que así podamos disfrutar de conocerlo y admirarlo a Él para siempre.

JOHN PIPER

DÍA 125

VIDA ETERNA

JUAN 17:4

Yo te he glorificado en la tierra; he acabado la obra que me diste que hiciese.

Al Señor Jesús mismo se le dieron unos pocos años sobre la tierra para llevar a cabo el plan completo de redención. ¡Eso sí que es una larga lista de "quehaceres"! Sin embargo, al final de su vida, Jesús pudo levantar sus ojos a su Padre y decir: "Te he glorificado en la tierra; he *acabado* la obra que me diste que hiciese" (Juan 17:4, cursivas añadidas).

Para mí, eso es verdaderamente increíble. Rara vez puedo decir al final del día que yo he acabado la obra que me propuse hacer ese día... ¿Cómo fue posible para Jesús acabar la obra de su vida, en especial en un período tan corto de tiempo?

En las palabras de Jesús encontramos un indicio, una Verdad poderosa que nos libera de la atadura de la prisa y la frustración acerca de todo lo que debemos hacer. Notemos qué obra completó Jesús en los treinta y tres años; Él estuvo aquí, en la tierra: "Yo he acabado la obra *que me diste que hiciese*". Ese es el secreto. Jesús no terminó todo lo que sus discípulos querían que Él hiciera (¡algunos de ellos esperaban que Él derrocase al gobierno romano!). Él no terminó todo lo que las multitudes querían que Él hiciera (siguió habiendo personas enfermas,

solas y moribundas). Pero Él sí que terminó la obra que *Dios* le dio que hiciera.

NANCY LEIGH DEMOSS

DÍA 126

ÚLTIMAS PALABRAS

JUAN 17:20 NVI

No ruego sólo por éstos. Ruego también por los que han de creer en mí por el mensaje de ellos.

Para situar las palabras de Cristo en su contexto emocional apropiado, necesitamos saber una sola cosa: en menos de veinticuatro horas, Él estaría muerto. Él sabía eso y, por tanto, aquel era un momento para las últimas cosas. No sólo fue su última cena, sino que fue también la última vez que Él estaría con sus discípulos antes de morir. Era un momento para las últimas miradas, los últimos abrazos, las últimas palabras.

Al final de la tarde, Jesús hace una última oración por ellos. Ora no solamente por sus discípulos sino también por todos aquellos que creerían en Él a través de las palabras de ellos...

¿Oye lo que Él está pidiendo?...

No es solamente para aquella primera reunión de privilegiados discípulos. Es por cada uno de los discípulos que han seguido después de ellos.

Eso significa que es por mí.

Y por usted.

KEN GIRE

Jesús agoniza en el huerto

Entonces llegó Jesús con ellos a un lugar
que se llama Getsemaní, y dijo a sus discípulos:
Sentaos aquí, entre tanto que voy allí y oro.
MATEO 26:36

La hora tardía, una gran comida y la sobrecarga emocional abrumaron a los discípulos. Las pestañas luchaban contra la gravedad, pero perdieron. Aquellos hombres habían estado dispuestos, pero sus cuerpos querían dormir. Jesús sintió su inevitable retirada como una dolorosa parte más de sus propias pruebas. No, ellos no pudieron velar con Él ni siquiera una hora. El huerto de Getsemaní proporcionaba un engañoso retiro de quietud tras el largo día.

Él luchó solo en oración. A unos cuantos pasos de distancia, los discípulos, con sus ojos cansados, apenas si escuchaban su agonía, notaron a la luz de la luna que su sudor relucía como si fuera sangre, se preguntaron por qué Él estaba tan turbado, pero lentamente sucumbieron al sueño. Su aturdimiento los convirtió en presa fácil del temor cuando la turba llegó para arrestar a Jesús.

¿Qué significaba la oración de Jesús? ¿Cómo encajaba la reticencia de Jesús a enfrentarse a la cruz con su determinación de asegurar la salvación a la humanidad? Compruebe su propia vigilancia a medida que piensa junto con otros en el significado de aquellos momentos en Getsemaní y la importancia que Jesús dio a la oración.

Día 127

EL HÁBITO DE LA ORACIÓN

LUCAS 22:41 NVI

Entonces se separó de ellos a una buena distancia,
se arrodilló y empezó a orar.

Hermano mío, si usted y yo queremos ser como Jesús debemos contemplar a Jesús orando a solas en el desierto. *Ahí está el secreto de su maravillosa vida.* Lo que Él hizo y habló al hombre *fue antes hablado y vivido con el Padre.* En comunión con Él, la unción con el Espíritu Santo era renovada cada día. Quien quiera ser semejante a Él en su caminar y su conversación debe simplemente comenzar aquí, para seguir a Jesús a la soledad... Además de la hora normal de oración, a veces se sentirá irremediablemente atraído a entrar en el lugar santo y a no salir de allí hasta que le haya sido revelado de una forma nueva que Dios es su porción. En su cámara secreta, con la puerta cerrada, o en la soledad del desierto, Dios debe ser hallado cada día; y nuestra comunión con Él debe ser renovada. Si Cristo lo necesitaba, ¡cuánto más lo necesitaremos nosotros! Lo que supuso para Él, lo supondrá para nosotros.

ANDREW MURRAY

Día 128

DIOS ESTABA ALLÍ

MATEO 26:38

Entonces Jesús les dijo: Mi alma está muy triste,
hasta la muerte; quedaros aquí, y velad conmigo.

Y si usted llega y dice: "Señor, me rindo a ti en absoluta entrega a mi Dios", aunque lo haga con un corazón que tiemble y con la con-

ciencia: "No siento el poder, no siento la determinación, no siento la seguridad", tendrá éxito. No tenga temor, sino acérquese tal como usted es, y aun en medio de su temor el poder del Espíritu Santo obrará.

¿Acaso nunca ha aprendido la lección de que el Espíritu Santo obra con gran poder a la vez que del lado humano todo parece débil? Mire al Señor Jesucristo en Getsemaní. Leemos que Él: "mediante el Espíritu eterno" se ofreció a sí mismo en sacrificio a Dios. El todopoderoso Espíritu de Dios le estaba capacitando para hacerlo y, sin embargo, ¡qué agonía, y temor, y gran tristeza cayeron sobre Él, y cómo oró! Externamente usted no puede ver ninguna señal del magnífico poder del Espíritu, pero el Espíritu de Dios estaba allí. Y aun así, mientras que usted es débil, y lucha, y tiembla, con fe en la obra oculta del Espíritu de Dios no tema, sino ríndase a sí mismo.

ANDREW MURRAY

DÍA 129

INCREÍBLE

MATEO 26:39 NVI

Yendo un poco más allá, se postró sobre su rostro y oró: Padre mío, si es posible, no me hagas beber este trago amargo. Pero no sea lo que yo quiero, sino lo que quieres tú.

Un estudiante en una universidad me dijo: "A menudo me maravillo de la batalla de Jesús en Getsemaní por la inminente crucifixión. ¿Qué estaba ocurriendo allí? ¿Jesús pidiendo librarse de la copa? Me suena a locura".

Yo respondí: "Medita conmigo por un momento. La copa del pecado humano debía ser bebida hasta la última gota por el Ser más puro de todos. La tortura física más dolorosa era la de ser crucificado; sin embargo, el Señor Jesús no tenía temor al dolor físico. La única entidad indivisible del mundo es la Santa

Trinidad. La posibilidad de que su Padre lo abandonara cuando Él estuviera sujeto a la maldición del pecado era algo primordial en su mente, pero Él sabía que si esa era la única manera de llevar a cabo la salvación, Él lo haría...

"Mira la cruz; ahora la maldad se ve tal y como es: toda la vileza en el corazón humano está allí delante de la pureza perfecta. La maldad no está disfrazada. Mira de nuevo la maravilla del amor de Dios que ofrece perdón por tal maldad"...

Hubo silencio, y después el estudiante dijo una sola palabra: "Increíble". Volvió a musitar: "Simplemente increíble".

RAVI ZACHARIAS

DÍA 130

LA AMARGA COPA

MATEO 26:39

Yendo un poco adelante, se postró sobre su rostro, orando y diciendo: Padre mío, si es posible, pase de mí esta copa; pero no sea como yo quiero, sino como tú.

Su total sumisión y consentimiento a la voluntad de Dios; "Pero no sea como yo quiero, sino como tú". Nuestro Señor Jesús, aunque tenía un agudo sentido de la extrema amargura del sufrimiento que iba a padecer, sin embargo estuvo dispuesto a someterse a ello por nuestra redención y salvación, y se ofreció a sí mismo, y se dio a sí mismo, por nosotros. La razón de la sumisión de Cristo a sus sufrimientos era la voluntad de su Padre: "sino como tú" (v. 39). Él arraiga su propia disposición en la voluntad del Padre, y decide el asunto enteramente sobre esa base; por tanto, Él hizo lo que hizo, y lo hizo con alegría, porque era la voluntad de Dios. De acuerdo a este ejemplo de Cristo, nosotros debemos beber la amarga copa que Dios ponga en nuestras manos, sea lo amarga que sea; aunque la naturaleza luche, la gracia debe someterla. Entonces estaremos dispuestos tal como lo estuvo

Cristo, cuando nuestras voluntades sean en todas las cosas fundidas con la voluntad de Dios, aunque sea muy desagradable para la carne y la sangre; que se haga la voluntad del Señor.

MATTHEW HENRY

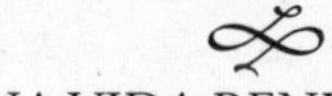

DÍA 131

UNA VIDA RENDIDA *a* DIOS

MATEO 26:39

Yendo un poco adelante, se postró sobre su rostro, orando y diciendo: Padre mío, si es posible, pase de mí esta copa; pero no sea como yo quiero, sino como tú.

Él nunca pensó ni por un momento en buscar su propio honor, o afirmar su propio poder para vindicarse a sí mismo. Todo su espíritu era el de una vida rendida a Dios para que Él obrara. Hasta que los cristianos no estudian la humildad de Jesús como la esencia misma de su redención, como la bendición misma de la vida del Hijo de Dios, como la única relación verdadera con el Padre y, por tanto, como la que Jesús debe darnos si queremos tener parte con Él, la terrible falta de una humildad real, celestial y manifiesta se convertirá en una carga y una tristeza, y nuestra religión será puesta a un lado para asegurarla: la primera y principal de las marcas de Cristo dentro de nosotros.

¿Está usted vestido de humildad? Pregúntele a su vida cotidiana. Pregúntele a Jesús. Pregúnteles a sus amigos. Pregúntele al mundo. Y comience a alabar a Dios porque ha abierto para usted en Jesús una humildad celestial de la cual usted apenas conoce, y mediante la cual una bendición celestial —que posiblemente usted nunca haya gustado— puede llegar a usted.

ANDREW MURRAY

Día 132

ABBA, PADRE

MARCOS 14:36

Y decía: Abba, Padre, todas las cosas son posibles para ti; aparta de mí esta copa; mas no lo que yo quiero, sino lo que tú.

Llamar a Dios "Abba" tiene su raíz en la agonía de Jesús en el huerto de Getsemaní. "Y decía: Abba, Padre, todas las cosas son posibles para ti; aparta de mí esta copa; mas no lo que yo quiero, sino lo que tú" (Marcos 14:36).

Abba era una palabra normalmente familiar en los tiempos de Jesús. Transmitía intimidad, ternura, dependencia y una falta total de temor o ansiedad. Sus equivalentes actuales serían papi o papá.

Ningún judío habría soñado con usar ese término tan íntimo para dirigirse a Dios. Sin embargo, Jesús siempre usaba esta palabra en sus oraciones (*abba* en arameo o su equivalente en griego, *pater*), con la excepción de su grito desde la cruz.

Y Jesús enseñó también a sus discípulos a utilizar esta palabra en sus oraciones. Nosotros somos capacitados para hablar a Dios al igual que un niño pequeño habla con su padre.

DAVID JEREMIAH

Día 133

HÁGASE TU VOLUNTAD

LUCAS 22:42

Padre, si quieres, pasa de mí esta copa; pero no se haga mi voluntad, sino la tuya.

Mire la escena con un asombro que le lleve a adorar. La figura solitaria grabada entre los nudosos olivos. El sudor como de

sangre cayendo a tierra. El anhelo humano: "Pase de mí esta copa". La renuncia final: "No se haga mi voluntad, sino la tuya" (Lucas 22:42). Haremos bien en meditar a menudo en esta incomparable expresión de renuncia.

Aquí tenemos al Hijo encarnado orando con lágrimas y no recibiendo lo que pide. Jesús conocía la carga de la oración no contestada. Él realmente quería que la copa pasase, y pidió que pasara. "Si es tu voluntad" fue su pregunta. La voluntad del Padre aún no estaba absolutamente clara para Él. "¿Hay alguna otra manera? ¿Puede ser redimida la gente por algún medio diferente?". La respuesta: ¡no! Andrew Murray escribe: "Por nuestros pecados Él sufrió más allá de la carga de la oración no contestada".

Aquí tenemos la completa entrega de la voluntad humana. El grito de batalla para nosotros es: "¡Hágase mi voluntad!", en lugar de decir: "Hágase tu voluntad".

RICHARD J. FOSTER

DÍA 134

RENDICIÓN TOTAL

LUCAS 22:42 NVI

Pero no se cumpla mi voluntad, sino la tuya.

Y cuando uno cede en rendición total, que sea en la fe de que Dios ahora lo acepta. Ese es el punto principal, y eso es lo que a menudo pasamos por alto: que los creyentes deberían ocuparse de esta manera con Dios en este asunto de la rendición. Oro para que usted se ocupe con Dios. Queremos obtener ayuda, todos nosotros, para que en nuestra vida cotidiana Dios sea más claro para nosotros, Dios tenga el lugar apropiado y sea "todo en todo". Y si queremos tener eso en nuestra vida, comencemos ahora y quitemos nuestra vista de nosotros mismos, levantándola hacia Dios. Que cada uno crea —mientras que yo, un pobre gusano sobre la tierra y un tembloroso hijo de Dios, lleno de

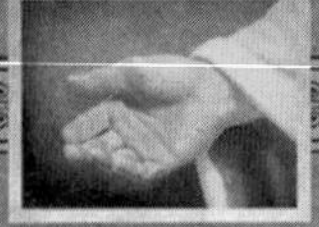

fracaso y pecado, me postro aquí, y nadie sabe lo que pasa por mi corazón, y mientras que son sencillez digo: Oh, Dios, acepto tus términos; he rogado bendición para mí mismo y para otros, he aceptado tus términos de rendición total—, y mientras su corazón diga eso en profundo silencio, recuerde que hay un Dios presente que toma nota de ello y lo escribe en su libro, y que hay un Dios presente que en ese mismo instante toma posesión de él. Puede que usted no lo sienta, puede que no se dé cuenta, pero Dios toma posesión si usted confía en Él.

ANDREW MURRAY

DÍA 135

HACER *la* VOLUNTAD DEL PADRE

LUCAS 22:42

Padre, si quieres, no me hagas beber este trago amargo; pero no se cumpla mi voluntad, sino la tuya.

Ahora bien, si el Hijo fue obediente para hacer la voluntad de su Padre, el siervo debería ser mucho más obediente a la voluntad de su Maestro... Esta es la voluntad de Dios, la cual Cristo hizo y enseñó: humildad en la conversación, firmeza en la fe, modestia en las palabras, justicia y misericordia en las obras, disciplina en la moral, incapacidad para hacer el mal y capacidad para soportar una maldad; mantener la paz con los hermanos, amar a Dios con todo nuestro corazón, amarlo como un Padre, temerlo como Dios, no preferir nada por encima de Cristo (porque Él no prefirió nada por encima de nosotros), adherirnos inseparablemente a su amor, y estar al lado de su cruz con valentía y fidelidad. Cuando haya alguna batalla contra su nombre y su honor, es su voluntad que mostremos la consistencia de confesión; en la tortura, la confianza con la cual hacemos batalla; en la muerte, la paciencia con la cual somos coronados. Esto es obedecer el mandamiento de Dios. Esto es cumplir la voluntad del Padre.

CIPRIANO

DÍA 136

ÁNGELES *para* FORTALECERNOS

LUCAS 22:43

Y se le apareció un ángel del cielo para fortalecerle.

Justo un poco antes, Él había dicho: "He vencido al mundo" y, sin embargo, había necesidad de una fortaleza especial, y su Padre envió un ángel para fortalecerlo.

Para mí esta ha sido una palabra de paz en el presente. Aceptamos la voluntad de nuestro Padre, y sabemos que Él nos ha dado la victoria sobre todos los poderes del enemigo. Sin embargo, hay momentos en que verdaderamente necesitamos una fortaleza especial si no queremos derrumbarnos antes del fin. Nuestro Padre sabe esto; Él no dice: "Tú aceptaste todo al principio; esto que prueba tu espíritu ahora iba incluido en eso".

Su amor comprende, y Él envía un ángel para fortalecernos.

AMY CARMICHAEL

DÍA 137

VELAR Y ORAR

MATEO 26:41

Velad y orad, para que no entréis en tentación; el espíritu a la verdad está dispuesto, pero la carne es débil.

"Por tanto, velad y orad, para que no entréis en tentación". Tales oraciones nos advierten que necesitamos la ayuda del Señor. No debería confiar en usted mismo para vivir bien. No ore por las riquezas y honores de este mundo, o por cualquier posesión sin valor, sino ore para que no entre en tentación. Usted no

pediría eso en oración si pudiera llevarlo a cabo por usted mismo... De hecho, cuando comience a ejercitar esta sabiduría, tendrá un motivo para dar gracias. "¿Qué tienes que no hayas recibido? Y si lo recibiste, ¿por qué te glorías como si no lo hubieras recibido?"; esto es, como si pudiera tenerlo por su propio poder. Cuando haya recibido el don, pídale a Aquel que comenzó a dárselo a usted que pueda ser perfeccionado.

AGUSTÍN

DÍA 138

RETIRARSE OTRA VEZ A ORAR

MATEO 26:44

Y dejándolos, se fue de nuevo, y oró por tercera vez, diciendo las mismas palabras.

No es incorrecto o inútil pasar mucho tiempo en oración mientras que eso no nos impida hacer otros bienes y obras necesarias que la obligación nos llama a hacer... Porque pasar mucho tiempo en oración no es, como algunos piensan, lo mismo que orar "con muchas palabras". La multiplicación de palabras es una cosa, pero la sostenida calidez del deseo es otra. Está escrito que el Señor pasaba toda la noche en oración, y que su oración fue prolongada cuando estaba en agonía. ¿No es eso un ejemplo para nosotros de nuestro Intercesor, quien junto con el Padre, eternamente escucha nuestras oraciones?... Si ponemos atención a nuestras almas, lejos esté de nosotros utilizar "muchas palabras" en oración, o abstenernos de la oración prolongada. Hablar mucho en oración es abaratar y hacer demasiado uso de nuestras palabras a la vez que pedimos algo necesario; pero prolongar la oración es hacer palpitar nuestro corazón con continuas emociones rectas hacia Aquel a quien oramos. En la mayoría de los casos, la oración consiste más en quejarse que en hablar, en llorar más que en palabras. Él ve nuestras lágrimas; nuestra queja no

está oculta de Él. Porque Él hizo todas las cosas por medio de la palabra y no necesita palabras humanas.

AGUSTÍN

Día 139

VAMOS

MARCOS 14:42

Levantaos, vamos; he aquí, se acerca el que me entrega.

En el huerto, el Hijo de Dios llevó su cruz privada. Muy pronto Él la llevaría en público, pero cuando se levantó con sus rodillas arañadas por la angustia, su rostro —manchado del polvo de la tierra— era firme como la piedra... Cristo sabía lo que iba a tener que hacer cuando llegó al planeta tierra ¿recuerda? Él es el Cordero inmolado desde la fundación del mundo. Él estaba muerto desde el principio. Jesús vivió solamente con un propósito: hacer la voluntad de su Padre...

Algunas veces obedecer a Dios en un asunto será lo más difícil que nunca hayamos hecho en nuestras vidas. No es incorrecto que sintamos; es incorrecto que desobedezcamos. Discútalo con Dios; pida que la copa sea quitada, pero determine hacer la voluntad de Él pase lo que pase. La gloria está en juego. Por eso Él les dijo a los tres que se quedaran cerca: para enseñarlos a orar, no a dormir, en su angustia. Esta vez ellos se quedaron dormidos; no tenían fuerzas para hacer otra cosa. Pero llegaría un tiempo en que cada uno de ellos se levantaría de su propio Getsemaní y llevaría su propia cruz.

BETH MOORE

LO MÁS IMPORTANTE QUE PODEMOS HACER

1 TESALONICENSES 5:17
Orad sin cesar.

Más tiempo y horas terrenales para la oración harían maravillas para revivir y reanimar muchas vidas espiritualmente decaídas. Más tiempo y horas terrenales para la oración se manifestarían en una manera de vivir santa. Una vida santa no sería algo tan raro o tan difícil si nuestras devociones no fueran tan cortas y apresuradas. Un temperamento similar al de Cristo en su dulce y apasionada fragancia no sería algo tan extraño y una herencia imposible si nuestra estancia en nuestro lugar de oración fuese prolongada e intensificada. Vivimos pobremente porque oramos mezquinamente...

Orar es lo más importante que podemos hacer: y para hacerlo bien debe haber quietud, tiempo y deliberación; de otra manera queda degradada a la menor y más mezquina de las cosas. La verdadera oración tiene los mayores resultados para bien, y la oración pobre los menores. Nunca llegaremos al punto de hacer demasiadas oraciones verdaderas; y nunca llegaremos a hacer demasiado pocas de las fingidas. Debemos aprender de nuevo el valor de la oración, entrar de nuevo en la escuela de la oración. No hay nada que tome más tiempo para aprender... Debemos demandar y agarrar con puño de hierro las mejores horas del día para Dios y la oración, o no habrá oración que se merezca ese nombre.

EDWARD M. BOUNDS

Día 141

ORACIÓN QUE PERSEVERA

EFESIOS 6:18

Orando en todo tiempo con toda oración y súplica en el Espíritu, y velando en ello con toda perseverancia y súplica por todos los santos.

De todos los misterios del mundo de la oración, la necesidad de la oración persistente es uno de los más grandes. Que al Señor, que ama y anhela bendecir, haya que suplicarle una y otra vez, a veces año tras año, antes de que la respuesta llegue, no podemos comprenderlo fácilmente. También es una de las mayores dificultades prácticas en el ejercicio de la oración con fe. Cuando, después de perseverar en la súplica, nuestra oración queda sin contestar, a menudo es más fácil para nuestra perezosa carne —y tiene toda la apariencia de una pía sumisión— pensar que entonces debemos dejar de orar, porque Dios puede que tenga sus razones ocultas para no conceder nuestra petición.

Es solamente por fe que podemos vencer la dificultad. Una vez que la fe ha tomado posición firme en la palabra de Dios y en el nombre de Jesús, y se ha rendido a sí misma a la dirección del Espíritu para buscar solamente la voluntad de Dios y su honor en su oración, no tiene por qué desanimarse por el retraso. Sabe por la Escritura que el poder de la oración de fe es simplemente irresistible; la fe verdadera nunca puede quedar defraudada.

ANDREW MURRAY

Día 142

ÉL ES NUESTRO EJEMPLO

MARCOS 1:35 NVI

Muy de madrugada, cuando todavía estaba oscuro, Jesús se levantó, salió de la casa y se fue a un lugar solitario, donde se puso a orar.

Solamente la oración prevalece sobre Dios; pero Cristo ha querido que no opere para el mal. Él dio toda su virtud cuando la usó para el bien; y por eso sabe solamente... cómo transformar al débil, restaurar al enfermo, liberar al poseído, abrir las barras de la cárcel, y desatar las ataduras del inocente. De igual manera, limpia las faltas, repele las tentaciones, extingue las persecuciones, consuela al de espíritu abatido, alegra al oprimido, acompaña a los viajeros, calma las olas, asusta a los ladrones, alimenta a los pobres, gobierna a los ricos, levanta a los caídos, rescata a los que caen, confirma la posición. La oración es el muro de la fe. Nos arma y lanza misiles contra el enemigo que está al acecho por todos lados; por eso nunca caminamos desarmados. Por el día, somos conscientes de nuestro puesto; por la noche, de nuestra vigilia. Bajo la armadura de la oración, guardamos la bandera de nuestro General. Esperamos en oración la trompeta del ángel... ¿Qué más necesitamos, entonces, sino la obligación de la oración? Aun el Señor mismo oraba, ¡a quien sea todo honor y virtud por los siglos de los siglos!

TERTULIANO

DÍA 143

TEMPRANO DE RODILLAS

MARCOS 1:35

Levantándose muy de mañana, siendo aún muy oscuro,
salió y se fue a un lugar desierto, y allí oraba.

Los hombres que han hecho lo máximo para Dios en este mundo han estado temprano de rodillas. Aquel que desperdicia las horas de la mañana, su oportunidad y su frescura, en otras búsquedas distintas a la de buscar a Dios apenas conseguirá buscarlo el resto del día. Si Dios no es lo primero en nuestros pensamientos y esfuerzos en la mañana, estará en último lugar durante lo que reste de día.

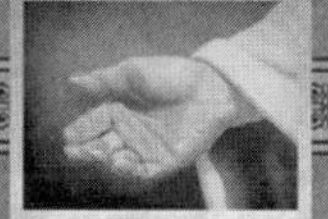

Tras este levantarse temprano y orar temprano está el ardiente deseo que nos hace proseguir en esta búsqueda de Dios. La desgana matutina es el índice de la desgana de corazón... Cristo anhelaba la comunión con Dios; y por tanto, levantándose mucho antes del amanecer, salía al monte a orar. Los discípulos, cuando estuvieran totalmente despiertos y avergonzados por su indulgencia, sabrían dónde encontrarlo. Nosotros podríamos enumerar a los hombres que han causado una mayor impresión en el mundo para Dios, y los hallaríamos temprano buscando a Dios.

Un deseo de Dios que no puede romper las cadenas del sueño es débil y hará poco bien para Dios después de haber caído plenamente en la indulgencia. El deseo de Dios que deja mucho más atrás al diablo y al mundo al comienzo del día nunca será alcanzado.

FRANCOIS FENELON

DÍA 144

DORMITAR *en* ORACIÓN

LUCAS 6:12

En aquellos días él fue al monte a orar,
y pasó la noche orando a Dios.

Oremos con urgencia y clamemos con peticiones continuas. Porque no hace mucho tiempo, fui regañado en una visión porque dormitábamos en nuestras oraciones y no orábamos con vigilancia. Sin ninguna duda, Dios, quien "reprende a los que ama", nos reprende para corregirnos y corrige para preservar. Por lo tanto, rompamos las ataduras del sueño y oremos con urgencia y vigilancia. Como el apóstol Pablo nos manda: "Constantes en la oración". Porque los apóstoles oraban continuamente, día y noche; también el Señor Jesús mismo, nuestro maestro y ejemplo, oraba con frecuencia y con vigilancia. Leemos en el Evangelio de Lucas: "Él fue al monte a orar, y pasó la noche orando a Dios". Ciertamente, por lo que Él oró lo hizo por nosotros, ya que Él no

era pecador sino que cargó con los pecados de otros. En otro lugar leemos: "Y el Señor le dijo a Pedro: Satanás os ha pedido para zarandearos como a trigo, pero yo he orado por ti, que tu fe no falte". Si Él trabajó, veló y oró por nosotros y nuestros pecados, nosotros deberíamos mucho más estar continuamente en oración. Antes que nada, oremos y clamemos al Señor. Entonces, por medio de Él, ¡seamos restaurados a Dios el Padre!

CIPRIANO

DÍA 145

INSTADOS A ORAR

LUCAS 18:1

También les refirió Jesús una parábola sobre la necesidad de orar siempre, y no desmayar.

Aquel que sabe lo que necesitamos antes de que le pidamos nos ha instado a orar diciendo: "Los hombres deben orar siempre y no desmayar". El Señor relató la historia de una viuda que quería que se le hiciera justicia de su enemigo. Mediante su incesante petición, persuadió al juez para que le escuchara. El juez no fue movido a causa de la justicia o la misericordia, sino porque fue vencido por los ruegos constantes de ella. La historia nos alienta a saber que el Señor Dios, que es misericordioso y justo, presta atención a nuestras continuas oraciones más que cuando aquella viuda venció la indiferencia, injusticia y maldad del juez mediante sus peticiones constantes... El Señor nos da una lección similar en la parábola del hombre que no tenía nada que dar a un amigo que iba de camino... Por medio de esas peticiones muy urgentes e insistentes, él consiguió despertar al amigo, quien le dio mucho alimento, tal como él necesitaba. Pero este amigo fue motivado por su deseo de evitar más molestias, y no por la generosidad. A través de esta historia el Señor enseñó que aquellos que están dormidos se ven obligados a dar a la persona que los molesta, pero

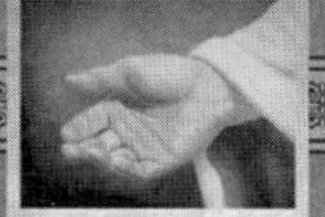

aquellos que nunca duermen darán con mucha más bondad. De hecho, Él aun nos despierta para que podamos pedirle.

AGUSTÍN

Día 146

ORAR CON DILIGENCIA

MATEO 6:6

Mas tú, cuando ores, entra en tu aposento, y cerrada la puerta, ora a tu Padre que está en secreto; y tu Padre que ve en lo secreto te recompensará en público.

La oración es un arma poderosa si se hace con la actitud correcta. La oración es tan fuerte que los continuos ruegos han vencido la desvergüenza, la injusticia y la crueldad salvaje... Oremos con diligencia. La oración es un arma poderosa si se usa con seriedad y sinceridad, sin atraer la atención sobre nosotros mismos... Entonces, si oramos con humildad, golpeando nuestros pechos como el recaudador de impuestos y diciendo lo que él dijo: "Ten piedad de mí, pecador", obtendremos todo lo que pidamos... Necesitamos mucho arrepentimiento, amados, mucha oración, mucha paciencia y mucha perseverancia para obtener las buenas cosas que se nos han prometido.

CRISÓSTOMO

Jesús es arrestado

¿Acaso piensas que no puedo ahora orar a mi Padre, y que él no me daría más de doce legiones de ángeles? ¿Pero cómo entonces se cumplirían las Escrituras, de que es necesario que así se haga?

MATEO 26:53-54

Susurrantes voces y una brisa suave en los olivos dieron paso al rumor de los pies de la turba. Las antorchas relucían en la oscuridad, haciendo sombras en los rostros enojados y decididos. El sueño dio paso al terror cuando los discípulos se dieron cuenta de que ellos eran el objetivo de la caza con armas. Una confusa confrontación siguió después. Judas, respaldado por palos y espadas, se acercó y besó a Jesús, escogiéndolo de entre el tenue grupo. Otros se aproximaron para tomar la custodia. En el caos, Pedro sacó la espada y cortó la oreja de alguien, en una asombrosa demostración de su característica impulsividad y pobre manejo de la espada. La aparente indisposición de Jesús para resistirse al arresto aturdió aún más a los discípulos, y no vieron otro recurso sino el de salir corriendo. Quienes habían hecho el voto de permanecer hasta el fin se apresuraron a alejarse en medio de la noche.

La cobardía de los discípulos parece culpable hasta que comenzamos a pensar en las maneras en que estamos con Jesús en la oscuridad del mundo. Pensar en las respuestas de ellos cuando estuvieron bajo presión nos da oportunidades de considerar cuántas veces corremos a cobijarnos al primer signo de peligro. Y quizá aún más importante, podemos obtener una comprensión más profunda de la manera en que Dios responde cuando demostramos nuestra infidelidad bajo el fuego.

Día 147

¿UN SEGUIDOR DESCUIDADO?

LUCAS 22:48

Entonces Jesús le dijo: Judas, ¿con un beso entregas al Hijo del Hombre?

¿Y si nosotros fuéramos culpables del mismo desventurado pecado que Judas, el hijo de perdición? ¿Vivo yo en el mundo de manera tan descuidada como otros lo hacen, y sin embargo hago profesión de ser un seguidor de Jesús? Sin duda alguna, si actúo de esa forma inconsistentemente, soy un Judas, y sería mejor para mí no haber nacido. ¿Me atrevo a esperar ser claro en esta materia? Entonces, oh Señor, guárdame así; oh Señor, hazme sincero y verdadero; presérvame de todo camino falso. No me dejes nunca que traicione a mi Salvador; de verdad te amo, Jesús, y aunque a menudo te entristezco, sin embargo mi deseo sería permanecer fiel hasta la muerte. Oh Dios, que no sea yo un maestro de altos vuelos y después caiga al final en el lago de fuego, porque traicioné a mi Maestro con un beso.

CHARLES HADDON SPURGEON

Día 148

SU PERMISO

JUAN 18:4-6

Pero Jesús, sabiendo todas las cosas que le habían de sobrevenir, se adelantó y les dijo: ¿A quién buscáis? Le respondieron: A Jesús nazareno. Jesús les dijo: Yo soy. Y estaba también con ellos Judas, el que le entregaba. Cuando les dijo: Yo soy, retrocedieron, y cayeron a tierra.

Judas entonces, habiendo recibido a una banda de hombres y oficiales desde los sumos sacerdotes y los fariseos, llega con

antorchas y armas. Y aquellos hombres muchas veces en otras ocasiones habían intentado apresarlo, pero no habían podido; de lo que está claro que en esta ocasión Él se rindió voluntariamente... ¿Ve su invencible poder, cómo estando en medio de ellos cerró sus ojos? Porque la oscuridad no fue la causa de que no lo conocieran, pues llevaban antorchas. Y aunque no hubiera habido antorchas, ellos deberían, al menos, haberlo conocido por su voz; o si ellos no lo conocían, ¿cómo iba Judas a ser ignorante? Porque él también estaba con ellos, y no le conocía más que ellos, pero junto con ellos cayó hacia atrás. Y Jesús hizo eso para demostrar que no sólo ellos no podían agarrarlo sino que ni siquiera podían verlo cuando Él estaba en medio de ellos, a menos que Él les diera permiso. Mostrando que lo que se hizo procedía no del poder de ellos sino del consentimiento de Él, y declarando que Él no se oponía a Dios sino que era obediente al Padre incluso hasta la muerte.

CRISÓSTOMO

DÍA 149

DEBERÍAN HABERLO SABIDO

JUAN 18:6

Cuando les dijo: Yo soy, retrocedieron, y cayeron a tierra.

En cuanto Él dijo: "Yo soy", ellos retrocedieron y cayeron a tierra. ¡Qué increíble es esto, que ellos renovaran el asalto después de una experiencia tan sensible de su poder y su misericordia! Pero probablemente los sacerdotes que había entre ellos se persuadieran a sí mismos y a sus acompañantes de que aquello también era realizado por Belcebú; y que fue mediante la providencia de Dios, y no mediante la indulgencia de Jesús, que ellos no recibieran un mayor daño.

JOHN WESLEY

Día 150

ARMAS CARNALES

MATEO 26:51-52

Pero uno de los que estaban con Jesús, extendiendo la mano, s acó su espada, e hiriendo a un siervo del sumo sacerdote, le quitó la oreja. Entonces Jesús le dijo: Vuelve tu espada a su lugar; porque todos los que tomen espada, a espada perecerán.

Hemos visto que los apóstoles llevaban escasa cantidad de armas, habiendo solamente dos espadas que les pertenecían. Pedro, evidentemente, llevaba una de ellas, y estaba listo para demostrar su afirmación de que él sufriría y, si era necesario, moriría sirviendo a su Señor. Evidentemente dio un golpe hacia abajo en la cabeza de Malco, y le hubiera matado si él no lo hubiera esquivado. Jesús dijo estas palabras: "Basta ya; dejad" a aquellos que le prendían, pidiéndoles que lo soltaran lo suficiente para que Él pudiera tocar la oreja de Malco. Por medio de la sanidad de la oreja de Malco y las palabras que dijo a Pedro, Jesús muestra que la espada no debe usarse ni para defender la verdad ni para hacer avanzar su reino. Si Él no hubiera actuado y hablado de esa manera, Pilato podría haber dudado de sus palabras cuando Él testificó que su reino no era de este mundo (Juan 18:36). Aunque sabemos que no debemos confiar en la ayuda de la espada para el avance de la verdad, a menudo somos tentados a poner una excesiva confianza en otras "armas carnales", las cuales con igualmente fútiles. La riqueza y la elocuencia, y edificios recargados tienen muy poca gracia salvadora en ellos. Es la verdad la que gana

J. W. MCGARVEY Y PHILIP Y. PENDLETON

Día 151

EL CELO NO ES SUFICIENTE

JUAN 18:10 NVI

Simón Pedro, que tenía una espada,
la desenfundó e hirió al siervo del sumo sacerdote,
cortándole la oreja derecha. (El siervo se llamaba Malco).

Pedro estaba dispuesto a morir por Cristo. Él no mentía, y dijo esas palabras con toda sinceridad; salieron de lo profundo de su corazón.

Pero en aquel momento Pedro fue despertado para participar en una pesadilla, pues ante él había una gran multitud armada con espadas y palos. De repente, ellos agarraron a Jesús...

Pedro no estaba preparado. Oh, había sido advertido: "Orad y velad" pero, en cambio, estaba durmiendo. Pedro conocía su espíritu, pero no había tenido en cuenta su carne y por eso se encontró llorando amargas lágrimas de derrota y condenación.

¿Está usted consciente de la debilidad de su carne? Oh, el celo está ahí, y también lo está la dedicación y el compromiso... ¡pero también está la carne!

Que tanto usted como yo, recordemos velar por nosotros mismos diligentemente... y que oremos mucho. Solamente la vigilancia constante y la comunión íntima nos guardan de las amargas lágrimas.

Por lo tanto, muchos que un día estaban firmes con gran celo están cayendo en la tentación en la actualidad. Solamente el celo no puede guardarnos de caer. Se necesitan vigilancia y oración.

KAY ARTHUR

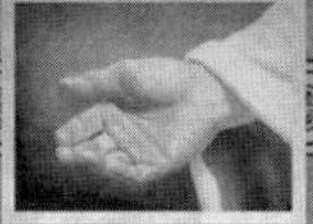

Día 152

LOS ÁNGELES GUARDARON SILENCIO

MATEO 26:53

¿Acaso piensas que no puedo ahora orar a mi Padre, y que él no me daría más de doce legiones de ángeles?

Cuando comprendemos el alto precio que Dios estuvo dispuesto a pagar por la redención del hombre, solamente entonces comenzamos a ver que algo horriblemente malo le sucede a la raza humana. ¡Debe tener un Salvador o estará condenada! El pecado le costó a Dios lo mejor. ¿Habría que asombrarse de que los ángeles ocultaran sus rostros, de que guardaran silencio en la consternación al ser testigos del desarrollo del plan de Dios? Qué inconcebible debió de haberles parecido a ellos cuando consideraron la terrible depravación del pecado, que Jesús lo llevara todo sobre sus hombros. Pero pronto desvelarían sus rostros y volverían a ofrecer alabanzas. Aquel día se encendió una luz en el Calvario. La cruz relució con la gloria de Dios a la vez que la oscuridad más terrible era disipada por la luz de la salvación. Las legiones depravadas de Satanás fueron vencidas y ya no pudieron nunca más seguir manteniendo al hombre en la oscuridad y la derrota.

BILLY GRAHAM

Día 153

UNA ÚLTIMA SANIDAD

LUCAS 22:51

Entonces respondiendo Jesús, dijo: basta ya; dejad. Y tocando su oreja, le sanó.

Lo último que hizo el Señor Jesús antes de que sus manos fueran clavadas fue sanar.

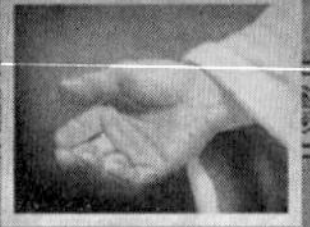

¿Se ha preguntado alguna vez qué haría usted si supiera que algo iba a ser lo último que llevaría a cabo? Yo nunca he hallado una respuesta a esa pregunta. Hay tantas y tantas cosas que nos gustaría hacer por aquellos a quienes amamos, que no creo que seamos capaces de encontrar una única cosa de entre ellas. Por lo tanto, lo mejor es simplemente seguir adelante, haciendo cada cosa a medida que llega y todo lo bien que podamos.

Nuestro Señor Jesús pasó mucho tiempo sanando a personas enfermas, y en el curso natural de los acontecimientos ocurrió que lo último que Él hizo con sus tiernas manos fue sanar una oreja cortada (me pregunto cómo pudieron tener la sangre fría de atar sus manos después de eso). En esto, como en todo, Él nos dejó el ejemplo para que sigamos sus pasos. Haga lo que en este momento, en la siguiente hora, se le presente, y hágalo con fidelidad, amor y paciencia; y entonces lo último que usted haga, antes de que el poder para hacerlo le sea quitado (si es ese el caso) sea solamente la continuación de todo lo que hubo anteriormente.

AMY CARMICHAEL

Día 154

ESTA ES *la* HORA *de* LAS TINIEBLAS

LUCAS 22:53

Habiendo estado con vosotros cada día en el templo,
no extendisteis las manos contra mí; mas esta es vuestra hora,
y la potestad de las tinieblas.

Cuando los sumos sacerdotes —los oficiales del templo— y los ancianos llegaron al huerto de Getsemaní para arrestar a Jesús, lo lograron solamente porque un Dios soberano les permitió lograrlo. Jesús señaló que Él estuvo enseñando cada día en el templo, y sin embargo ellos nunca le pusieron una mano encima. Ahora iban tras Él con espadas y palos. ¿Quién les dio que fuera su hora? ¿Quién les proporcionó el poder para capturarlo? Fue

Dios, sin cuyo permiso ni siquiera un pajarillo puede caer a tierra. Dios es omnipotente, nunca duerme, es justo, recto, y tiene el control siempre. A Él no lo agarraron por sorpresa. Todo estuvo funcionando entonces, al igual que lo hace siempre, dentro de un patrón para bien.

Nuestras propias dificultades a menudo parecen ocurrir por casualidad; nuestras tragedias parecen ferozmente descontroladas. Pero no lo están; todas ellas están *sujetas.* Los límites están establecidos. Dios está trabajando en silencio, quedándose entre las sombras, velando sin cesar por sus hijos.

"La luz en las tinieblas resplandece, y las tinieblas no prevalecieron contra ella" (Juan 1:5).

ELISABETH ELLIOT

DÍA 155

ELLOS HUYERON

MATEO 26:56

Entonces todos los discípulos, dejándole, huyeron.

Él nunca los abandonó a ellos pero ellos, con un temor cobarde por sus vidas, huyeron de Él al comienzo mismo de sus sufrimientos. Este no es sino un instructivo ejemplo de la fragilidad de todos los creyentes cuando se les deja actuar por sí mismos; en el mejor de los casos, no son sino ovejas, y huyen cuando el lobo se acerca. Todos ellos habían sido advertidos del peligro, y habían prometido morir antes que dejar a sus Maestro; y sin embargo, les agarró un pánico repentino y salieron corriendo. Una cosa es prometer, y otra muy diferente cumplir la promesa. Para ellos habría sido un honor eterno haber permanecido al lado de Jesús con valentía; ellos huyeron del honor; ¡que sea yo guardado para no imitarlos! ¿En qué otro lugar habrían estado ellos más seguros sino cerca de su Maestro, quien podría haber llamado a doce legiones de ángeles? Ellos huyeron de su

verdadera seguridad. Aquellos mismos apóstoles que eran asustadizos como liebres, llegaron a ser tan valientes como leones después de que el Espíritu Santo hubiera descendido sobre ellos. ¡Qué agonía debió de haber llenado al Salvador al ver que sus amigos tenían tan poca fe!

CHARLES HADDON SPURGEON

DÍA 156

VARÓN DE DOLORES

ISAÍAS 53:3

Despreciado y desechado entre los hombres,
varón de dolores, experimentado en quebranto;
y como que escondimos de él el rostro,
fue menospreciado, y no lo estimamos.

También Cristo, cuando estaba en este mundo, fue despreciado y rechazado por los hombres, y en el momento de su mayor necesidad fue abandonado por sus conocidos y sus amigos, que le dejaron llevar a Él solo el oprobio. Cristo estuvo dispuesto a sufrir y ser depreciado, ¿y se atreve usted a quejarse de algo? Cristo tenía adversarios y oponentes, ¿y desea usted tener a todos los hombres como amigos y benefactores? ¿Cuándo llegará su paciencia a alcanzar la corona si no tiene adversarios tras usted? Si usted no está dispuesto a sufrir ninguna adversidad, ¿cómo será el amigo de Cristo? Sosténgase usted con Cristo y para Cristo si es que quiere reinar con Él.

Si tan sólo una vez ha entrado usted en la mente de Jesús, y ha gustado aun un poco de su tierno amor, entonces no le preocupará su propia conveniencia o inconveniencia, sino que más bien se regocijará en medio de los problemas que enfrente, porque el amor de Jesús hace que un hombre se desprecie a sí mismo.

THOMAS À. KEMPIS

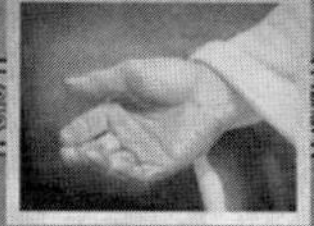

Jesús se somete a juicio

Dijeron todos: ¿Luego eres tú el Hijo de Dios?
Y él les dijo: Vosotros decís que lo soy.
LUCAS 22:70

Nunca el término "tribunal desautorizado" ha tenido una aplicación más adecuada que en el juicio de Jesús. Él fue llevado de juez en juez en lo que parecía ser un truco de juegos de manos. Los procedimientos tenían todos los adornos de la legitimidad y todos los detalles de una conspiración mortal e injusta. Ninguna maniobra pasó sin procesarse en la perversión de la justicia. El veredicto nunca estuvo en duda, pero el esfuerzo demandaba una máxima participación por parte de todos los que estaban implicados.

Al final, cada uno de nosotros tuvo al menos dos representantes en los acontecimientos que se produjeron durante aquella farsa de juicio: Jesús, quien tomó nuestro lugar como acusado, y una multitud de candidatos que tomaron nuestro lugar como los que acusaron. Cada uno de nuestros sustitutos hizo su papel. Nuestros dobles lograron condenar a Jesús a muerte, y Él logró morir en nuestro lugar. Cada uno de nuestros sustitutos logró sus objetivos inmediatos, aunque en último término sus propósitos no podrían haber estado en un mayor desacuerdo. Repasamos estos acontecimientos para reconocer una vez más nuestra participación, y con gratitud poseemos los beneficios finales que logramos.

Día 157

UN RESULTADO INEVITABLE

MARCOS 14:55

Y los principales sacerdotes y todo el concilio buscaban testimonio contra Jesús, para entregarle a la muerte; pero no lo hallaban.

Este juicio es claramente una farsa. El resultado estaba determinado mucho antes de que el juicio fuera convocado, ya que Marcos registra que los principales sacerdotes buscaban testimonio porque estaban decididos a llevarlo a la muerte. Esto me recuerda aquellos relatos de los primeros vigilantes del oeste que anunciaban a sus víctimas que les proporcionarían un juicio justo y luego los colgaban. El juicio fue ilegal desde el comienzo mismo: en primer lugar, se realizó por la noche, y la ley judía insistía en que todos los juicios a criminales ante los sacerdotes debían realizarse durante el día. En segundo lugar, se realizó en el lugar inadecuado. El sanedrín debía reunirse solamente en el lugar apartado para sus propósitos, y solamente eran válidas las reuniones llevadas a cabo en aquel lugar. Pero aquella reunión se realizó en la residencia del sumo sacerdote. En tercer lugar, el sanedrín tenía prohibido por ley llegar a un veredicto el mismo día en que se realizaba un juicio, y aquí el veredicto se produce inmediatamente al término de esta farsa de juicio.

RAY C. STEDMAN

Día 158

FALSA EVIDENCIA

MATEO 26:59 NVI

Los jefes de los sacerdotes y el Consejo en pleno buscaban alguna prueba falsa contra Jesús para poder condenarlo a muerte.

Aquello no fue un juicio, sino una farsa. No había intención alguna de darle a Jesús la oportunidad de declarar su inocencia en cuanto a las ideas que ellos habían inventado. Motivados por la envidia, ya habían decidido que Jesús debía morir...

Aquello no fue un juicio, sino un complot orquestado. Los líderes religiosos lo desarrollaron, y ordenaron a los oficiales que llevaran a cabo el arresto. Encontraron testigos falsos; llevaron a Cristo ante Pilato y movieron a la gente para que pidieran la liberación de un verdadero criminal: Barrabás. Ellos intimidaron a Pilato, se burlaron de Cristo, y caminaron con descaro hacia el Calvario, habiendo decidido en contra de Cristo sin antes haberse humillado a sí mismos para escuchar las palabras de Él y considerar de forma genuina sus poderosas afirmaciones...

Al leer los Evangelios, resulta claro que Jesús murió no como la víctima indefensa de las fuerzas del mal ni como resultado de algún decreto inflexible, sino porque se sometió libremente al plan del Padre. Él había venido para hacer la voluntad del Padre...

Aquí, en los acontecimientos diarios de la jurisprudencia romana, el evento principal de la Historia humana se estaba produciendo. A la vez que hombres y mujeres vagaban por su vacío estilo de vida, Dios estaba interviniendo en el acto de la redención.

ALISTAIR BEGG

DÍA 159

YO SOY

MATEO 26:63

Mas Jesús callaba. Entonces el sumo sacerdote le dijo: Te conjuro por el Dios viviente, que nos digas si eres tú el Cristo, el Hijo de Dios.

Isaías había profetizado: "Como oveja delante de sus trasquiladores, enmudeció, y no abrió su boca" (Isaías 53:7). Evidentemente, nuestro Señor comprendió que el testimonio contra Él era tan fragmentario, tan débil, que no requería una respuesta. Él no realizó

ningún esfuerzo para defenderse a sí mismo o para responder a las mentiras de los testigos, sino que permaneció en silencio. El sumo sacerdote quedó sorprendido por el silencio de Jesús, y por eso hizo algo totalmente ilegal: puso a Jesús bajo juramento para testificar contra sí mismo. Mateo dice que el sumo sacerdote le dijo: "Te conjuro por el Dios viviente" (Mateo 26:63). Ese era un juramento muy solemne. En respuesta a ellos, Jesús rompe su silencio y contesta la pregunta del sumo sacerdote: "¿Eres tú el Mesías, el Hijo de Dios?". Lo que el sacerdote estaba en realidad preguntando era: "¿Eres tú Aquel que el Antiguo Testamento predice que vendrá, el Mesías, el Prometido? ¿Eres tú el Hijo de Dios?". Esta es una pregunta directa, y el sumo sacerdote pone a Jesús bajo juramento para que la responda. Jesús responde de manera muy sencilla: "Yo soy".

RAY C. STEDMAN

DÍA 160

AFIRMACIONES INEQUÍVOCAS

MARCOS 14:61-62 NVI

Pero Jesús se quedó callado y no contestó nada. —¿Eres el Cristo, el Hijo del Bendito?—le preguntó de nuevo el sumo sacerdote. —Sí, yo soy—dijo Jesús—. Y ustedes verán al Hijo del Hombre sentado a la derecha del Todopoderoso, y viniendo en las nubes del cielo.

En un principio Jesús no respondía, por lo que los sumos sacerdotes lo pusieron bajo juramento. Estando bajo juramento, Jesús tenía que responder (y estoy muy contento de que lo hiciera). Respondió a la pregunta: "¿Eres tú el Cristo, el Hijo del Bendito?" diciendo: "Yo soy".

Un análisis del testimonio de Cristo muestra que Él afirmó ser (1) el Hijo del Bendito (Dios); (2) Aquel que se sentaría a la diestra del poder, y (3) el Hijo del Hombre que regresaría en las nubes del cielo. Cada una de las afirmaciones es claramente mesiánica, y el efecto acumulativo de las tres es significativo. El

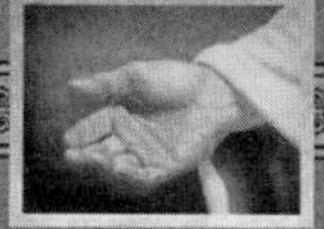

sanedrín —el tribunal de justicia judío— captó los tres puntos, y el sumo sacerdote respondió rasgando sus vestiduras y diciendo: "¿Qué más necesidad tenemos de testigos?". Finalmente, ellos lo habían escuchado por sí mismos. Él fue condenado por las palabras que salieron de su propia boca...

Está claro, entonces, que este es el testimonio que Jesús quería dar sobre sí mismo. También vemos que los judíos entendieron su respuesta como una afirmación de que Él era Dios.

JOSH McDOWELL

DÍA 161

SENTADO *a la* DIESTRA *del* PODER

MARCOS 14:61-62

Mas él callaba, y nada respondía. El sumo sacerdote le volvió a preguntar, y le dijo: ¿Eres tú el Cristo, el Hijo del Bendito? Y Jesús le dijo: Yo soy; y veréis al Hijo del Hombre sentado a la diestra del poder de Dios, y viniendo en las nubes del cielo.

¿Cómo puede alguien dudar de la presencia y la ayuda de Dios cuando ha experimentado varios peligros y ha sido salvado de ellos por una simple inclinación de la cabeza de Él, cuando ha pasado por el mar que el Salvador calmó y que proporcionó un firme sendero para la gente? Yo creo que ver milagros como esos realizados y perfeccionados por mandato de Dios es la base de la fe y de la confianza. Por lo tanto, aun en medio de las pruebas no hay razón para abandonar nuestra fe, pues tenemos una esperanza inconmovible en Dios. Cuando este hábito de la confianza está firmemente arraigado en el alma, Dios mismo morará en nuestros más profundos pensamientos; su poder no puede ser vencido. Por lo tanto, el alma en la cual Él mora no será vencida por los peligros que la rodeen; y vemos esta verdad demostrada en la propia victoria de Dios. Mientras que fue su intención bendecir a la humanidad, Él fue gravemente insultado por personas maliciosas

y malvadas. Sin embargo, Él pasó sufriendo su pasión pero no fue dañado, y ganó una gran victoria sobre el pecado y una corona eterna de triunfo. Por lo tanto, Él llevó a cabo su providencial propósito, amó a los justos y destruyó la crueldad de los malvados.

EUSEBIO

DÍA 162

UN GRAN SILENCIO

MARCOS 14:61-62

¿Eres tú el Cristo, el Hijo del Bendito?... Yo soy

Durante las ocupadas horas finales de su vida, Jesús no hizo ni dijo nada que pudiera en ninguna manera ser interpretado como una retirada o una disolución de las sorprendentes afirmaciones sobre el reinado y la deidad que Él había hecho. Aunque no invalidó la afirmación de que Él era Rey, se apresuró a dejar claro que su reino no era de este mundo, sino que era un reino espiritual (Juan 18:36). Tampoco negó que Él era "el Cristo, el Hijo del Bendito" (Marcos 14:61), sino que aceptó la atribución. A la luz de tal afirmación, es difícil comprender cómo los críticos hostiles pueden sugerir, como así hacen, que Él nunca reclamó la deidad para sí mismo. Él siempre habló y actuó de una manera completamente consistente con tal afirmación.

J. OSWALD SANDERS

DÍA 163

VEREDICTO UNÁNIME

MARCOS 14:63-65 NVI

¿Para qué necesitamos testigos?—dijo el sumo sacerdote, rasgándose las vestiduras—. ¡Ustedes han oído la blasfemia! ¿Qué les parece? Todos ellos lo condenaron como digno de muerte. Algunos comenzaron a escupirle; le vendaron los ojos y le daban

puñetazos. —¡Profetiza! —le gritaban.
Los guardias también le daban bofetadas.

Está más allá de nuestra comprensión cómo Dios, el mismo Dios, sobre la base de su propia admisión y directa declaración podría seguir siendo incriminado por parte de hombres toscos y groseros. En aquel horrendo la tierra se oscureció y los cielos retiraron su luz de hombres que eran unos asesinos redomados.

El veredicto del sanedrín fue unánime.

Él era culpable de muerte.

Él fue condenado a morir.

Ellos habían triunfado.

El caso estaba cerrado.

Para celebrarlo, ellos decidieron permitirse un horrible juego de terrible tortura. Allí estaban hombres que se suponía protegían los intereses de su pueblo abusando terriblemente de una persona inocente...

Aquellos hombres duros vendaron los ojos al Maestro... apalearon su cansado cuerpo; le escupieron en la cara hasta que su hedionda saliva descendió por sus enrojecidas mejillas; le insultaron, desafiándolo a que profetizara quién había sido el último en darle un punzante golpe. Ellos rajaron e hicieron pedazos su rostro hasta que se puso de color morado y se hinchó a causa de los terribles golpes.

W. PHILLIP KELLER

DÍA 164

TRAICIÓN de un INOCENTE

MATEO 27:4 NVI

—He pecado—les dijo—porque he entregado sangre inocente.
—¿Y eso a nosotros qué nos importa?—respondieron—. ¡Allá tú!

La presencia de Judas se menciona en cada uno de los

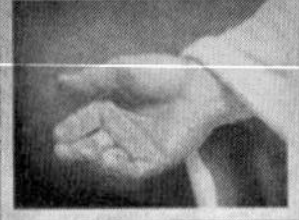

Evangelios. Su traición causó una profunda impresión en ellos. El llamativo grupo que acompañaba a Judas estaba formado por la banda de oficiales y hombres de la guardia del templo —o policía levítica—, fariseos, escribas, sumos sacerdotes, capitanes del templo y ancianos. Todos ellos llevaban luces, pues aunque la Pascua siempre se celebra cuando hay luna llena, en aquel momento de la noche la luna estaría casi poniéndose y el valle de Cedrón, en el cual estaba Getsemaní, estaría oscurecido por la sombra de la montaña que estaba al lado. Aquel que ha cambiado de opinión acerca del pasado está en camino a cambiar todas las cosas; aquel que se preocupa después de haberlo hecho puede que tenga poco o quizá nada más que un terror egoísta a las consecuencias de lo que ha hecho. Considerando la profecía que se había dicho con respecto al acto de Judas (Mateo 26:24), él tenía buenas razones para tener miedo a las consecuencias. Mientras que testifica de la inocencia de Jesús, no expresa ningún afecto por Él. Los fariseos no compartieron con Judas el deseo de deshacer lo que se había hecho.

J. W. MCGARVEY Y PHILLIP PENDLETON

DÍA 165

LLEVADO ANTE PILATO

MARCOS 15:1

Muy de mañana, habiendo tenido consejo los principales sacerdotes con los ancianos, con los escribas y con todo el concilio, llevaron a Jesús atado, y le entregaron a Pilato.

Un punto principal en la narrativa del Evangelio es la condenación de Cristo delante de Poncio Pilato, el gobernador de Judea, para enseñarnos que el castigo al que estábamos sujetos fue infligido sobre el Justo. Nosotros no podíamos escapar del terrible juicio de Dios; y Cristo, para rescatarnos de él, se sometió a ser condenado por un hombre mortal, no, por un hombre mal-

vado y profano. Porque el nombre de Gobernador se menciona no sólo para apoyar la credibilidad de la narrativa, sino para recordarnos lo que dice Isaías: "El castigo de nuestra paz fue sobre él" y "por su llaga fuimos nosotros curados" (Isaías 53:5). Porque, para poder quitar nuestra condenación, no era suficiente con soportar cualquier tipo de muerte; para satisfacer nuestro rescate, era necesario elegir un modo de muerte del cual Él pudiera liberarnos, tanto por entregarse a sí mismo a la condenación como por llevar sobre Él nuestra expiación. Si Él hubiera sufrido un asesinato o le hubieran matado en un tumulto por sedición, no podría haber habido ningún tipo de satisfacción en una muerte así. Pero cuando Él es situado en el banquillo como criminal, cuando los testigos son llamados para dar evidencia en su contra, y la boca del juez lo condena a muerte, le vemos soportando el carácter de un ofensor y malhechor.

JUAN CALVINO

DÍA 166

TRATADO VERGONZOSAMENTE

MARCOS 15:3

Y los principales sacerdotes le acusaban mucho.

Cristo le dio a Pilato una respuesta directa, pero no respondía a los testigos porque las cosas que ellos alegaban se sabía que eran falsas, e incluso Pilato mismo se convenció de que así era. Pilato creyó que podría apelar a la gente en lugar de a los sacerdotes, y que la gente liberaría a Jesús de manos de los sacerdotes; pero los sacerdotes incitaron más y más a la gente, y clamaron: ¡Crucifícale! ¡Crucifícale! Juzguemos a las personas y a las cosas por sus méritos y por las normas de la Palabra de Dios, y no por lo que diga la gente. La idea de que nunca nadie fue tratado de manera tan vergonzosa como lo fue la Única persona perfectamente sabia, santa y excelente que ha habido nunca sobre la tierra, conduce a la mente sensata

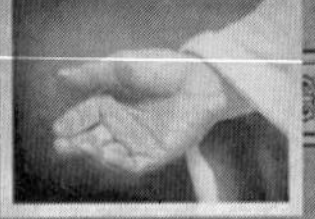

hacia unas fuertes convicciones sobre la maldad del hombre y la enemistad hacia Dios. Aborrezcamos más y más las disposiciones malvadas, las cuales marcan la conducta de esos perseguidores.

MATTHEW HENRY

DÍA 167

PREOCUPACIÓN DE PILATO

JUAN 18:37 NVI

—¡Así que eres rey—le dijo Pilato. —Eres tú quien dice que yo soy rey. Yo para esto nací, y para esto vine al mundo: para dar testimonio de la verdad. Todo el que está de parte de la verdad, escucha mi voz.

Los líderes judíos acusaron a Jesús de tres delitos: afirmaron que Él era culpable de corromper a la nación, de prohibir el pago de tributos y de afirmar ser un rey (Lucas 23:2). Todos ellos eran cargos políticos, del tipo de los que un gobernador romano podría ocuparse. Pilato se centró en el tercer cargo —que Jesús afirmaba ser un rey— porque eso era una indudable amenaza para Roma. Si Pilato pudiera tratar de manera apropiada a ese "revolucionario", agradaría a los judíos e impresionaría al emperador romano al mismo tiempo.

Le dijo entonces Pilato: ¿Luego, eres tú rey? Respondió Jesús: Tú dices que yo soy rey". Sin embargo, Jesús entonces le hizo una pregunta a Pilato sobre su pregunta (Juan 18:34-37). ¿Estaba Pilato pensando en el "reinado" en el sentido romano? Si era así, entonces Jesús no es esa clase de rey; Jesús le explicó al gobernador que su reino no era de este mundo, que Él no tenía ejércitos, y que sus seguidores no luchaban. En cambio, su reino era un reino de verdad.

Esa conversación convenció a Pilato de que Jesús no era un revolucionario peligroso. La respuesta de Pilato fue: "No hallo en él ningún delito".

WARREN W. WIERSBE

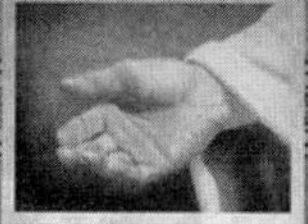

JUICIO ANTE HERODES

LUCAS 23: 8-9

Herodes, viendo a Jesús, se alegró mucho, porque hacía tiempo que deseaba verle; porque había oído muchas cosas acerca de él, y esperaba verle hacer alguna señal. Y le hacía muchas preguntas, pero él nada respondió.

Ante Herodes, a quien Jesús había llamado "esa zorra" (Lucas 13:32), Jesús mantuvo un silencio igualmente grandilocuente. El disoluto rey dio la bienvenida a la diversión creada por la llegada de Jesús, pues él había deseado por mucho tiempo ver a aquel hombre del cual había escuchado tanto que realizaba milagros. Herodes "le hacía muchas preguntas, *pero él nada respondió*" (Lucas 23:9). La locuacidad de Herodes —"muchas palabras"— se encontraron solamente con un silencio calmado e impresionante que fue muy desconcertante para el rey y los principales sacerdotes y escribas que lo acusaban ruidosamente.

Jesús había aconsejado a sus discípulos que no desperdiciaran sus perlas de verdad con aquellos que no las apreciarían (Mateo 7:6), y Él estaba practicando su propio precepto. Herodes simplemente buscaba entretenimiento, y Jesús se negó a gratificar su vulgar deseo. Un silencio tal ante la perspectiva de cierta muerte fue el sello de su fortaleza interior.

J. OSWALD SANDERS

Día 169

UN REINO QUE NO ES DE ESTE MUNDO

JUAN 18:36 NVI

Mi reino no es de este mundo—contestó Jesús—.
Si lo fuera, mis propios guardias pelearían
para impedir que los judíos me arrestaran.
Pero mi reino no es de este mundo.

El reino de Jesús era de una naturaleza tal que no se obtenía mediante la fuerza o el poder militar, y su gobierno no es ni terrenal ni político. Si la Historia ha demostrado algo es que la extensión del Evangelio mediante la espada o la coacción no ha hecho otra cosa sino tergiversar el mensaje y desprestigiar el Evangelio.

Con toda certeza, Jesús no estaba hablando aquí acerca del pacifismo o de la guerra; Él estaba estableciendo una clara diferencia entre la manera en que su reino crece y la manera en que las naciones de la tierra establecen el control. Él estaba estableciendo un punto importante ante un abogado con motivos políticos. Su reino no puede ser establecido, y no lo será, mediante la fuerza o la amenaza. Este hecho por sí solo habría dado a Pilato razones suficientes para ir más allá de la superficie de lo que estaba ocurriendo; en realidad eran las naciones de este mundo las que estaban en el banquillo de los testigos, y era Dios quien estaba juzgando. Pilato debería haber sabido de inmediato que no había ningún Cesar delante de él; era alguien que tenía una clase de autoridad drásticamente diferente.

RAVI ZACHARIAS

Día 170

¿QUÉ ES LA VERDAD?

JUAN 18:38

Le dijo Pilato: ¿Qué es la verdad? Y cuando hubo dicho esto, salió otra vez a los judíos, y les dijo: Yo no hallo en él ningún delito.

"¿Qué es la verdad?". Entre los sabios de aquel tiempo había varias opiniones acerca de la verdad; y algunos aun habían llegado a suponer que era algo completamente fuera del alcance de los hombres. Quizá Pilato podría haber hecho la pregunta de manera burlona; y el hecho de que no se quedara para obtener una respuesta indica que él o bien había perdido la esperanza de obtener una respuesta satisfactoria o que le era indiferente. Este es el caso de miles de personas: parecen estar deseosas de conocer la verdad, pero no tienen paciencia para esperar de manera adecuada para recibir una respuesta a su pregunta.

Habiendo hecho la pregunta mencionada y estando convencido de la inocencia de nuestro Señor, él salió a los judíos para testificar de sus convicciones y para ponerlo en libertad, si fuera posible, fuera del alcance de sus manos.

ADAM CLARKE

Día 171

TODO o NADA

MARCOS 14:61-62

Mas él callaba, y nada respondía. El sumo sacerdote le volvió a preguntar, y le dijo: ¿Eres tú el Cristo, el Hijo del Bendito? Y Jesús le dijo: Yo soy; y veréis al Hijo del Hombre sentado a la diestra del poder de Dios, y viniendo en las nubes del cielo.

Una vez enfrentado a la asombrosa proposición de que Él es

Dios, yo estaba arrinconado, con todas las avenidas de retirada bloqueadas, sin volver a caer en ese cómodo terreno neutral en el que Jesús es un gran maestro de moral. Si Él no es Dios, no es nada, y menos un gran maestro de moral; pues lo que Él enseñó incluye la afirmación de que ciertamente Él es Dios. Y si no lo es, esa sola afirmación tendría que calificarse como la más monstruosa de todos los tiempos, quitándole de inmediato cualquier posible plataforma moral.

Yo vi que no podía situarlo sobre una plataforma ligeramente más baja porque es más fácil hacer eso, y es menos problemático para mi intelecto, menos exigente para mi fe, menos desafiante para mi vida. Eso sería sustituir mi mente por la suya, utilizar el cristianismo donde me ayudara a apoyar *mis propias* ideas, pasándolo por alto donde no lo hiciera...

Jesús dijo: Tómalo, o todo o nada. Si yo iba a creer en Dios de alguna manera, tenía que tomarlo tal como Él se revela a sí mismo, y no como a mí me gustaría que Él fuera.

CHARLES W. COLSON

DÍA 172

NOBLE SILENCIO

MATEO 27:14 NVI

Pero Jesús no respondió ni a una sola acusación,
por lo que el gobernador se llenó de asombro.

Fue una sorpresa, aun para la gente normal y corriente, que alguien que era acusado y atacado por el falso testimonio se negara a protegerse a sí mismo. Él era capaz de defenderse a sí mismo y demostrar que no era culpable de ninguno de los supuestos cargos; podría haber enumerado la lista de las obras dignas de elogio de su propia vida y sus milagros realizados por el poder divino para hacer que el juez dictara una sentencia más honorable respecto a Él. Pero, por la nobleza de su naturaleza, Él condenó a

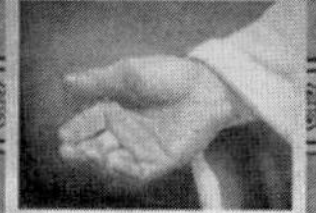

sus acusadores. Sin duda alguna, el juez le habría puesto en libertad si Él se hubiera defendido, y eso queda claro en la afirmación: "¿A quién queréis que os suelte: a Barrabás, o a Jesús, llamado el Cristo?"; y por lo que añade la Escritura: "Porque sabía que por envidia le habían entregado". Jesús, sin embargo, es continuamente atacado por falsos testigos, y mientras que la maldad continúe en el mundo, está continuamente expuesto a la acusación. Aun así, e incluso ahora, Él sigue en silencio en presencia de estas cosas y no da una respuesta audible; en cambio, pone su defensa en las vidas de sus genuinos discípulos. Ellos son un destacado testimonio, superior a todos los testigos falsos, que refuta y derroca todas las infundadas acusaciones y cargos.

ORÍGENES

DÍA 173

SIN NECESIDAD DE DEFENSA

MATEO 27:14 NVI

Pero Jesús no respondió ni a una sola acusación, por lo que el gobernador se llenó de asombro.

Pilato se enojó porque Jesús no decía nada en su propia defensa; ya había visto la suficiente sabiduría de nuestro Señor para estar seguro de que para Él sería asunto fácil poner al descubierto lo maliciosamente vacíos que estaban esos cargos: cargos que Pilato mismo sabía que eran falsos, pero sobre los que tenía que mantenerse en silencio porque, siendo juez, no podía convertirse en el abogado de nuestro Señor. El silencio de nuestro Señor era un asunto de profecía (Isaías 53:7). Jesús se mantuvo en silencio porque haberse defendido a sí mismo con éxito habría significado frustrar el propósito para el cual vino a este mundo.

J. W. MCGARVEY Y PHILIP Y. PENDLETON

Día 174

CARGOS, MUCHOS – DEFENSA, NINGUNA

MARCOS 15:5 NVI

Pero Jesús ni aun con eso contestó nada,
de modo que Pilato se quedó asombrado.

Todo el concilio, el cual, en esta ocasión extraordinaria fue convocado; el resultado fue atar a Jesús y llevarlo ante el emperador romano para que él lo llevase a la muerte, como una persona sediciosa y un enemigo del Cesar, y lo hicieron así en consecuencia. Los cargos eran muchos, y muy atroces, y Pilato consideró que eran lo bastante graves para que hubiera una defensa propia; pero Jesús no respondía nada: Él seguía en silencio y no se defendía a sí mismo, aunque el gobernador estaba dispuesto a darle oportunidad de defenderse. ¿Cuál sería el significado de su silencio, cuando Él era totalmente capaz de defenderse a sí mismo, y era tan inocente? Los cargos que se le imputaban eran de una naturaleza muy grave, y por parte de las figuras más grandes de la nación; por eso su silencio le expuso a un peligro mayor.

JOHN GILL

Día 175

NO HALLO EN ÉL NINGÚN DELITO

LUCAS 23:14

Les dijo: Me habéis presentado a éste como un hombre que perturba al pueblo; pero habiéndole interrogado yo delante de vosotros, no he hallado en este hombre delito alguno de aquellos de que le acusáis.

Pilato comprendió bien la diferencia entre los ejércitos armados y los seguidores de nuestro Señor, pero en lugar de ablan-

darse por la declaración de inocencia de Pilato, y considerando si no estarían ellos echando sobre sus propias cabezas la culpabilidad de sangre inocente, los judíos se enojaron aún más. El Señor lleva sus planes a un glorioso final, incluso por medio de aquellos que siguen las maquinaciones de sus propios corazones. El temor al hombre lleva a muchos a esta trampa, para llevar a cabo alguna injusticia —en contra de sus propias conciencias— y así evitar meterse en problemas. Pilato declara inocente a Jesús, y en su mente está la idea de ponerlo en libertad; sin embargo, para agradar al pueblo, va a castigarlo como a un malhechor. Si no se halla ningún delito en Él, ¿por qué castigarlo? Pilato cedió, y no tuvo la valentía de ir contra una corriente tan fuerte. Él dio a Jesús para ser crucificado, según el deseo de ellos.

MATTHEW HENRY

DÍA 176

LAVARSE LAS MANOS *de* JESÚS

MATEO 27:24 NVI

Cuando Pilato vio que no conseguía nada, sino
que más bien se estaba formando un tumulto,
pidió agua y se lavó las manos delante de la gente.
—Soy inocente de la sangre de este hombre—dijo—. ¡Allá ustedes!

En esta historia de Viernes Santo las mejores cosas del mundo están en su peor estado; esto es lo que en realidad nos muestra al mundo en su peor estado... En el relámpago de este incidente vemos a la gran Roma, la república imperial, cayendo hacia su funesto destino bajo Lucrecio. El escepticismo se ha tragado aun la confiada sensatez de los conquistadores del mundo. Aquel que está en el trono para decir lo que es la justicia solamente puede preguntar: "¿Qué es la verdad?". Por tanto, en este drama, el cual decidió el destino del mundo antiguo, una de las figuras centrales está fija en lo que parece ser lo contrario de su verdadero papel.

Roma era casi otro nombre para expresar la responsabilidad. El hombre no podía hacer más. Aun lo práctico se había convertido en impracticable. Situado entre los pilares de su propio sillón de juez, un romano se había lavado las manos del mundo.

G. K. CHESTERTON

DÍA 177

PILATO LES ENTREGÓ A JESÚS

JUAN 19:16

Así que entonces lo entregó a ellos para que fuese crucificado.

Finalmente, Pilato lo entregó para ser crucificado.

En muchos sentidos Pilato es un personaje digno de lástima, porque vivió con temor por todas partes. Temía al Cesar, por si tal vez daba la impresión de no estar tratando con alguien que era una amenaza para Roma. Temía las implicaciones de lo que estaba haciendo, porque su esposa le había advertido que ella había tenido un sueño acerca de Jesús y que él no debería tener parte en el castigo de ese hombre inocente. Temía a Jesús mismo, no estando totalmente seguro de quién era Él.

Pilato bien pudiera ser el ejemplo quintaesencial de lo que ha llegado a significar la política. Él sabía lo que era correcto pero sucumbió ante la seducción de su posición. En las pruebas más severas de los motivos de la vida hay un político dentro de cada uno de nosotros. Aunque Pilato ignoraba el papel que estaba jugando, los sacerdotes justificaron su atroz obra citando las Escrituras en apoyo de su causa. El propósito divino, las maniobras políticas y el fervor religioso se funden en el plan de la redención.

RAVI ZACHARIAS

CRISTO, NUESTRO INTERCESOR

ISAÍAS 53:12

Por tanto, yo le daré parte con los grandes, y con los fuertes repartirá despojos; por cuanto derramó su vida hasta la muerte, y fue contado con los pecadores, habiendo él llevado el pecado de muchos, y orado por los transgresores.

Cuando leemos que Cristo fue llevado del trono de juicio a la ejecución y fue crucificado entre ladrones, tenemos el cumplimiento de la profecía que es citada por el evangelista: "Y fue contado con los inicuos" (Isaías 53:12; Marcos 15:28). Cuando leemos que fue absuelto por los mismos labios que lo condenaron (porque Pilato fue obligado una y otra vez a dar testimonio público de su inocencia), recordemos lo que dice otro profeta: "¿Y he de pagar lo que no robé?" (Salmo 69:4). De esta manera, percibimos a Cristo representando el papel de pecador y de delincuente mientras que, al mismo tiempo, su inocencia brilla y se hace manifiesto que sufre por el delito de otro y no por su propio delito.

JUAN CALVINO

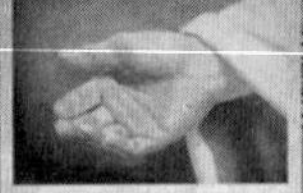

JESÚS ES NEGADO *por* PEDRO

Y prendiéndole, le llevaron, y le condujeron a casa del sumo sacerdote. Y Pedro le seguía de lejos.
LUCAS 22:54

Primero llegó el alboroto en el huerto en la oscuridad, los golpes y arañazos con las ramas que no se veían, con temor en la persecución. Después llegaron las entrecortadas sombras de la turba de vuelta a la ciudad y la vergonzosa escabullida en los alrededores de la residencia del sumo sacerdote hasta que el rostro familiar de Juan los miró a Él y a Pedro por la puerta. Como siempre, Pedro no tenía ningún plan; actuaba por puro impulso. Pero la puerta que se abrió para dejarlo entrar le hizo caer en una trampa.

Miradas curiosas y preguntas no expresadas amenazaban con destruir su anonimato. Entonces una muchacha desenmascaró al torpe pescador al reconocerlo como compañero de Jesús. La sorpresa de ser descubierto activó sus tendencias impetuosas, y Pedro mintió; después volvió a mentir, y luego mintió con carácter. A la vez que la maldita negación se escapó de sus labios, un gallo contradijo sus afirmaciones.

Al reflexionar en los siguientes comentarios acerca de la negación de Pedro, considere cuántas veces usted comienza un nuevo día con el peso de las palabras y actos mal escogidos del día anterior.

DÍA 179

LA VOLUNTAD de OBEDECER

MATEO 26:33
Respondiendo Pedro, le dijo: Aunque todos se escandalicen de ti, yo nunca me escandalizaré.

Quienes quieren obedecer a Dios, pero no pueden, ya poseen

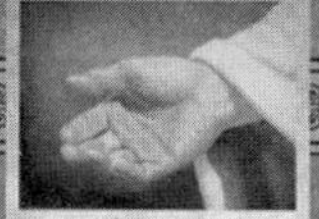

una buena voluntad, aunque sea pequeña y débil; pero son capaces de obedecer cuando obtienen una voluntad fuerte y robusta. Cuando los mártires obedecían los mandamientos, actuaban por medio de una gran voluntad; es decir, de un gran amor. El Señor habla de ese gran amor: “Nadie tiene mayor amor que éste, que uno ponga su vida por sus amigos”... El apóstol Pedro no poseía ese amor cuando negó con temor al Señor tres veces... Aun cuando el amor de Pedro era pequeño e imperfecto, seguía estando presente cuando le dijo al Señor: “Mi vida pondré por ti” (Juan 13:37). Pedro creía que podría llevar a cabo lo que sentía que estaba dispuesto a hacer por sí mismo...

Sin embargo, Dios obra en nosotros de manera que podamos tener la voluntad de obedecer. Una vez que tengamos esa voluntad, Dios obra con nosotros para perfeccionarnos. El apóstol Pablo dice: “Estando persuadido de esto, que el que comenzó en vosotros la buena obra, la perfeccionará hasta el día de Jesucristo”.

AGUSTÍN

DÍA 180

MANTENIENDO LA DISTANCIA

LUCAS 22:54

Y Pedro le seguía de lejos.

Comenzó mirando de reojo. Él siguió a Cristo cuando se lo llevaron preso; eso fue bien, y demostró una preocupación por su Maestro. Pero le seguía de lejos para poder mantenerse fuera de peligro. Pedro pensó en equilibrar la cuestión: seguir a Cristo y así satisfacer su conciencia, pero seguirlo de lejos y así salvar su reputación, y dormir con su pellejo a salvo. Siguió manteniendo la distancia en silencio, asociándose luego con los siervos del sumo sacerdote, cuando debería haber estado al lado de su Maestro. Su caída misma estaba descartando todo conocimiento

de Cristo y relación con Él, deshonrándolo porque ahora él se encontraba en angustia y peligro.

MATTHEW HENRY

DÍA 181

DISPUESTO A SER CONOCIDO

MATEO 26:58

Mas Pedro le seguía de lejos hasta el patio del sumo sacerdote; y entrando, se sentó con los alguaciles para ver el fin.

Pero Pedro le seguía de lejos, entró allí, con un ojo en la historia siguiente sobre su negación. Se olvidó de Él, al igual que hicieron los demás, cuando fue apresado, y lo que aquí se dice acerca de la forma en que lo siguió concuerda fácilmente con que se olvidara de Él, pues seguirlo de esa manera no era mejor que olvidarse de Él, porque lo seguía de lejos. Había en su pecho algunas chispas de amor y preocupación por su Maestro, pero el temor y la preocupación por su propia seguridad prevalecieron y, por tanto, lo seguía de lejos. Está mal, y no promete nada bueno, cuando quienes están dispuestos a ser discípulos de Cristo no lo están a ser conocidos por ello. En este punto comenzó la negación de Pedro, porque seguirlo de lejos es alejarse de Él poco a poco. Hay peligro en quedarse atrás.

MATTHEW HENRY

DÍA 182

SIN COMPROMISO

JUAN 18:25-26

Estaba, pues, Pedro en pie, calentándose. Y le dijeron: ¿No eres tú de sus discípulos? Él negó, y dijo: No lo soy. Uno de los siervos del sumo sacerdote, pariente de aquel a quien Pedro había cortado la oreja, le dijo: ¿No te vi yo en el huerto con él?

¡Increíble, el letargo con que fue poseído aquel hombre temperamental y furioso cuando se llevaban a Jesús! Después de que ocurrieron aquellas cosas, él no se mueve, sino que sigue advirtiéndose a sí mismo, para que podamos aprender lo grande que es la debilidad de nuestra naturaleza si Dios nos abandona. Y siendo cuestionado, vuelve a negar.

Tampoco el huerto le hizo recordar lo que había sucedido, ni el gran afecto que Jesús había demostrado con aquellas palabras, sino que todas esas cosas se desvanecieron de su mente debido a la presión de la ansiedad. ¿Pero por qué todos los evangelistas han escrito a una acerca de él? No como acusando al discípulo, sino con el deseo de enseñarnos la gran maldad que supone no entregarle todo a Dios y confiar en nosotros mismos. Pero admire el tierno cuidado de su Maestro, quien —aún estando atado y prisionero— se cuidó mucho de su discípulo, levantando con su mirada a Pedro cuando estaba caído, y lanzándolo a un mar de lágrimas.

CRISÓSTOMO

DÍA 183

TRES VECES

JUAN 18:27 NVI

Pedro volvió a negarlo.

En primer lugar, fueron las autoridades del templo mismas quienes no se cuidaron de su fuerte recordatorio de que la religión verdadera era la del corazón. Ellos habían puesto la ley escrita por un lado, apartándola de la ley grabada en el corazón, e iban a usar la ley para matarlo, para crucificar al *Ágape.*

Unos días después, los discípulos eran incapaces de permanecer despiertos y cuidar de Él cuando más los necesitaba; lo dejaron solo, se ausentaron. Entonces fue Judas quien se atrevió a traicionar a Jesús con un beso, utilizando un símbolo de amistad con el que traicionar su amor, y *phileo* se convirtió en algo ordinario.

Finalmente, estaba Pedro, quien cuando fue desafiado, negó siquiera conocerlo. Aquel era el mismo hombre que había presumido de que los demás podrían traicionar a Jesús, pero él no. Su negación ocurrió tres veces. Los tres amores demandados en aquel momento estaban completamente ausentes del discípulo en el cual Jesús había derramado tanto...

De todos los discípulos que huyeron y se tambalearon, Pedro estaba al frente. Sin embargo, fue a él a quien Jesús dirigió ese llamado pastoral: "Alimenta mis ovejas".

RAVI ZACHARIAS

DÍA 184

¿VALENTÍA O BRAVATAS?

MARCOS 14:70 NVI

Él lo volvió a negar. Poco después, los que estaban allí le dijeron a Pedro: —Seguro que tú eres uno de ellos, pues eres galileo.

Todos estamos familiarizados con la manera en que las bravatas de Pedro le habían hecho prometer que él nunca negaría al Señor. En el huerto de Getsemaní, fue Pedro quien sacó su espada en un intento de defender a Jesús, pero ahora su determinación a mostrarse fiel a Cristo le ha llevado hasta el patio mismo del sumo sacerdote, donde se calienta las manos al lado del fuego junto con los mismos alguaciles que habían arrestado a Jesús y lo habían llevado allí. Aquello fue algo muy valiente; estaba corriendo un terrible peligro. Yo creo que fue el orgullo del corazón de Pedro lo que le llevó hasta ese punto. Él estaba decidido a no defraudar al Señor, decidido a demostrar que Jesús se equivocaba cuando dijo que él lo negaría. Pero ahora que él está en medio de los enemigos de Jesús, los temores comienzan a poseer su corazón, y las bravatas se desvanecen: su valentía se esfuma.

RAY C. STEDMAN

Día 185

UNA MIRADA

LUCAS 22:60

Y Pedro dijo: Hombre, no sé lo que dices.
Y en seguida, mientras él todavía hablaba, el gallo cantó.

Cristo miró a Pedro, sin dudar que Pedro pronto se daría cuenta de ello; porque Él sabía que aunque Pedro le había negado con sus labios, sin embargo sus ojos le seguirían mirando. Aunque Pedro ahora era culpable de un grave delito, Cristo no iba a llamarlo, pues de esa manera lo habría avergonzado o dejado al descubierto; Él sólo le lanzó una mirada, de la cual nadie excepto Pedro comprendería el significado, y esa mirada quería decir mucho. Fue una mirada significativa; significaba la expresión de la gracia hacia el corazón de Pedro, para capacitarlo para el arrepentimiento. El canto del gallo no lo habría llevado al arrepentimiento sin aquella mirada, ni tampoco los medios externos sin una gracia especial y eficaz. Junto con aquella mirada había poder, para cambiar el corazón de Pedro y hacer que volviera en sí, que recapacitara.

MATTHEW HENRY

Día 186

QUE ÉL NOS MIRE

LUCAS 22:61

Entonces, vuelto el Señor, miró a Pedro.

Cuando mis descuidadas manos caigan,
Oh, déjame ver tu gesto,
Y sentir tus ojos de advertencia;
Y comenzar a clamar desde el borde de la ruina:

Sálvame, Jesús, o caigo, o me hundo,
¡oh, sálvame, o muero!

Si cerca del precipicio me desvío,
Antes de caer por completo,
¡Que se apresure la convicción!
Vuelve a llamarme con esa mirada de lástima,
Esa mirada de reprensión que quebrantó
El corazón del infiel Pedro.

Muéstrame tu gran misericordia,
Y hazme como tú,
Irreprochable en la gracia,
Listo y preparado, y equipado aquí,
Mediante la perfecta santidad, para aparecer
Delante de tu glorioso rostro.

CHARLES WESLEY

DÍA 187

AMARGAS LÁGRIMAS

LUCAS 22:61

Entonces, vuelto el Señor, miró a Pedro; y Pedro se acordó de la palabra del Señor, que le había dicho: Antes que el gallo cante, me negarás tres veces. Y Pedro, saliendo fuera, lloró amargamente.

Aquella fue la encrucijada en la historia de Pedro. Cristo le había dicho: "Tú no puedes seguirme ahora". Pedro no se encontraba en el estado adecuado para seguir a Cristo, porque aún no había sido llevado hasta el límite de sí mismo; él no se conocía a sí mismo y, por lo tanto, no podía seguir a Cristo. Pero cuando salió y lloró amargamente, entonces se produjo el gran cambio. Cristo le había dicho con anterioridad: "Cuando te hayas convertido, fortalece a mis hermanos". Aquí llega el punto en que Pedro

fue convertido de sí mismo a Cristo.

Yo doy gracias a Dios por la historia de Pedro. No conozco a ningún hombre en la Biblia que nos proporcione un mayor consuelo. Cuando vemos su carácter, tan lleno de fracasos, y lo que Cristo hizo de él mediante el poder del Espíritu Santo, hay esperanza para cada uno de nosotros. Pero recordemos que antes de que Cristo pudiera llenar a Pedro con el Espíritu Santo y hacer de él un hombre nuevo, él tuvo que salir y llorar amargamente; tuvo que ser humillado.

ANDREW MURRAY

DÍA 188

CUANDO NOS TRAGAMOS LAS PALABRAS

LUCAS 22:61

Entonces, vuelto el Señor, miró a Pedro.

Nosotros, al igual que Pedro, recordamos nuestra arrogante promesa: "Aunque todos los demás te abandonen, yo no". Nos tragamos nuestras palabras junto con las hierbas amargas del arrepentimiento. Cuando pensamos en todo lo que hemos prometido que seríamos, y lo que hemos llegado a ser, puede que derramemos muchas lágrimas de dolor. ¿Podremos, cuando se nos recuerden nuestros pecados y su gran pecaminosidad, seguir siendo obstinados y tercos? El Señor siguió la voz de advertencia del gallo con una mirada admonitoria de tristeza, lástima y amor. Aquella mirada nunca se borró de la mente de Pedro mientras vivió, y fue más eficaz de lo que lo hubieran sido diez mil sermones. Es seguro que el apóstol penitente lloraría al recordar el pleno perdón del Salvador, el cual lo restauró a su posición anterior. Pensar en que hayamos ofendido a un Señor tan tierno y bueno es razón más que suficiente para que lloremos constantemente. Señor, desmenuza nuestros corazones de piedra, y haz que las aguas fluyan.

CHARLES HADDON SPURGEON

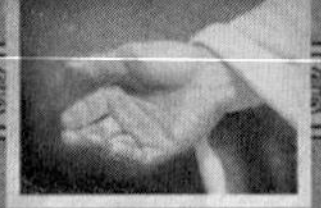

Día 189

LO QUE ÉL SABE

LUCAS 22:61

Entonces, vuelto el Señor, miró a Pedro; y Pedro se acordó de la palabra del Señor, que le había dicho: Antes que el gallo cante, me negarás tres veces.

El Señor se volvió y lo miró. Cristo aquí es llamado el Señor, porque había mucho de conocimiento, poder y gracia divinos en esa situación. Aunque Cristo en ese momento estaba de espaldas a Pedro y a punto de ser juzgado (cuando, podríamos pensar, tenía otra cosa en mente), sin embargo Él sabía todo lo que Pedro había dicho.

Cristo está más al tanto de lo que nosotros decimos y hacemos de lo que nosotros pensamos. Cuando Pedro deshonró a Cristo, sin embargo Cristo no lo deshonró a él, aunque podría con toda justicia haberlo apartado y nunca más haberle vuelto a mirar, sino haberle negado delante de su Padre. Para nosotros es bueno que Cristo no trate con nosotros de la misma forma en que nosotros tratamos con Él.

MATTHEW HENRY

Día 190

CON LÁGRIMAS

LUCAS 22:62

Y Pedro, saliendo fuera, lloró amargamente.

La negación de Pedro comenzó manteniéndose a distancia de Él. Quienes son tímidos de piedad están lejos en el camino de la negación de Cristo. Quienes piensan que es peligroso estar en compañía de los discípulos de Cristo porque por eso puede que

sean arrastrados a sufrir para Él, descubrirán que es mucho más peligroso estar en compañía de sus enemigos, porque puede que sean atraídos a pecar contra Él. Cuando Cristo era admirado y multitudes le seguían, Pedro estaba presto a aceptar su relación con Él, pero ahora no quería admitirla, cuando Él había sido abandonado y rechazado. Sin embargo, observemos que el arrepentimiento de Pedro fue muy rápido. Que aquel que piense estar firme, mire que no caiga; y que aquel que ha caído piense en estas cosas, y en sus propias ofensas, y regrese al Señor con lágrimas y súplicas, buscando perdón, y sea levantado por el Espíritu Santo.

MATTHEW HENRY

Jesús es torturado y humillado

Los soldados llevaron a Jesús al interior del palacio (es decir, al pretorio) y reunieron a toda la tropa. Le pusieron un manto de color púrpura; luego trenzaron una corona de espinas, y se la colocaron.

MARCOS 15:16-17 NVI

El camino que estaba delante de Jesús entre el atrio de Pilato y la cruz ha sido llamado tradicionalmente "la vía dolorosa", aunque esa expresión se queda corta. Una sarta de sufrimientos extrajo de Cristo un terrible precio mucho tiempo antes de que comenzaran las agonías de la cruz. Los soldados le azotaron y se burlaron de Él, poniéndole una corona de espinas; obligaron a Jesús a llevar la cruz y luego le humillaron demandando a un extraño que la llevara en su lugar. Él escuchó a mujeres que lloraban por Él y con tristeza comprendió que ellas no entendían lo que les esperaba. Las personas experimentan dolor de muchas maneras, y Jesús conocía todas ellas.

Los suspiros y los sonidos de las últimas horas de Jesús nos resultan repulsivos. Enfrentados ante los horribles actos que los humanos comenten los unos contra los otros, nos sentimos enfermos. La idea de que Dios se sometiera a tales maltratos de manos de criaturas que Él creó nos sorprende. Pero cuando comprendemos que Dios soportó ese sufrimiento por nosotros, llegamos a un momento de crisis. O aceptamos el hecho de que nuestros pecados requieren una dolorosa solución, o decidimos tomar a la ligera la cruz de Cristo. En las páginas que siguen, tendrá usted una vislumbre de las profundidades hasta las que Dios llegó por amor a usted.

¿QUÉ CORONA LLEVARÁ USTED?

MATEO 27:28-29 NVI

Le quitaron la ropa y le pusieron un manto de color escarlata. Luego trenzaron una corona de espinas y se la colocaron en la cabeza, y en la mano derecha le pusieron una caña. Arrodillándose delante de él, se burlaban diciendo: —¡Salve, Rey de los judíos!

¿A qué clase de adornamiento se sometió Cristo... por la humanidad? Una guirnalda hecha de espinas: un símbolo de nuestros pecados, producidos por la tierra de la carne. Sin embargo, el poder de la cruz quitó esas espinas, arrancando con contundencia cada aguijón de la muerte en la cabeza del Señor. Sí, aun más allá de este símbolo, el desprecio, la vergüenza, la angustia y la crueldad feroz desfiguraron y laceraron las sienes del Señor. Eso fue así para que ahora usted pueda ser coronado con laurel, mirto, olivo, y cualquier otra planta famosa —también con rosas—, y ambos tipos de lirios, violetas de todas clases, y quizá oro y piedras preciosas: guirnaldas que rivalizarían aun con la corona que Cristo obtuvo después... El Padre primero le hizo un poco menor que los ángeles durante un tiempo, y después lo coronó de gloria y honra. Si usted le debe a Él su propia cabeza por estas cosas, páguele si puede; Él presentó la suya por la de usted. De otra manera, no sea coronado de flores en absoluto; si no puede ser usted coronado con espinas, puede que nunca sea coronado con flores.

TERTULIANO

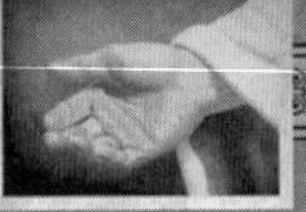

OH, SAGRADA CABEZA, AHORA HERIDA

MARCOS 15:17

Y le vistieron de púrpura, y poniéndole una corona de espinas.

Oh, sagrada cabeza, ahora herida,
Pesada de dolor y vergüenza,
Ahora de desprecio rodeada
De espinas, tu única corona:
Oh, sagrada cabeza, qué gloria, qué dicha era tuya hasta ahora;
Sin embargo, aunque despreciada y ensangrentada, es mi gozo llamarla mía.

Lo que tú, mi Señor, has sufrido,
Fue todo para ganancia de los pecadores;
Mía, mía fue la transgresión,
Pero tuyo el mortal dolor.
¡Mira, aquí me postro, mi Salvador! Pues tu lugar yo merezco;
Mírame con tu favor, y concédeme tu gracia.

¿Qué idioma emplearé para darte las gracias,
Mi querido amigo,
Por esa mortal tristeza y agonía sin fin?
Oh, hazme tuyo para siempre; y si desmayo,
Señor, que nunca, nunca dure más tiempo que mi amor por ti.

BERNARD DE CLARVAUX

Día 193

¿LAS ESPINAS DE QUIÉN?

MARCOS 15:17

Y le vistieron de púrpura, y poniéndole una corona de espinas.

Toda buena obra que hacemos a nuestro prójimo se anota en el Evangelio, el cual está escrito en tablas celestiales y es leído por todos aquellos dignos del conocimiento de todas las cosas. Pero, por otro lado, hay una parte del Evangelio el cual condena a quienes hacen las mismas obras malvadas hechas a Jesús. Los evangelios incluyen la traición de Judas y los gritos de la malvada multitud cuando decían: "¡Crucifícale, crucifícale!", las burlas de aquellos que lo coronaron de espinas y todas las demás cosas de ese tipo. Están aquellos que siguen teniendo espinas con las cuales coronan y deshonran a Jesús concretamente, esas personas que son ahogadas por las preocupaciones, las riquezas y los placeres de la vida. Aunque han recibido la Palabra de Dios, no la llevan con ellos; por tanto, debemos estar alertas, no sea que coronemos a Jesús con nuestras propias espinas.

ORÍGENES

Día 194

SOPORTAR ANTE LOS INSULTOS

MARCOS 15:19 NVI

Lo golpeaban en la cabeza con una caña y le escupían.
Doblando la rodilla, le rendían homenaje.

Cuando un barco está en peligro de hundirse, los marineros no saben lo que lanzan por la borda, o si ponen las manos en sus propias pertenencias o en las de otras personas. Ellos tiran por la borda todo el contenido del barco sin discriminar entre lo que es precioso

y lo que no lo es. Pero cuando la tormenta ha pasado, consideran todo lo que han tirado y derraman lágrimas; no aprecian la calma debido a haber perdido lo que han lanzado por la borda. Lo mismo ocurre cuando la pasión sopla con fuerza y se levantan tormentas. Las personas lanzan sus palabras sin saber cómo mantenerse de manera ordenada y adecuada; pero cuando la pasión ha pasado, recuerdan qué clase de palabras dijeron... Que esto le consuele cuando usted sufra insultos. ¿Es usted insultado? Dios también es insultado. ¿Abusan verbalmente de usted? También abusaron verbalmente de Dios. ¿Es usted tratado con burla? Pues así lo fue también nuestro Maestro. Él comparte esas cosas con usted, pero no las cosas desfavorables, ya que Él nunca insultó a alguno de forma injusta: ¡Dios no lo quiera! Él nunca abusó verbalmente de nadie, nunca hizo ningún mal... Porque soportar insultos es la parte de Dios; ser abusivo es la parte del diablo.

CRISÓSTOMO

DÍA 195

SU TERNURA

MATEO 27:30 NVI

Y le escupían, y con la caña le golpeaban la cabeza.

Mis pruebas son una mera parte de los golpes y esputos que Cristo soportó. Nosotros nos enfrentamos a esos peligros por Él y con su ayuda; aun tomados en conjunto, esos peligros no merecen la corona de espinas que le robó la suya a nuestro Conquistador. Sin embargo, por causa de Él yo soy coronado por una vida difícil. No considero estas pruebas ni siquiera dignas... sólo de la esponja empapada en vinagre; pero por ellas somos curados del amargo sabor de la vida. Mis luchas no son dignas de la ternura que Él demostró en su pasión. ¿Fue Él traicionado con un beso? Él nos corrige con un beso, pero no nos golpea. ¿Fue Él arrestado de repente? Él ciertamente los reprueba, pero los sigue

de buena gana. Y si debido a su celo corta usted la oreja de Malco con una espada, Él se enojará y la sanará; y si uno de nosotros se aleja corriendo vestido con una sábana de lino, Él defenderá a esa persona. Si usted pide que el fuego de Sodoma descienda sobre sus captores, Él no lo derramará; y si Él ve a un ladrón colgando de la cruz por su delito, lo llevará al Paraíso por medio de su bondad. Que todos aquellos que aman a las personas muestren el amor en sus actos, tal como Cristo hizo en sus sufrimientos. Nada podría ser peor que negarse a perdonar al prójimo aún por las maldades más pequeñas cuando Dios murió por nosotros.

GREGORY NAZIANZEN

Día 196

¿QUIÉN TENÍA EL CONTROL?

LUCAS 23:26

Y llevándole…

Cuando mejor se hallan tanto el carácter como la santidad es donde nuestra necesidad de Jesús es extrema; y todas nuestras necesidades se manifiestan mejor cuando la vida nos envía pruebas. Ser probados hasta el extremo es aprender la lección de la dependencia espiritual. Cuando nuestras almas quebrantadas se sitúan en la balanza, podemos definir nuestra necesidad, ¡llega *in extremis*! Nos encogemos cuando pensamos en dejar que otras personas obtengan control sobre nuestras vidas; sin embargo, el momento en que mejor desarrollamos el carácter es cuando ya no tenemos el control de nuestras circunstancias. Estar bajo los talones de la voluntad de otro o sufrir la indignidad de unas circunstancias demoledoras, estos encarcelamientos del cuerpo dan alas al espíritu.

Debemos recordar que Jesús nunca fue más su propio hombre que cuando fue atado, azotado y crucificado. Él no dio la impresión a un casual observador romano de ser un hombre que estaba

ganando. Cuando obligan a alguien a morir desnudo delante de su propia madre, eso puede hacer parecer a la persona un perdedor con nada en la tierra como garantía de su carácter; pero Jesús estaba ganando. Y mediante su terrible experiencia de abandono humano, permaneció en perfecta unión con su Padre.

CALVIN MILLER

DÍA 197

CÓMO SUFRIR

MARCOS 15:20

Y le sacaron para crucificarle.

Si un día vamos a recibir consuelo de las aflicciones, descanso del trabajo, salud después de la enfermedad, y vida eterna de la muerte, no está bien atormentarse por el dolor temporal, humano... Deberíamos considerar asuntos tales como la prueba y el ejercicio de una vida de rectitud. Porque ¿cómo podemos tener paciencia si no hay un trabajo y una tristeza anteriores? ¿O cómo puede ser probada nuestra fortaleza sin ataques del enemigo?... Finalmente, ¿cómo podemos ver la justicia a menos que el pecado de personas muy malvadas aparezca antes? Como resultado, nuestro Señor y Salvador Jesucristo nos recuerda cómo sufrir: cuando Él fue golpeado, lo soportó con paciencia. Aunque abusaron de Él verbalmente, no arremetió a cambio; cuando Él sufrió, no lanzó amenazas sino que dio su espalda a los torturadores y sus mejillas para ser golpeadas. Él no apartó su rostro cuando le escupían sino que estuvo dispuesto a ser llevado a la muerte para que nosotros pudiéramos ver la imagen de la justicia en Él. Al seguir estos ejemplos, podemos pisotear serpientes, escorpiones y todo poder del enemigo.

ATANASIO

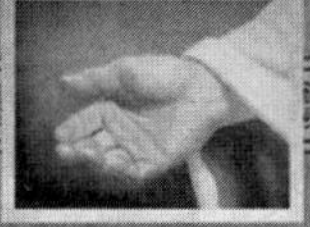

Día 198

UN DÍA EXTRAORDINARIO

JUAN 19:16 NVI
Y los soldados se lo llevaron.

Eran las afueras de Jerusalén, una ciudad más memorable aún que Roma, Londres o Nueva York; la residencia de David, la ciudad real, el trono de los reyes de Israel. La ciudad fue testigo de la magnificencia del reino de Salomón, y allí se erigía el Templo. Allí el Señor Jesús había enseñado y hecho milagros, y en esa ciudad había entrado unos días antes montado sobre un pollino a la vez que las multitudes clamaban: "¡Hosanna al Hijo de David! ¡Bendito el que viene en el nombre del Señor! ¡Hosanna en las alturas!" (Mateo 21:9); la naturaleza humana es muy variable. Israel había rechazado a su Rey y, por lo tanto, Él fue llevado más allá de los límites de la ciudad, y así "padeció fuera de la puerta" (Hebreos 13:12). El lugar exacto de la crucifixión fue el Gólgota, que significa "el lugar de la calavera". La naturaleza había anticipado el terrible acto, ya que los contornos de aquel lugar se parecían a la cabeza de un muerto. Lucas le da el nombre gentil de "Calvario" (Lucas 23:33), pues la culpa de esa muerte descansaba tanto en judíos como en gentiles...

Para los soldados era un acontecimiento corriente: la ejecución de un delincuente; y así ocurre para la mayoría de las personas que oyen el evangelio: cae a sus oídos como un tópico normal y corriente. Para los soldados romanos, al menos por un tiempo, Cristo apareció solamente como un judío moribundo, y así es para la multitud en la actualidad.

ARTHUR W. PINK

DÍA 199

EL CAMINO a la CRUZ

JUAN 19:17

Y él, cargando su cruz, salió al lugar llamado de la Calavera, y en hebreo, Gólgota.

El camino más notorio del mundo es la Vía Dolorosa, "el camino de tristezas". Según la tradición, es la ruta que Jesús tomó desde el atrio de Pilato hasta el Calvario... Hay catorce estaciones en total, cada una de ellas un recordatorio de los eventos del viaje final de Cristo.

¿Es exacta la ruta? Probablemente no. Cuando Jerusalén fue destruida en el año 70 d.C., las calles de la ciudad fueron destruidas y, como resultado, nadie conoce la ruta exacta que Cristo siguió aquel viernes.

Pero lo que sí sabemos dónde comenzó en realidad el camino.

El camino comenzó no en el atrio de Pilato, sino en los atrios del cielo. El Padre comenzó su viaje cuando dejó su hogar para buscarnos a nosotros. Armado con ninguna otra cosa sino la pasión por ganar nuestros corazones, vino buscando. Su deseo era singular: llevar a sus hijos a casa. La Biblia tiene una palabra para esta búsqueda: *reconciliación...*

La reconciliación toca el hombro del apartado y lo atrae hacia el hogar.

El camino a la cruz nos dice exactamente lo lejos que Dios irá para llamarnos a volver.

MAX LUCADO

Día 200

EN EL MONTE CALVARIO

JUAN 19:17
Y él, cargando su cruz, salió al lugar llamado de la Calavera, y en hebreo, Gólgota.

En el monte Calvario estaba una cruz
Emblema de afrenta y dolor
Y yo amo esa cruz do murió mi Jesús
Por salvar al mas vil pecador

Y aunque el mundo desprecie la cruz de Jesús
Para mi tiene suma atracción
Pues en ella llevó el Cordero de Dios
De mi alma la condenación

En la cruz de Jesús do su sangre vertió
Hermosura contemplo sin par
Pues en ella triunfante a la muerte venció
Y mi ser puede santificar

Oh! yo siempre amaré esa cruz amaré esa cruz
En sus triunfos mi gloria será
Y algún día en vez de una cruz
si, en vez de una cruz
Mi corona Jesús me dará

GEORGE BENNARD (Autor del himno *The Old Rugged Cross*)

Día 201

AQUEL TRAVESAÑO DE MADERA

MARCOS 15:21

Y obligaron a uno que pasaba, Simón de Cirene, padre de Alejandro y de Rufo, que venía del campo, a que le llevase la cruz.

Para Simón era simplemente un pedazo de madera; él era fuerte y los romanos tenían espadas. Él la llevaría.

Para nosotros, es una cruz, un símbolo rico en significado, y el hombre a quien Simón ayudó era el Salvador del mundo. ¿Quién no haría tal cosa? Si nosotros hubiéramos estado allí, alegremente nos hubiéramos prestado a ayudar a Jesús.

Nosotros llevamos la cruz no porque amemos el dolor, sino porque Jesús nos ama. Es la manera cristiana de decir a todo el mundo: Yo he muerto con Cristo, el Salvador tiene el primer lugar en mi corazón, y le serviré como Señor.

Hoy día la cruz tiene diferentes formas. Los cristianos deben llevarla sobre sus hombros cuando sufren una pérdida por causa de Cristo: soportar una grave enfermedad, perder un amigo o un trabajo, permanecer puros antes del matrimonio, y miles de cosas más. Llevemos la cruz con valentía.

LIFE APPLICATION BIBLE COMMENTARY – MARCOS

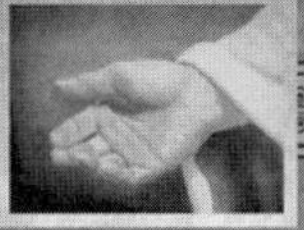

Día 202

LA CRUZ QUE USTED LLEVA

LUCAS 23:26

Y llevándole, tomaron a cierto Simón de Cirene, que venía del campo, y le pusieron encima la cruz para que la llevase tras Jesús.

En el hecho de que Simón llevara la cruz vemos un cuadro de la obra de la Iglesia a lo largo de todas las generaciones. Consolémonos con este pensamiento que, en nuestro caso, como en el de Simón, no es nuestra cruz sino la cruz de Cristo la que llevamos, ¡y qué delicioso es llevar la cruz de nuestro Señor Jesús!

Usted lleva la cruz tras Él, y tiene una bendita compañía; su sendero está marcado con las huellas de su Señor. La marca de sus hombros ensangrentados está en esa pesada carga. Lleve su cruz, y Él va delante de usted como un pastor va delante de su rebaño. Tome su cruz cada día, y sígale a Él; y recuerde que aunque Simón tuvo que llevar la cruz durante un tiempo muy corto, le proporcionó un duradero honor. Aun así la cruz que llevamos la llevaremos sólo durante un tiempo corto como mucho, y entonces recibiremos la corona, la gloria. Con toda certeza deberíamos amar la cruz, y en lugar de alejarnos de ella, contarla como algo muy preciado, ya que nos da "un más excelente peso de gloria".

CHARLES HADDON SPURGEON

Día 203

SÍGALO A ÉL

LUCAS 23:27

Y le seguía gran multitud del pueblo, y de mujeres que lloraban y hacían lamentación por él.

Míralo con sus vestidos rasgados, con su sangre
reseca:
Mujeres caminan tristemente a su lado.

Pesada para Él aquella cruz, pesado el peso:
Uno que le ayudará está a la puerta.

Multitudes se apresuran, pasan por el camino:
Simón comparte la carga con Él.

¿Quién es aquel que camina con el maldito madero
—ese agotado prisionero—, quién es Él?

Sígalo al Calvario, pise donde Él pisó:
Es el Señor de la vida: el Hijo de Dios.

EDWARD MONRO Y MRS. M. DEARMER

Día 204

LOS MOMENTOS DIFÍCILES

ROMANOS 5:3-4 NVI

Y no sólo esto, sino también en nuestros sufrimientos, porque sabemos que el sufrimiento produce perseverancia; la perseverancia, entereza de carácter; la entereza de carácter, esperanza.

Muchas veces en los momentos más difíciles parece como si nuestro Padre celestial estuviera extrañamente en silencio. Yo he llegado a creer que eso es un regalo. Dios quiere que su pueblo comprenda lo mucho que se duele su mundo; Él quiere que nos identifiquemos con quienes sufren a nuestro alrededor.

Esta es una lección extremadamente difícil de aprender en un ambiente en el que estamos acostumbrados a tener las cosas más o menos a nuestra manera. Nuestras expectativas y nuestro sen-

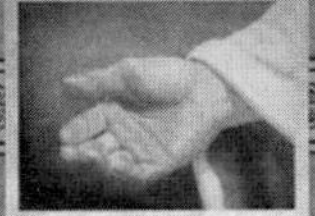

tido de nuestros derechos son altos, y nuestra tolerancia de los demás y de sus problemas normalmente es baja.

Pero Dios no necesita hombres y mujeres que trabajen para su causa y que tengan mentes brillantes pero almas endurecidas y secas. Él no necesariamente busca personas bellas o personas con talentos y educación para que sean sus siervos. Lo que Él necesita son creyentes que sepan lo que es ser quebrantado.

El dolor y el sufrimiento pueden enseñar a una persona orgullosa humildad y compasión por los demás. Por otra parte, los momentos difíciles pueden convertir a un hombre o una mujer en personas amargadas y resentidas.

Pablo escribe a los romanos: "Sabiendo que la tribulación produce paciencia; y la paciencia, prueba; y la prueba, esperanza" (Romanos 5:3-4). ¿No ha descubierto usted que eso es verdad? ¿Que algunas de las perspectivas más valiosas de la vida se descubren durante los momentos difíciles?

DAVID MAINS

DÍA 205

ÉL FUE DELANTE DE NOSOTROS

MARCOS 15:25

Era la hora tercera cuando le crucificaron.

El Señor deseaba que nos regocijáramos y saltáramos de alegría en las persecuciones. Cuando se producen las persecuciones, entonces se dan coronas de fe, entonces los soldados de Dios son probados, entonces el cielo se abre para los mártires. Porque no nos hemos alistado para la guerra para pensar solamente en la paz y retirarnos de la batalla, sino que en la guerra de la persecución el Señor caminó antes que nosotros. Él es el maestro de la humildad, la paciencia y el sufrimiento; lo que nos pide que hagamos, Él lo hizo primero; y lo que nos insta a sufrir, Él lo sufrió antes por nosotros. Amados, observemos que Él llevó sobre

sí todo el juicio del Padre y Él mismo vendrá a juzgar. Él ya ha declarado su futuro juicio y reconocimiento; ha dicho de antemano y ha testificado que Él confesará delante de su Padre a quienes lo confiesen a Él y que negará a quienes lo nieguen a Él. Si pudiéramos escapar de la muerte, podríamos razonablemente tener temor a la muerte; pero ya que es necesario que un hombre mortal muera, deberíamos aceptar la ocasión como procedente de la promesa de Dios de recompensarnos al final con la vida eterna. No deberíamos temer ser muertos, ya que estamos seguros de que seremos coronados cuando muramos.

CIPRIANO

DÍA 206

ME HIRIÓ EL PECADO

LUCAS 23:33

Y cuando llegaron al lugar llamado
de la Calavera, le crucificaron allí.

Me hirió el pecado; fui a Jesús,
Mostréle mi dolor.
Perdido errante, vi su luz;
Bendíjome en su amor.

En la cruz, en la cruz
Do primero vi la luz,
Y las manchas de mi alma yo lavé;
Fue allí, por fe, do vi a Jesús,
Y siempre feliz con Él seré.

Sobre una cruz mi buen Señor
Su sangre derramó
Por este pobre pecador,
A quien así salvó.

Venció la muerte con poder
Y el Cielo lo exaltó.
Confiar en Él es mi placer,
Morir no temo yo.

Aunque Él se fue, solo no estoy;
Mandó al Consolador,
Divino Espíritu, que hoy
Me da perfecto amor.

(Traducido al castellano por Pedro Grado Valdés)

ISAAC WATTS (autor del himno *Alas, And Did My Savior Bleed?*)

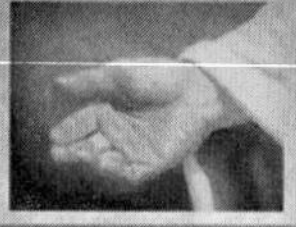

Jesús es crucificado

Cuando llegaron al lugar llamado la Calavera, lo crucificaron allí, junto con los criminales, uno a su derecha y otro a su izquierda.
LUCAS 23:33 NVI

La cruz representa la intersección del plan de salvación de Dios y la historia de la humanidad. Se erige como una afirmación física del amor y el compromiso de Dios. Esos maderos soportan la colisión entre una raza pecadora y un Dios de gracia. Jesús, con su cuerpo y su vida, construyó un puente en la intersección; se convirtió en el ligamento vivo y muerto que estableció los medios escogidos de Dios para dar solución a la desesperada condición de la humanidad. Jesús abrió el camino donde de otra manera no habría camino. Él es el camino.

Esta sección ofrecerá vislumbres de la cruz, que permanece como un tema inextinguible. Permítase a usted mismo mirar el horror y la maravilla por medio de otros ojos, y bien podrá ver lo que nunca antes había visto. Puede que descubra de forma nueva el magnetismo espiritual de la cruz, descrito por Jesús mismo cuando dijo: "Y yo, si fuere levantado de la tierra, a todos atraeré a mí mismo" (Juan 12:32).

Día 207

¿QUÉ HARÁ USTED CON JESÚS?

LUCAS 23:33

Cuando llegaron al lugar llamado la Calavera, lo crucificaron allí, junto con los criminales, uno a su derecha y otro a su izquierda.

Dios tenía razones para decretar que Jesús colgara, abandonado por la gracia, entre dos malhechores. Quería demostrar las profundidades de la vergüenza hasta las que su Hijo estaba dispuesto a descender. En su nacimiento estuvo rodeado de bestias y ahora, en su muerte, de criminales. Que nadie diga que Dios se ha mantenido apartado del quebrantamiento de nuestro mundo caído, pues Él descendió para que nosotros pudiéramos ascender con Él a la novedad de vida...

Esos ladrones representan a toda la raza humana. A fin de cuentas, el mundo no está dividido racial, geográfica o económicamente; tampoco podemos trazar una línea que separe a las personas relativamente buenas de las relativamente malas. Todas las razas, naciones y culturas están divididas en la cruz. A un lado están esos individuos que creen y en el otro lado están aquellos que se justifican a sí mismos, decididos a permanecer delante de Dios por ellos mismos. El cielo y el infierno no son lugares lejanos, sino cercanos a nosotros. Todo depende de lo que hagamos con Jesús.

ERWIN LUTZER

Día 208

UNA MUERTE ÚNICA

LUCAS 23:32 NVI

También llevaban con él a otros dos,
ambos criminales, para ser ejecutados.

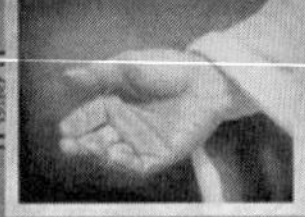

Aunque para nosotros sea difícil, y aun repulsivo de imaginar, Jesús fue solamente una de las muchas personas torturadas hasta la muerte mediante la crucifixión. Él tuvo dos compañeros en la cumbre del Calvario, pero su experiencia en la cruz incluyó varios rasgos soberanos añadidos. Una muerte única para un hombre único:

En primer lugar, fue vergonzosa. Le quitaron sus ropas y le colgaron desnudo entre el cielo y la tierra. No se hace mención de que los soldados echaran suertes sobre las ropas de las otras víctimas. La multitud lo ridiculizó y fue insultado por uno de los criminales. Jesús sufrió las humillaciones del cartel que pusieron sobre su cabeza y que intentaba hacer burla de sus afirmaciones de ser rey.

En segundo lugar, Él era totalmente inocente, ¡y podía probarlo! Estaba allí por elección. Los clavos no le mantuvieron en la cruz, pues su decisión de permanecer allí era más fuerte que su deseo de evitar el dolor. Piense por un momento en lo tentador que debió de haber sido hacer una fiesta de autocompasión.

En tercer lugar, llevó los pecados del mundo —incluyendo los de usted y los míos— en la cruz.

En cuarto lugar, sintió el acto de abandono de Dios cuando su Padre le dio la espalda, cubierto, como estaba, de nuestros pecados.

NEIL WILSON

DÍA 209

MIRAR HACIA DELANTE

MARCOS 15:25

Era la hora tercera cuando le crucificaron.

El temor del Señor es nuestra cruz. Quienes son crucificados ya no tienen el poder de moverse o de dirigir sus miembros hacia cualquier dirección. De manera similar, nosotros no debiéramos fijar nuestros deseos en lo que nos agrada y nos deleita ahora, sino

de acuerdo a la manera en que nos obligue la Ley del Señor. Quienes están atados al madero de la cruz ya no consideran las cosas presentes ni piensan en sus preferencias; no son distraídos por la ansiedad y la preocupación por el mañana y no son molestados por el deseo de ninguna posesión. No están inflamados por el orgullo, la lucha o la rivalidad; no se duelen durante el dolor presente y no recuerdan las heridas del pasado. Porque aunque siguen respirando en el cuerpo, se consideran a sí mismos muertos a todas las cosas terrenales; en cambio, envían hacia delante los pensamientos de su corazón donde saben que ellos los seguirán en breve. Así que cuando somos crucificados por el temor del Señor, deberíamos definitivamente estar muertos a todas esas cosas; esto es, no sólo deberíamos morir a la maldad, sino también a todas las cosas terrenales. Deberíamos fijar los ojos de nuestras mentes en el lugar que constantemente esperamos alcanzar, porque de esta manera podremos destruir todos nuestros deseos y afectos carnales.

JOHN CASSIAN

DÍA 210

NUESTRA ESPERANZA

JUAN 19:18

Y allí le crucificaron.

¿No fue Dios realmente crucificado? Y, habiendo sido crucificado, ¿no murió realmente? Y, habiendo muerto, ¿no resucitó? Si no es así, Pablo falsamente hubiera "determinado no conocer nada entre nosotros sino a Cristo, y a éste crucificado". Habría impuesto falsamente sobre nosotros que Cristo fue sepultado y resucitó. Entonces nuestra fe también es falsa, y todo lo que esperamos de Cristo es un sueño. ¡Quienes absuelven a los asesinos de Dios de la culpa son una deshonra! Porque Cristo no sufrió por medio de ellos si es que Él nunca sufrió realmente...

El Hijo de Dios fue crucificado. Yo no me avergüenzo de que

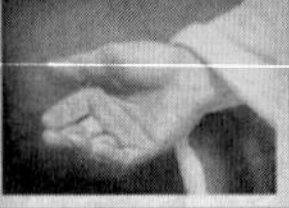

la humanidad deba avergonzarse de ello. Y el Hijo de Dios murió; esto, por todos los medios, debe creerse porque es absurdo. Y Él fue sepultado y resucitó; el hecho es cierto, porque es imposible. ¿Pero cómo será verdad todo esto si Él no fue fiel a sí mismo, si Él no hubiera tenido en su interior lo que pudiera ser crucificado, pudiera morir, pudiera ser sepultado, y pudiera resucitar?

TERTULIANO

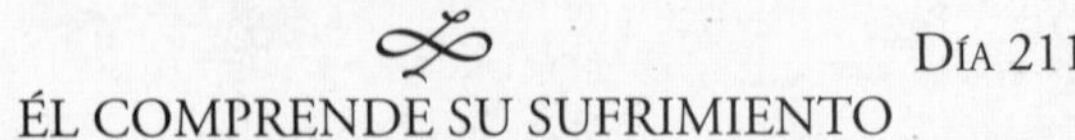

Día 211

ÉL COMPRENDE SU SUFRIMIENTO

MATEO 27:34 NVI

Allí le dieron a Jesús vino mezclado con hiel; pero después de probarlo, se negó a beberlo.

Antes de que el clavo fuera golpeado, se ofreció de beber. Marcos dice que el vino estaba mezclado con mirra. Mateo lo describió como vinagre mezclado con hiel. Tanto la mirra como la hiel tienen propiedades sedantes que adormecen los sentidos, pero Jesús se negó a tomarlo. Él se negó a quedar atontado por el efecto de las drogas, optando en cambio por sentir plenamente la fuerza de su sufrimiento.

¿Por qué? ¿Por qué soportó todos esos sentimientos? Porque sabía que usted también los sentiría.

Él sabía que usted se sentiría cargado, molesto y enojado; sabía que usted se sentiría somnoliento, apesadumbrado y hambriento; sabía que usted se enfrentaría al dolor; si no el dolor del cuerpo, el dolor del alma... dolor demasiado agudo para cualquier droga. Él sabía que usted se enfrentaría a la sed; si no la sed de agua, al menos la sed de verdad, y la verdad que vemos en la imagen de un Cristo sediento es: Él comprende.

MAX LUCADO

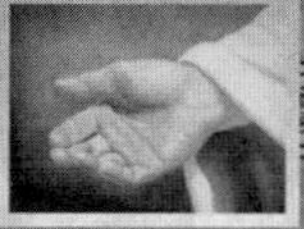

Día 212

INSULTADO POR NUESTRA CAUSA

MATEO 27:43

Confió en Dios; líbrele ahora si le quiere; porque ha dicho: Soy Hijo de Dios.

¡Qué paradoja fue aquella! Cristo vino y manifestó a Israel —al mundo— sus poderes milagrosos de sanidad y su completa autoridad sobre Satanás y su reino; sin embargo, en la cruz del Calvario ellos insultaron a Jesús con afirmaciones como: "Confió en Dios, líbrele ahora si le quiere" (ver Mateo 27:43). Eran afirmaciones que implicaban que Jesús estaba siendo golpeado por Dios. ¡Qué audacia! ¡Qué pecado había en sus oscuros corazones! ¡Qué ceguera!

Isaías explica la razón y el propósito de la cruz. Él fue traspasado por nuestras transgresiones, fue aplastado —muerto— por nuestras iniquidades. Nuestro castigo cayó sobre Él para que nosotros pudiéramos tener paz, reconciliación con Dios. Por sus llagas o azotes somos sanados.

¿Sanados? ¿Sanados de qué?

Pedro nos dice en su primera epístola: "Quien llevó él mismo nuestros pecados en su cuerpo sobre el madero, para que nosotros, estando muertos a los pecados, vivamos a la justicia; y por cuya herida fuisteis sanados" (1 Pedro 2:24-25).

Por su herida fuimos sanados de nuestros pecados... de su poder y de su dominio sobre nosotros (Romanos 6).

¡Qué sanidad! ¡Qué Salvador!

KAY ARTHUR

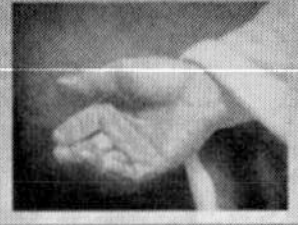

Día 213

OBEDIENCIA RADICAL

LUCAS 23:35

Y el pueblo estaba mirando; y aun los gobernantes se burlaban de él, diciendo: A otros salvó; sálvese a sí mismo, si éste es el Cristo, el escogido de Dios.

La cruz de Cristo hizo sujetos a quienes abusaron de su autoridad a sus asuntos anteriores. La cruz nos enseña, en primer lugar, a resistir el pecado hasta la muerte y a morir de buena gana por causa de la religión. También establece un ejemplo de obediencia para nosotros, y de la misma manera castiga la terquedad de quienes una vez gobernaron sobre nosotros. Escuche cómo el apóstol Pablo nos enseñó la obediencia mediante la cruz de Cristo: "Haya, pues, en vosotros este sentir que hubo también en Cristo Jesús, el cual, siendo en forma de Dios, no estimó el ser igual a Dios como cosa a que aferrarse, sino que se despojó a sí mismo, tomando forma de siervo, hecho semejante a los hombres; y estando en la condición de hombre, se humilló a sí mismo, haciéndose obediente hasta la muerte, y muerte de cruz" (ver Filipenses 2:5-8). Así pues, tal como un experimentado maestro enseña tanto por el ejemplo como por el mandamiento, así Cristo nos enseñó la obediencia, hasta la muerte, muriendo en obediencia.

RUFINUS

Día 214

EL TÍTULO

LUCAS 23:38

Había también sobre él un título escrito con letras griegas, latinas y hebreas: ESTE ES EL REY DE LOS JUDÍOS.

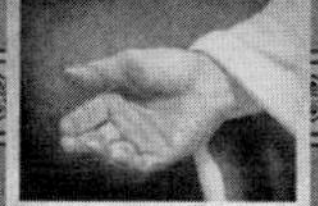

Por favor, note que el título da un fruto inmediato. ¿Recuerda la respuesta del criminal? Momentos antes de su propia muerte, en un torbellino de dolor, se vuelve y dice: "Jesús, acuérdate de mí cuando vengas en tu reino" (Lucas 23:42)...

Lucas parece establecer la conexión entre la lectura del título y esa oración. En un pasaje, escribe: "Había también sobre él un título escrito con letras griegas, latinas y hebreas: ESTE ES EL REY DE LOS JUDÍOS" (Lucas 23:38). Cuatro rápidos versículos después leemos la petición del ladrón: "Acuérdate de mí cuando vengas en tu reino".

El ladrón sabe que está en un desastre real; vuelve su cabeza y lee una proclamación real y pide ayuda real. Podría haber sido así de sencillo. Si es así, el título fue la primera herramienta utilizada para proclamar el mensaje de la cruz. Otras herramientas incontables han seguido, desde la prensa escrita, la radio y las cruzadas en los estadios hasta el libro que tiene usted en sus manos. Pero un rudo título en madera las precedió a todas; y debido al título, un alma fue salva. Todo porque alguien puso un título en una cruz.

MAX LUCADO

DÍA 215

PARA SALVARNOS

MATEO 27:42

A otros salvó, a sí mismo no se puede salvar;
si es el Rey de Israel, descienda ahora de la cruz, y creeremos en él.

Jesús no fue ejecutado en un silencioso edificio, alejado del ruido y la actividad de la ciudad; fue ejecutado en una carretera pública, en un día en el que quizá cientos de personas estuvieran viajando. El hecho de que sus cargos fueran escritos en tres idiomas —griego, hebreo y latín— indica que una multitud cosmopolita pasaba por el Gólgota, "el lugar de la calavera". Eso en sí mismo era humillante, pues los que pasaban podían mirar y

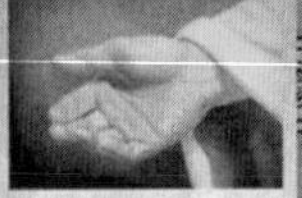

gritar palabras de burla a las víctimas. Una vez más, esta burla de la multitud había sido predicha (Salmo 22:6-8).

Ya era lo bastante malo que la muchedumbre del pueblo se burlara de Él, pero aun los líderes judíos se unieron al ataque, y ellos le recordaron su promesa de reconstruir el Templo en tres días (Juan 2:19; Mateo 26:61). "Si eres capaz de hacer eso, ¡puedes descender de la cruz y probarnos que eres el Hijo de Dios!". En realidad, era el hecho de que Él *permaneciera* en la cruz lo que probaba su divina condición de Hijo.

Los gobernadores judíos se burlaban de su afirmación de ser el Salvador. "A otros salvó, a sí mismo no se puede salvar" (Mateo 27:42). Él *había* salvado a otros, pero si se salvaba a sí mismo, ¡entonces nadie más podría ser salvo! Él no vino para salvar su propia vida, sino para darla como rescate por los pecadores.

WARREN W. WIERSBE

DÍA 216

LA OSCURIDAD

MATEO 27:45

Y desde la hora sexta hubo tinieblas sobre toda la tierra hasta la hora novena.

¿Cómo que era de noche? ¿Al mediodía?

La oscuridad siempre se asocia con el juicio de Dios por un gran pecado. Aquí vemos el juicio de Dios contra los malvados hombres que trataron a su Hijo con cruel desprecio; y, en un sentido profundo, nosotros somos condenados con ellos, porque fueron nuestros pecados los que llevaron a Jesús a la cruz. Si alguna vez llegáramos a amar el pecado, estaríamos amando la misma maldad que hizo que los clavos atravesaran las manos y los pies de nuestro Salvador...

Pero hay otra razón para la oscuridad. Representa el juicio del Padre contra su Hijo. En aquellas horas de tinieblas, Jesús se hizo

legalmente culpable de genocidio, abuso de niños, alcoholismo, asesinato, adulterio, actividad homosexual, avaricia, y cosas similares. Qué apropiado fue que cuando Aquel que no tenía pecado "se hizo pecado por nosotros", ese acontecimiento fuera velado del ojo humano.

ERWIN LUTZER

DÍA 217

A LA PRESENCIA DIVINA

MARCOS 15:37-38

Mas Jesús, dando una gran voz, expiró.
Entonces el velo del templo se rasgó en dos, de arriba abajo.

El viaje interior del alma desde los desiertos de pecado hasta la disfrutada presencia de Dios se ilustra de forma muy hermosa en el tabernáculo del Antiguo Testamento. El pecador que regresaba primero entraba al atrio exterior, donde ofrecía un sacrificio de sangre sobre el altar de bronce y se lavaba él mismo en el lavatorio que había cerca de él. Después, a través de un velo, entraba al lugar santo, donde no podía entrar la luz natural sino la del candelero de oro que hablaba de Jesús, la Luz del mundo, arrojando su suave resplandor sobre todo. También estaba la mesa de la proposición para hablar de Jesús, el Pan de vida, y el altar del incienso, una figura de la oración incesante... Otro velo separaba el lugar santísimo, donde encima del propiciatorio moraba Dios mismo en manifestación terrible y gloriosa. Mientras que el tabernáculo estaba en pie, solamente el sumo sacerdote podía entrar allí, y eso lo hacía sólo una vez al año, con sangre que ofrecía por sus propios pecados y por los pecados del pueblo. Fue ese último velo el que se rasgó cuando nuestro Señor entregó el espíritu en el Calvario y... ese desgarro del velo abrió el camino para que todo adorador en el mundo entre por el camino nuevo y vivo hasta la Presencia divina.

A.W. TOZER

DÍA 218

LA PRESENCIA DE DIOS

MARCOS 15:37-38

Mas Jesús, dando una gran voz, expiró.
Entonces el velo del templo se rasgó en dos, de arriba abajo.

Con el velo quitado mediante el desgarro de la carne de Jesús, con nada del lado de Dios que nos impida entrar, ¿por qué nos demoramos? ¿Por qué consentimos en permanecer todos nuestros días fuera del lugar santísimo y nunca entramos de ninguna manera para esperar en Dios? Escuchamos decir al Novio: "Muéstrame tu rostro, hazme oír tu voz; porque dulce es la voz tuya, y hermoso tu aspecto" (ver Cantares 2:14). Sentimos que el llamado es para nosotros, pero seguimos sin acercarnos, y pasan los años, y nos hacemos viejos y cansados en el atrio exterior del tabernáculo. ¿Qué nos impide entrar?... Insisto en que la debe hacerse en verdad, y se hará. La cruz es áspera, y es terrible, pero es eficaz; no deja a sus víctimas colgando de ella para siempre. Llega un momento en que su obra termina y la víctima sufrida muere. Después de eso llega la resurrección, la gloria y el poder, y el dolor se olvida por el gozo de que el velo haya sido quitado y hayamos entrado en la verdadera experiencia espiritual de la Presencia del Dios vivo.

A.W. TOZER

DÍA 219

LA BARRERA HA SIDO QUITADA

MATEO 27:50-51 NVI

Entonces Jesús volvió a gritar con fuerza,
y entregó su espíritu. En ese momento la cortina
del santuario del templo se rasgó en dos, de arriba abajo.

Lo que parecía ser la crueldad del hombre fue en realidad la soberanía de Dios. Mateo nos dice: "Entonces Jesús volvió a gritar con fuerza, y entregó su espíritu. *En ese momento* la cortina del santuario del templo se rasgó en dos, de arriba abajo" (Mateo 27:50-51, NVI, cursivas del autor).

Es como si las manos del cielo hubieran estado agarrando el velo, esperando aquel momento. Tenga en mente el tamaño de la cortina: sesenta pies de alta y treinta pies de ancha. En un instante estaba completa, y al siguiente se rasgó en dos de arriba abajo. Sin retraso. Sin dilación.

¿Qué significa el velo rasgado? Para los judíos significaba que no había más barreras entre ellos y el lugar santísimo. No había más sacerdotes que se pusieran entre ellos y Dios. No más sacrificios de animales para hacer expiación por sus pecados.

¿Y para nosotros? ¿Qué significa el velo rasgado para nosotros?

Se nos da la bienvenida a entrar en la presencia de Dios: cualquier día, a cualquier hora. Dios ha quitado la barrera que nos separa de Él. ¿La barrera del pecado? Derribada. Él ha quitado el velo.

MAX LUCADO

DÍA 220

EL TERREMOTO

MATEO 27:54 NVI

Cuando el centurión y los que con él estaban custodiando a Jesús vieron el terremoto y todo lo que había sucedido, quedaron aterrados.

El grito de victoria de nuestro Señor fue seguido de inmediato por un pasmoso terremoto. Las rocas que se rasgaron no eran pedazos separados, sino riscos, masas de roca. Los terremotos no son algo poco común en Jerusalén, pero mediante el gobierno divino aquel terremoto en particular fue sincronizado con el tremendo acontecimiento que acababa de producirse en la esfera

espiritual, como para atestiguar del poder y la majestad de Aquel cuyo cuerpo sin vida colgaba inerte de la cruz...

Aquel no fue un fenómeno aislado atribuible a causas naturales, pues las coincidencias son demasiado sorprendentes. Coincidió exactamente con dos otras manifestaciones milagrosas: la misteriosa oscuridad y la rasgadura del velo. Coincidió con el fuerte grito y la muerte del Hijo de Dios; coincidió con la apertura de ciertos sepulcros, aparentemente sólo los sepulcros de los santos.

Algunos han visto en esta visitación divina una respuesta al terremoto en el Sinaí que evidenció la poderosa presencia de Dios. En el Antiguo Testamento, un terremoto a menudo denotaba la presencia de Dios y su intervención entre los hombres.

J. OSWALD SANDERS

DÍA 221

LA RESURRECCIÓN DE LOS SANTOS

MATEO 27:52-53 NVI

Se abrieron los sepulcros, y muchos santos que habían muerto resucitaron. Salieron de los sepulcros y, después de la resurrección de Jesús, entraron en la ciudad santa y se aparecieron a muchos.

Debe notarse que mientras que las tumbas se abrieron en el momento de la muerte de Cristo, se registra que los cuerpos de los santos "salieron de los sepulcros *después* de la resurrección de Él"...

La apertura de los sepulcros fue una gráfica y elocuente demostración de que por su muerte, Cristo había roto para siempre las ataduras de la muerte. "Él murió", y para siempre robó al sepulcro su terror y su victoria.

La resurrección de aquellos santos fue una clara indicación de que las puertas de la prisión del Hades habían sido sacadas de sus goznes. Ellos resucitaron, pero no para poder volver a vivir sobre la tierra. "Aparecieron a muchos", pero no para quedarse... Parece

ser que sus cuerpos fueron revividos con este propósito, pero no fue su resurrección final.

En aquel trascendental acontecimiento tenemos una señal de que Jesús había conquistado la muerte, y una sombra de la gloriosa resurrección que espera al creyente.

J. OSWALD SANDERS

DÍA 222

CONSUMADO

MARCOS 15:37 NVI

Entonces Jesús, lanzando un fuerte grito, expiró.

Jesús fue crucificado a las nueve en punto de la mañana, y desde las nueve hasta el mediodía, estuvo colgado a plena luz; pero a mediodía, una milagrosa oscuridad cubrió la tierra. No fue una tormenta de arena o un eclipse, como algunos escritores liberales han sugerido; fue una oscuridad enviada del cielo que duró tres horas. Fue como si toda la creación se estuviera compadeciendo con el Creador. Hubo tres días de oscuridad en Egipto antes de la Pascua (Éxodo 10:21-23); y hubo tres horas de oscuridad antes de que el Cordero de Dios muriera por los pecados del mundo...

Aunque Él fue "crucificado por medio de debilidad", ejerció un poder maravilloso cuando murió. Tres milagros tuvieron lugar simultáneamente: el velo del templo se rasgó en dos de arriba abajo; un terremoto abrió muchos sepulcros; algunos de los santos se levantaron de entre los muertos. La rasgadura del velo simbolizó la maravillosa verdad de que el camino estaba ya abierto a Dios (Hebreos 10:14-26). Ya no había necesidad de templos, sacerdotes, altares o sacrificios. Jesús había consumado la obra de salvación en la cruz.

WARREN W. WIERSBE

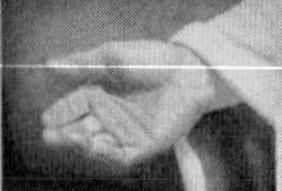

Día 223

VERDADERAMENTE

MARCOS 15:39 NVI

Y el centurión, que estaba frente a Jesús, al oír el grito y ver cómo murió, dijo:—¡Verdaderamente este hombre era el Hijo de Dios!

Un centurión (persona de rango en la guardia romana) había acompañado a los soldados al lugar de la ejecución. Sin ninguna duda, él había hecho eso muchas veces; sin embargo, esta crucifixión era totalmente diferente: las inexplicables tinieblas, el terremoto, aun el ejecutado mismo que había dicho las palabras: "Padre, perdónalos porque no saben lo que hacen" (Lucas 22:34). El centurión observó la muerte relativamente lenta y despierta de Jesús, y aquel oficial romano gentil comprendió algo que la mayor parte de la nación judía había pasado por alto: "*Verdaderamente este hombre era Hijo de Dios*". No podemos saber si comprendió lo que dijo; puede que simplemente hubiera admirado la valentía y la fuerza interior de Jesús, pensando quizá que Jesús era divino como uno de los muchos dioses romanos. Ciertamente reconoció la inocencia de Jesús. Mientras que los líderes religiosos judíos estaban allí celebrando la muerte de Jesús, un solitario soldado romano fue el primero en aclamar a Jesús como el Hijo de Dios después de su muerte.

LIFE APPLICATION BIBLE COMMENTARY – MARCOS

Día 224

PARA LA GLORIA DE DIOS

LUCAS 23:47 NVI

El centurión, al ver lo que había sucedido, alabó a Dios y dijo: —Verdaderamente este hombre era justo.

Nosotros no siempre, o nunca, podemos controlar los acontecimientos, pero podemos controlar la forma en que respondemos a ellos. Cuando ocurren cosas que desaniman u horrorizan, debiéramos mirar a Dios para encontrar el significado de Él, recordando que a Él no le agarra por sorpresa ni que tampoco su propósito puede torcerse al final. Lo que Dios busca son aquellos que le *adoren* a Él. Nuestra mirada de inquieta confianza le glorifica a Él.

Uno de los testigos de la crucifixión fue un oficial militar para quien la escena no era, ciertamente, algo novedoso, pues él había visto a muchos criminales ser clavados a una cruz. Pero la respuesta de aquel Hombre que estaba colgado allí fue de una naturaleza tan diferente de la de los demás que el centurión supo de inmediato que Él era inocente. Su propia respuesta, por tanto, en lugar de mostrar desesperación porque se produjera una terrible injusticia o de mostrar enojo contra Dios, quien podría haberlo evitado, fue de *alabanza* (Lucas 23:47).

Esta es nuestra primera responsabilidad: glorificar a Dios. A la luz de los peores reveses y tragedias de la vida, la respuesta de un cristiano fiel es la alabanza, no *por* el mal mismo, ciertamente, sino por quién es Dios y la seguridad, en última instancia, de que hay un patrón que obra para bien de quienes le aman a Él.

ELISABETH ELLIOT

DÍA 225

ÉL ESCOGIÓ SUFRIR POR NOSOTROS

SALMO 22:7-8

Todos los que me ven me escarnecen; estiran la boca, menean la cabeza, diciendo: Se encomendó a Jehová, líbrele él; sálvele, puesto que en él se complacía.

¿Cómo pudo el Señor Jesús llegar a sufrir a manos de hombres? Después de todo, Él es el Señor de toda la tierra, mediante el cual los hombres mismos fueron hechos a la imagen de Dios.

Incluso si Él estuvo dispuesto a sufrir como marca de su amor por nosotros, ¿cómo pudo ocurrir? ¿No empañaría esto su poder y dignidad?

La respuesta, tal como sería de esperar, se encuentra en las Escrituras. Los profetas, inspirados por el Señor mismo, predijeron su venida como hombre, ya que si Él iba a destruir la muerte y traer vida eterna, era esencial que se hiciera carne; y hacerse carne implicaba sufrir: las dos cosas son virtualmente indistinguibles. ¿Ha habido alguna vez un ser humano que pasara por la vida sin sufrimiento?

Pero no fue simplemente cuestión de aceptar lo inevitable. El Señor *escogió* sufrir, para así poder cumplir las promesas de Dios a nuestros antecesores al revelarles las profundidades de su amor por ellos, sufriendo y muriendo por nosotros y después resucitándonos al igual que Él fue resucitado, reuniendo un nuevo pueblo de Dios.

EPÍSTOLA DE BERNABÉ

Día 226

DESPRECIADO Y RECHAZADO

ISAÍAS 53:3

Despreciado y desechado entre los hombres,
varón de dolores, experimentado en quebranto; y como que
escondimos de él el rostro, fue menospreciado, y no lo estimamos.

La Deidad haciéndose carne es en sí misma una maravilla de todas las edades. Que esa Deidad encarnada debiera estar predominantemente caracterizada por la tristeza nos hace conscientes de que, al pensar en ese título, entramos en el lugar santísimo en el santuario de la vida de Cristo. Estamos ante una de las verdades más sublimes y sagradas de la eternidad; es demasiado profunda para que podamos sondear su misterio y majestad.

La tristeza y angustia de Jesús desafía toda descripción o defini-

ción. Su amor fue herido en traición y negación por parte de aquellos que formaban parte de su círculo más íntimo. Fue cargado con la increíble responsabilidad de la redención del mundo...

Los clavos que atravesaron sus sagradas manos y pies fueron nuestros pecados. Las espinas que penetraron en su frente y estropearon su semblante fueron nuestros pecados. Los azotes que laceraron la carne de su espalda fueron nuestros pecados. Las cabezas que se meneaban burlándose de Él y las lenguas que lo vilipendiaban fueron nuestros pecados.

"Herido fue por nuestras transgresiones". Como varón de dolores, Él tomó sobre sí mismo nuestra carga y castigo por el pecado, y la llevó por nosotros. Él llevó nuestras tristezas; sufrió nuestra condenación; soportó nuestra agonía; murió nuestra muerte.

HENRY GARIEPY

DÍA 227

UNA MIRADA MÁS CERCANA

ISAÍAS 53:4

Ciertamente llevó él nuestras enfermedades,
y sufrió nuestros dolores; y nosotros le tuvimos
por azotado, por herido de Dios y abatido.

¿Te agrada pasar por todo mi dolor y experimentar la tristeza conmigo? Entonces considera los complots contra mí y el irreverente precio de mi sangre inocente. Considera los besos fingidos de los discípulos, los insultos y el abuso de la multitud y, aún más, los burlones golpes y las lenguas acusadoras. Imagina los testigos falsos, el maldito juicio de Pilato, la inmensa cruz que presionaba mis hombros y me hacía doblarme de cansancio, y mis dolorosos pasos hacia una terrible muerte. Estúdiame desde la cabeza a los pies. Estoy abandonado y elevado muy por encima de mi querida madre. Mira mi cabello enredado con sangre, y mi cabeza rodeada de crueles espinas; porque un manantial de sangre se derrama

como lluvia por todos lados de mis golpeadas mejillas. Mira mi lengua reseca que fue envenenada con hiel; mi cara tiene la palidez de la muerte. Mira mis manos, que han sido traspasadas con clavos, y mis agotados brazos; mira la gran herida de mi costado y la sangre que mana de ella. Imagina mis pies traspasados y mis miembros llenos de sangre. Entonces póstrate, y con lágrimas adora el madero de la cruz. Con un rostro humilde, inclínate hacia la tierra mojada con sangre inocente. Rocíala con tus lágrimas, y llévame a mí y a mi ánimo en tu dedicado corazón.

LACTANTIUS

DÍA 228

ALGO HABÍA QUE HACER

ISAÍAS 53:5

Y por su llaga fuimos nosotros curados.

¿No podía Dios simplemente pronunciar el perdón? ¿Era necesario que Cristo pasara por el doloroso proceso de morir?...

Si Dios sencillamente hubiera pronunciado el perdón, el mundo abarataría el perdón. Nuestro pecado es demasiado grave para tal respuesta; nosotros somos demasiado importantes para que nuestras maldades se tomaran tan a la ligera. Las personas que no han sido corregidas en su niñez, cuyas maldades se han considerado a la ligera, invariablemente serán personas inseguras. Subconscientemente, razonan que si fueran individuos importantes, sus actos serían tomados en serio...

Debido a que Dios nos considera personas importantes, Él no puede simplemente pronunciar el perdón de todos nuestros pecados, los cuales han de ser castigados de manera apropiada. Y Jesús tomó el castigo porque Dios sabía que si nosotros tuviéramos que tomarlo sobre nosotros mismos, no tendríamos esperanza.

Además, simplemente perdonar sería una burla a la justicia. Un mundo sin justicia es un mundo inseguro y caótico. Existe el bien y el mal; y cuando se lleva a cabo el mal, es algo serio. Por eso debe hacerse algo serio acerca de ello.

AJITH FERNANDO

DÍA 229

EL PROPÓSITO DE DIOS en la CRUZ

ISAÍAS 53:6

Todos nosotros nos descarriamos como ovejas, cada cual se apartó por su camino; mas Jehová cargó en él el pecado de todos nosotros.

"Sufrió". Esta palabra conlleva no sólo el significado de soportar dolor, sino también el significado más antiguo y más amplio de ser el objeto afectado por el acto de otra persona. En latín es *passus,* de donde proviene la palabra "pasión". Tanto Dios como el hombre fueron agentes de la pasión de Jesús: "A éste, entregado por el determinado consejo y anticipado conocimiento de Dios, prendisteis y matasteis por manos de inicuos" (Hechos 2:23, del primer sermón de Pedro). El propósito de Dios en la cruz fue tan real como la culpa de quienes crucificaron.

¿Cuál era el propósito de Dios? El juicio del pecado, por causa de la misericordia hacia los pecadores. El fracaso de la justicia humana fue la obra de la justicia divina. Jesús conoció en la cruz todo el dolor —físico y mental— que el hombre es capaz de infligir y también la ira y el rechazo divinos que mis pecados merecen; porque Él estuvo allí en mi lugar, haciendo expiación por mí. "Todos nosotros nos descarriamos como ovejas... mas Jehová cargó en él el pecado de todos nosotros" (Isaías 53:6).

J. I. PACKER

Día 230

LA MÁS ALTA GLORIA

ISAÍAS 53:11

Verá el fruto de la aflicción de su alma, y quedará satisfecho; por su conocimiento justificará mi siervo justo a muchos, y llevará las iniquidades de ellos.

Verdaderamente el símbolo de la cruz se considera despreciable según el mundo y entre la gente, pero en el cielo y entre los fieles es la más alta gloria...

¿Pero qué es jactarse en la cruz? Jactarse en el hecho de que Cristo tomara forma de siervo por mi causa y sufriera por mí cuando el siervo era yo —el enemigo—, quien no sentía. Él me amó tanto que se dio a sí mismo como maldición por mí. ¿Qué puede compararse a eso? Si los siervos solamente reciben elogios de sus amos, a quienes están emparentados por naturaleza, y se entusiasman por ello, cuánto más debemos gloriarnos cuando nuestro Maestro —Dios mismo— no se avergüenza de la cruz que Cristo soportó por nosotros. Por lo tanto, no debemos avergonzarnos de su inenarrable ternura. Él no se avergonzó de ser crucificado por usted, ¿y se avergonzará usted de confesar el infinito cuidado que Él tiene por usted?

CRISÓSTOMO

Día 231

TOMAR NUESTRO PECADO

ISAÍAS 53:12

Habiendo él llevado los pecados de muchos.

Jesús no vino meramente para revelar el carácter de Dios; vino para hacer posible que fuéramos hechos de nuevo a semejanza de

ese carácter. Vino para redimirnos de lo que somos y para hacernos de nuevo a semejanza de lo que Él es. Él no es meramente un maestro, un hacedor: es un redentor.

Él no vino meramente a dar su palabra y su ejemplo; vino para darse a sí mismo. Se hizo como nosotros para que pudiéramos llegar a ser como Él. Fue bautizado en el trabajo mundano durante treinta años, bautizado en nuestras tentaciones durante esos años, y bautizado en nuestro pecado al final. Se hizo pecado por nosotros en la cruz; murió entre dos malhechores como uno de ellos, y clamó el grito de abandono que usted y yo clamamos cuando pecamos: "Dios mío, Dios mío, ¿por qué me has abandonado?" Si "la vida es sensibilidad", entonces ahí estaba la vida infinita, porque ahí estaba la sensibilidad infinita: su hambre, el hambre de todos los hombres; su atadura, la atadura de todos los hombres; y su pecado, el pecado de todos los hombres. "Llevó nuestros pecados en su propio cuerpo sobre el madero". No me pida que lo explique, pues no puedo explicarlo; me inclino con humildad y arrepentimiento ante la cruz, ante la maravilla de ella, de que Dios se diera a sí mismo por mí. ¡Me inclino y soy redimido!

E. STANLEY JONES

DÍA 232

EL CORDERO DE DIOS

JUAN 1:29

El siguiente día vio Juan a Jesús que venía a él, y dijo: He aquí el Cordero de Dios, que quita el pecado del mundo.

Todos nosotros estamos familiarizados con la clase de historia en la que algún terrible desastre o calamidad es prevenida por un héroe que se sacrifica a sí mismo por el bien común. Puede que sea una plaga, una hambruna o un monstruo; la mitología griega está llena de historias como esas: el poder del mal es de alguna manera aplacado o frustrado por el poder del sacrificio propio.

Ahora bien, nadie se burla de la idea, y es aceptada en los cuentos de hadas; pero algunas personas parece que encuentran muy difícil de aceptar la idea de que el Hijo de Dios venza el mal en la vida real mediante el poder del sacrificio propio.

Desde luego, ninguna historia trata de un sacrificio como el de Cristo. Él aceptó la muerte en lugar del mundo, para que el mundo entero pudiera ser limpiado: un mundo que estaba destinado a perecer. Sólo Jesús, por su divino poder, fue capaz de tomar sobre sí mismo la carga de los pecados del mundo, y la llevó a la cruz, donde se ofreció a sí mismo como sacrificio por nuestros pecados. Como una oveja llevada al matadero, se humilló a sí mismo, y por su muerte nos liberó del peligro en el que nuestros pecados nos habían puesto.

ORÍGENES

DÍA 233

DE TAL MANERA AMÓ DIOS

JUAN 3:16

Porque de tal manera amó Dios al mundo,
que ha dado a su Hijo unigénito, para
que todo aquel que en él cree, no
se pierda, mas tenga vida eterna.

¿Quién podrá describir el bendito vínculo del amor de Dios? ¿Qué hombre es capaz de contar la excelencia de su belleza como debería contarse? La altura hasta la cual el amor se exalta es inenarrable. El amor nos une a Dios; el amor cubre multitud de pecados; el amor todo lo soporta: es paciente en todas las cosas. No hay nada cruel ni arrogante en el amor; el amor no permite divisiones; el amor no da lugar a la rebelión; el amor hace todas las cosas en armonía. Por medio del amor han sido hechos perfectos todos los elegidos de Dios; sin amor no hay nada que agrade a Dios. El Señor nos ha tomado para sí mismo en amor;

por su amor por nosotros, Jesucristo nuestro Señor dio su sangre por nosotros por la voluntad de Dios, su carne por nuestra carne, y su alma por nuestra alma.

Vean, amados, lo grande y maravilloso que es el amor y que es imposible declarar de manera adecuada su perfección. ¿Quién está preparado para ser hallado en él a excepción de aquellos a quienes Dios ha dado el privilegio por su gracia? Oremos, por tanto, e imploremos su misericordia, para que podamos vivir vidas intachables en amor, libres de todas las parcialidades humanas de los unos contra los otros.

CLEMENTE DE ROMA

DÍA 234

TOMAR SU CRUZ

MATEO 10:38

Y el que no toma su cruz y sigue en pos de mí, no es digno de mí.

¿Por qué, entonces, temer tomar la cruz, la cual conduce a un reino? En la cruz hay salud, en la cruz hay vida, en la cruz hay protección de los enemigos, en la cruz hay dulzura celestial, en la cruz hay fuerza mental, en la cruz hay gozo de espíritu, en la cruz está la cima de la virtud, en la cruz la perfección de la santidad. No hay sanidad del alma ni esperanza de vida eterna excepto en la cruz. Por lo tanto, tome su cruz y siga a Jesús, y llegará a la vida eterna. Él fue delante llevando su cruz y murió por usted en la cruz para que usted también pueda llevar su cruz y pueda amar ser crucificado en ella. Porque si usted muere como Él, también vivirá con Él, y si participa de sus sufrimientos, también participará de su gloria.

THOMAS À. KEMPIS

Día 235

ÉL LE AYUDARÁ A LLEVARLA

MARCOS 8:34

Y llamando a la gente y a sus discípulos, les dijo: Si alguno quiere venir en pos de mí, niéguese a sí mismo, y tome su cruz, y sígame.

No está en la naturaleza del hombre llevar la cruz, amar la cruz, someter el cuerpo y sujetarlo, huir de los honores, soportar reproches con humildad, despreciar el yo y desear ser despreciado, soportar todas las adversidades y pérdidas, y desear ninguna prosperidad en este mundo. Si usted se mira a sí mismo, no será capaz por usted mismo de hacer nada de eso, pero si confía en el Señor se le dará paciencia desde el cielo, y el mundo y la carne se sujetarán de acuerdo a su mandato. Sí, usted ni siquiera temerá a su adversario el diablo si está armado con la fe y sellado con la cruz de Cristo.

Por lo tanto, véase a usted mismo como un siervo bueno y fiel de Cristo, llevando con valentía la cruz de su Señor, quien por amor fue crucificado por usted. Prepárese para soportar muchas adversidades y muchos tipos de problemas en esta miserable vida; porque así será dondequiera que usted esté, y ciertamente se encontrará con ello dondequiera que se esconda. Así debe ser; y no hay ningún medio de escapar de la tribulación y la tristeza excepto soportándolos con paciencia. Beba con amor la copa de su Señor si desea ser su amigo y ser partícipe junto con Él. Deje los consuelos a Dios, y permita que Él los trate de la forma que mejor le parezca.

THOMAS À. KEMPIS

RECONOCIMIENTO PÚBLICO

MATEO 10:32-33

A cualquiera, pues, que me confiese delante de los hombres, yo también le confesaré delante de mi Padre que está en los cielos. Y a cualquiera que me niegue delante de los hombres, yo también le negaré delante de mi Padre que está en los cielos.

¿Por qué instó Cristo a sus discípulos a tomar la cruz y seguirlo?... Con respecto al sufrimiento que Él iba a experimentar y sus discípulos a soportar, Él sugirió: "Porque cualquiera que salve su vida la perderá, y cualquiera que pierda su vida la hallará". Y debido a que sus discípulos deben sufrir por causa de Él, Cristo les dijo: "Por tanto, he aquí yo os envío profetas y sabios y escribas; y de ellos, a unos matareis y crucificareis"... Por lo tanto, Él conocía tanto a quienes sufrirían persecución como a quienes serían azotados y muertos por causa de Él. No habló de ninguna otra cruz sino del sufrimiento que Él iba a experimentar... Como resultado, les dio esta frase de ánimo: "No temáis a los que matan el cuerpo, mas el alma no pueden matar; temed más bien a aquel que puede destruir el alma y el cuerpo en el infierno". Les instó a aferrarse con fuerza a su profesión de fe en Él, ya que Él prometió confesar delante de su Padre a quienes confiesen su nombre delante de los hombres; pero anunció que negaría a quienes lo nieguen a Él y que se avergonzaría de quienes se avergüencen de confesar fidelidad a Él.

IRENEO

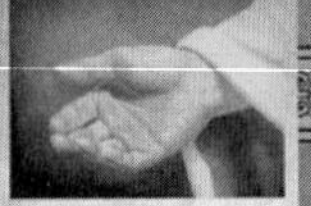

DÍA 237

EL MUNDO NOS ES CRUCIFICADO

MATEO 16:26

Porque ¿qué aprovechará al hombre, si ganare todo el mundo, y perdiere su alma? ¿O qué recompensa dará el hombre por su alma?

Si, por tanto, deseamos ser salvos, perdamos nuestras vidas para el mundo como aquellos que han sido crucificados con Cristo. Porque nuestra gloria está en la cruz de nuestro Señor Jesucristo; el mundo debe ser crucificado para nosotros y nosotros para el mundo, para que así podamos ganar la salvación de nuestras vidas. Esta salvación comienza cuando perdemos nuestras vidas por causa de la Palabra; pero si creemos que la salvación de nuestra vida (o la salvación en Dios y el gozo de estar con Él) es algo bendito, entonces cualquier pérdida de la vida debería ser algo bueno. Por causa de Cristo, la muerte debe preceder a la bendita salvación; por lo tanto, me parece que según la analogía de la abnegación, todos deberíamos perder nuestras propias vidas. Perdamos nuestras vidas pecaminosas, para que habiendo perdido lo que es pecaminoso, podamos recibir aquellos que es salvo por la justicia. De ninguna manera nos beneficiaremos de ganar todo el mundo... Pero cuando tenemos elección, es mucho mejor despreciar el mundo y ganar nuestra vida perdiéndola por Cristo que ganar el mundo despreciando nuestra vida.

ORÍGENES

DÍA 238

CUANDO ÉRAMOS AÚN PECADORES

ROMANOS 5:8

Mas Dios muestra su amor para con nosotros,
en que siendo aún pecadores, Cristo murió por nosotros.

La cruz es el acontecimiento más grande en la historia de la salvación, mayor aún que la resurrección. La cruz es la victoria, la resurrección, el triunfo; pero la victoria es más importante que el triunfo, aunque este último necesariamente se deriva de ella. La resurrección es la exhibición pública de la victoria, el triunfo del Crucificado; pero la victoria misma fue completa. "Consumado es" (Juan 19:30).

La cruz es la evidencia suprema del amor de Dios; porque el Señor de toda vida entregó a la muerte a su Hijo unigénito, el mediador y heredero de la creación (Colosenses 1:16; Hebreos 1:2-3). Cristo el Señor murió en la cruz, Aquel por quien las estrellas circulan en el éter y por quien todos los mosquitos danzan a la luz del sol (Hebreos 2:10). En verdad, "mas Dios muestra su amor para con nosotros, en que siendo aún pecadores, Cristo murió por nosotros" (Romanos 5:8).

ERICH SAUER

Día 239

UNA VALENTÍA FUERA DE LO COMÚN

ROMANOS 6:6

Sabemos que nuestra vieja naturaleza fue crucificada con él para que el cuerpo pecaminoso perdiera su poder, de modo que ya no siguiéramos siendo esclavos del pecado.

Quienes no se han negado a sí mismos no pueden seguir a Jesús. Porque escoger seguir a Jesús y en realidad seguirlo se deriva de una valentía fuera de lo común. Quienes se niegan a sí mismos, borran sus vidas anteriores y malvadas; por ejemplo, quienes una vez fueron inmorales niegan su yo inmoral y se convierten en personas con dominio propio para siempre... Quienes se han convertido en justos no se confiesan a sí mismos sino a Cristo; quienes hallan sabiduría, porque poseen sabiduría, también confiesan a Cristo; y quienes "con el corazón creen para justicia, y con

la boca confiesan para salvación", y testifican de las obras de Cristo confesándolas a otros, serán confesados por Cristo delante de su Padre en el cielo... Como resultado, que todo pensamiento, todo propósito, toda palabra, y todo acto se conviertan en una negación de nosotros mismos y un testimonio sobre Cristo y en Cristo. Estoy persuadido de que todo acto de la persona perfecta es un testimonio para Cristo Jesús, y que la abstinencia de todo pecado es una negación del yo, que conduce a Cristo. Esas personas son crucificadas con Cristo. Toman sus propias cruces para seguirlo a Él, quien, por causa nuestra, lleva su propia cruz.

ORÍGENES

Día 240

SOMOS VENCEDORES

ROMANOS 6:6

Sabemos que nuestra vieja naturaleza fue crucificada con él para que el cuerpo pecaminoso perdiera su poder, de modo que ya no siguiéramos siendo esclavos del pecado.

Parte de nuestra pasión proviene de comprender diariamente que *somos vencedores*. Para el vencedor van los despojos, y nosotros disfrutamos de todo beneficio de la victoria que fue ganada en el Calvario, cuando Cristo venció la muerte. Ahora lo único que necesitamos es rendirnos por completo a Él y servir bajo su mando. Cuando comprendemos que nuestro futuro está seguro, que no hay manera en que Satanás pueda arrebatarnos de las manos de Dios, entonces tomamos sobre nosotros el espíritu positivo y exuberante de los campeones.

¿Pero cómo nos rendimos exactamente? Al ser participantes de la victoria de Cristo, lo somos de su crucifixión; al convertirnos en cristianos, somos crucificados con Él (ver Romanos 6:6; Gálatas 2:20). Eso significa que las partes derrotadas de nosotros —la rebelión, la lucha, el resentimiento, el egoísmo, la esclavitud

a nuestras pasiones— son clavadas a la cruz con Cristo. Lo que es crucificado es la suma de todas esas maldades, lo que llamamos *el viejo hombre.* Entonces, tan ciertamente como Cristo resucitó en forma perfecta al tercer día, nosotros resucitamos para caminar en novedad de vida, en pasión y en el espíritu de los campeones.

¡Si sólo fuéramos capaces de recordar! Si sólo pudiéramos rodearnos de monumentos y memoriales —la estatua de la Verdadera Libertad; la tumba del Pecador Desconocido—, y no permitirnos olvidar, aun por un instante, que ya no tenemos que luchar con un enemigo derrotado.

DAVID JEREMIAH

DÍA 241

VACÍAME

ROMANOS 6:6

Sabemos que nuestra vieja naturaleza fue crucificada con él para que el cuerpo pecaminoso perdiera su poder, de modo que ya no siguiéramos siendo esclavos del pecado.

El cielo sabe que esas obras de crucifixión que en última instancia nos liberan a la vida verdadera no se buscan. Si me dejan que me las arregle por mí misma, yo conduciré el Calvario en mi propio interés, para mostrar a los demás que lo he hecho, y para ganar su aprobación. Esa falsa humildad es una plaga en la cristiandad y caracteriza a muchos de sus líderes. Es un horror que me mira lascivamente…

No. No, esto debe ser una obra de Dios, hecha por Él a su tiempo y de su propia manera. Mi papel, tal como se me instruye por los muchos que han ido delante de mí, es postrarme, aceptar que esa dolorosa agonía será para bien, rendirme a la perfecta obra de la voluntad de mi Creador aunque no pueda ver el resultado. Mi papel es rendirme y no luchar contra el madero que da golpes a la arrogancia, la mezquindad, el narcisismo y la concentración

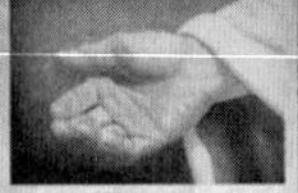

en mis propios logros y capacidades. Mi papel es orar: "Vacíame. Vacíame aun de la vida si es esa la manera en que tú puedes hacer tu obra a tu manera. Escojo confiar en que tu plan para mí es bueno".

KAREN MAINS

DÍA 242

DEPOSITAR EN LA VERDAD

ROMANOS 6:7

Porque el que ha muerto, ha sido justificado del pecado.

¿Por qué cree usted que el Señor Jesús murió? ¿Cuál es su base para esa creencia? ¿Es que usted *siente* que Él ha muerto? No, usted nunca lo ha sentido. Usted lo cree porque la Palabra de Dios así se lo dice. Cuando el Señor fue crucificado, dos ladrones fueron crucificados al mismo tiempo. Usted tampoco duda de que ellos fueran crucificados con Él, porque la Escritura lo dice de manera clara.

Usted cree en la muerte del Señor Jesús y cree en la muerte de los ladrones con Él. Ahora bien, ¿y qué de su propia muerte? Su crucifixión es más íntima que la de ellos; ellos fueron crucificados al mismo tiempo que el Señor pero en cruces diferentes, mientras que usted fue crucificado en la misma cruz que Él, porque usted estaba con Él cuando Él murió. ¿Cómo puede saberlo? Puede saberlo por la suficiente razón de que Dios así lo ha dicho; no depende de los sentimientos de usted... Permítame decirle: ¡Usted ha muerto! ¡Usted está acabado! ¡Usted está excluido! El yo que usted odia está en la cruz en Cristo... Este es el evangelio para los cristianos.

WATCHMAN NEE

Día 243

EL REGALO DE DIOS

ROMANOS 6:23

Porque la paga del pecado es muerte, mas la dádiva de Dios es vida eterna en Cristo Jesús Señor nuestro.

Dios es el juez. Ya que Él es perfectamente justo, todos sus actos deben servir a la ley universal de la justicia. Nosotros somos como el prisionero; todos nos merecemos la sentencia de muerte, porque todos somos culpables de numerosos pecados: "Todos han pecado y están destituidos de la gloria de Dios". En su justicia, Dios debe juzgar nuestro pecado con el más duro castigo: "La paga del pecado es muerte". Él no puede permitirnos habitar en su cielo perfecto, ese lugar sin una pizca de impureza, sin un pensamiento de maldad, o un cargo de culpabilidad.

En el supremo acto de misericordia, Dios demostró favor divino y paciencia hacia nosotros, pecadores culpables. Él tomó nuestro castigo sobre sí mismo, y eso es lo que Jesús hizo por nosotros en el Calvario: "La dádiva de Dios es vida eterna en Cristo Jesús Señor nuestro". Mediante su sacrificio, todos aquellos que ponen su confianza en Él son declarados "no culpables" ¡y son hechos libres! Eso fue verdadera gracia y misericordia.

BILL BRIGHT

Día 244

ÉL NO ESCATIMÓ A SU HIJO

ROMANOS 8:32

El que no escatimó ni a su propio Hijo, sino que lo entregó por todos nosotros, ¿cómo no nos dará también con él todas las cosas?

Si Dios se regocija por el pequeño que es hallado, ¿cómo

desprecia usted a aquellos a quienes Dios cuida con empeño? Deberíamos renunciar aun a nuestras propias vidas por uno de esos pequeños; ¿pero son los perdidos débiles y despreciables? Entonces es aún más importante que hagamos todo lo posible por preservarlos. Incluso Cristo dejó las noventa y nueve ovejas y fue a buscar la perdida; Él se aprovechó de la ventaja de la seguridad de muchas para prevenir la pérdida de una. Lucas dice que Él aun llevó a la perdida sobre su hombro, y "habrá más gozo en el cielo por un pecador que se arrepiente, que por noventa y nueve justos que no necesitan de arrepentimiento. Al dejar a las que están a salvo por una, y al gozarse más por ella, Él demostró lo mucho que la valora. Entonces, pues, no sea descuidado con esas almas... Por amor a nuestro prójimo, no se niegue a realizar ninguna de las tareas que parezcan bajas y molestas. Aunque tengamos que servir a alguien pequeño y desaliñado, aunque el trabajo sea difícil y debamos atravesar montañas y valles, soporte todo por la salvación de su prójimo. Porque un alma es tan importante para Dios que "no escatimó ni a su propio Hijo".

CRISÓSTOMO

DÍA 245

RECUERDE LA CRUZ

1 CORINTIOS 2:2 NVI

Me propuse más bien, estando entre ustedes, no saber de cosa alguna, excepto de Jesucristo, y de éste crucificado.

Tenga presentes las obligaciones que ha aceptado, y tenga siempre delante de usted el recordatorio del Crucificado. Ciertamente no debería usted avergonzarse cuando mira la vida de Jesucristo, porque aún no se ha esforzado en conformarse a semejanza de Él, aunque haya caminado por mucho tiempo en los caminos de Dios. Un hombre religioso que se ejercita a sí mismo

de forma seria y devota en la vida más santa y pasión de nuestro Señor, descubrirá allí abundantemente todas las cosas que son beneficiosas y necesarias para él, y no habrá necesidad de que busque nada más allá de Jesús. ¡Oh! Si Jesús crucificado viniera a nuestros corazones, de qué manera tan rápida y completa debiéramos haber aprendido todo lo que necesitamos conocer.

THOMAS À. KEMPIS

DÍA 246

SANGRIENTA

1 CORINTIOS 2:2

Pues me propuse no saber entre vosotros cosa alguna sino a Jesucristo, y a éste crucificado.

La cruz sangrienta al contemplar
Do el Rey de gloria padeció,
Riquezas quiero despreciar
Y a la soberbia tengo horror.

¿Y qué podré yo darte a ti
A cambio de tan grande don?
Todo es pobre, todo ruin,
Toma, ¡oh Dios!, mi corazón.

Sus manos, su costado y pies
De sangre manaderos son,
Y las espinas de su sien
Mi aleve culpa las clavó.

ISAAC WATTS (autor del himno *When I Survey the Wonderous Cross*)

Día 247

EL VERDADERO CUADRO

1 CORINTIOS 2:2

Pues me propuse no saber entre vosotros cosa alguna sino a Jesucristo, y a éste crucificado.

Jesucristo evoca muchas imágenes en las mentes de las personas. Algunos lo imaginan como un bebé en un pesebre: el Cristo de la Navidad. Otros lo imaginan como un niño, quizá viviendo en el hogar de un carpintero o confundiendo a los líderes religiosos de Jerusalén. Muchos lo imaginan como un compasivo y poderoso sanador que curó a los enfermos y resucitó muertos. Aun otros imaginan a un valiente y feroz predicador hablando la Palabra de Dios a grandes multitudes. Y están quienes lo ven como el hombre consumado: un modelo de bondad, amabilidad, compasión, preocupación, cuidado, ternura, perdón, sabiduría y entendimiento.

Sin embargo, la única imagen de Cristo que sobrepasa a todas las demás es la de Jesucristo en la cruz. Conocer a Cristo crucificado es conocerlo como el autor y consumador de la fe: el cuadro más verdadero de su persona y su obra.

El sufrimiento de Cristo en la cruz es el punto central de la fe cristiana. Es ahí donde su deidad, humanidad, obra y sufrimiento se ven de manera más clara.

JOHN MACARTHUR

Día 248

LA CRUCIFIXIÓN SIGNIFICA…

GÁLATAS 2:20 NVI

He sido crucificado con Cristo, y ya no vivo yo sino que Cristo vive en mí.

Lo que ahora vivo en el cuerpo,
lo vivo en la fe en el Hijo de Dios,
quien me amó y dio su vida por mí.

Estudiar los relatos de la crucifixión en el evangelio se ha convertido para mí en una manera de mantener vigilancia sobre mi alma durante los momentos de terrible destrucción. Ejercitando un tipo de fe ciega, he escogido confiar en que al final algo nuevo y notorio será reconstruido por Dios...

Esta es mi letanía de aprendizaje:

La crucifixión significa ser traicionado por personas en las que se confía, ser abandonado por aquellos con quienes más se cuenta y más se ama.

Así fue para ti, Señor Cristo. Ayúdame, al igual que tú, a someterme al significado de este dolor.

La crucifixión significa ser inmovilizado por un dolor que dura el tiempo suficiente para realizar la obra de Dios que sólo esta clase de sufrimiento es capaz de realizar.

Así fue para ti, Señor Cristo. Ayúdame, al igual que tú, a someterme al significado de este dolor.

La crucifixión significa sentir un silencio por parte de Dios que hace parecer como si Él no estuviera presente, como si, ciertamente, nos hubiera abandonado.

Así fue para ti, Señor Cristo. Ayúdame, al igual que tú, a someterme al significado de este dolor.

KAREN MAINS

DÍA 249

LA CRUCIFIXIÓN SIGNIFICA...

GÁLATAS 2:20 NVI

He sido crucificado con Cristo, y ya no vivo yo sino que Cristo vive en mí. Lo que ahora vivo en el cuerpo, lo vivo en la fe en el Hijo de Dios, quien me amó y dio su vida por mí.

La crucifixión significa que te quiten todas las cosas que amamos y de las que obtenemos nuestra identidad, hasta el punto de dejarnos desnudos.

Así fue para ti, Señor Cristo. Ayúdame, al igual que tú, a someterme al significado de este dolor.

La crucifixión significa soportar un período de golpes y azotes, a los que nos inclinamos con nuestro propio silencio y aceptación.

Así fue para ti, Señor Cristo. Ayúdame, al igual que tú, a someterme al significado de este dolor.

La crucifixión significa entrar en una profunda soledad; puede que haya personas a nuestro lado, pero ellas no pueden en realidad experimentar nuestro sufrimiento.

Así fue para ti, Señor Cristo. Ayúdame, al igual que tú, a someterme al significado de este dolor.

La crucifixión significa pasar por una concurrencia de los poderes de las tinieblas en contra de nosotros, y en nuestra fragilidad estar inseguros del resultado final.

Así fue para ti, Señor Cristo. Ayúdame, al igual que tú, a someterme al significado de este dolor.

KAREN MAINS

DÍA 250

NO HAY MÁS GRANDE BENDICIÓN

GÁLATAS 2:20 NVI

He sido crucificado con Cristo, y ya no vivo yo sino que Cristo vive en mí. Lo que ahora vivo en el cuerpo, lo vivo en la fe en el Hijo de Dios, quien me amó y dio su vida por mí.

Si un solo pecado es tan terrible que piensa que es más seguro ni siquiera tener la meta de una vida santa, ¡cuánto más terrible es toda una vida de práctica del pecado y ser completamente ignorante del camino más puro! ¿Cómo puede, en su indulgente vida, obedecer al Crucificado?... ¿Cómo puede obedecer a Pablo

cuando le insta a "presentar su cuerpo como un sacrificio vivo, santo, agradable a Dios", cuando se conforma usted a este mundo y no es transformado por medio de la renovación de su mente? ¿Cómo puede usted hacer eso cuando no está "caminando" en esta "novedad de vida" sino que sigue persiguiendo la rutina del "viejo hombre"?... ¿Le parece a usted insignificante todo esto: ser crucificado con Cristo, presentarse como un sacrificio a Dios, convertirse en sacerdote del Dios altísimo, hacerse digno de que el Todopoderoso le mire? ¿Qué mayor bendición podemos imaginar para usted, si usted toma a la ligera las consecuencias de estas cosas? Porque la consecuencia de ser crucificado con Cristo es que viviremos con Él, seremos glorificados con Él, y reinaremos con Él.

GREGORIO DE NICEA

DÍA 251

DEJE SUS PREOCUPACIONES AL PIE DE LA CRUZ

GÁLATAS 5:24 NVI

Los que son de Cristo Jesús han crucificado la naturaleza pecaminosa, con sus pasiones y deseos.

¿Qué hacemos con esas preocupaciones? Lleve sus ansiedades a la cruz: literalmente. La próxima vez que esté preocupado por su salud, su casa, sus finanzas o sus viajes, haga un viaje mental hasta la colina y pase unos momentos volviendo a mirar los elementos de la pasión.

Pase su dedo por la punta de la lanza. Balancee un clavo en la palma de su mano. Lea el título de madera escrito en su propio idioma. Y a medida que lo haga, toque la aterciopelada tierra, húmeda con la sangre de Dios.

Sangre que Él derramó por usted.

La lanza que Él soportó por usted.

Los clavos que Él sintió por usted.

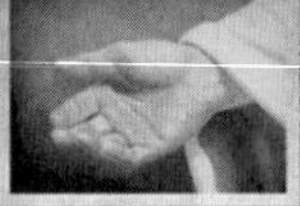

El título que Él dejó para usted.

Él hizo todo eso por usted. Sabiendo esto, sabiendo todo lo que Él hizo por usted allí, ¿no cree que Él le buscará a usted allí?

MAX LUCADO

DÍA 252

VIVIR EN LA CRUZ

GÁLATAS 6:14

Pero lejos esté de mí gloriarme,
sino en la cruz de nuestro Señor Jesucristo,
por quien el mundo me es crucificado a mí, y yo al mundo.

Si deseamos no gloriarnos sino en la cruz, entonces debemos vivir cerca de la cruz; ciertamente debemos vivir en la cruz. Esto es sorprendente; pero eso es lo que dice Gálatas 6:14: "Pero lejos esté de mí gloriarme, sino en la cruz de nuestro Señor Jesucristo, *por quien el mundo me es crucificado a mí, y yo al mundo"*. Gloriarse en la cruz se produce cuando usted está *en* la cruz. ¿No es eso lo que Pablo dice? "el mundo me es crucificado a mí, y yo al mundo". El mundo está muerto para mí, y yo estoy muerto para el mundo. ¿Por qué? Porque he sido crucificado. Aprendemos a gloriarnos en la cruz y a regocijarnos en la cruz cuando estamos en la cruz; y hasta que nuestros seres sean crucificados allí, nos gloriaremos en nosotros mismos...

Cuando Cristo murió, nosotros morimos. El glorioso significado de la muerte de Cristo es que cuando Él murió, todos aquellos que son suyos murieron en Él. La muerte que Él murió por todos nosotros se convierte en nuestra muerte cuando somos unidos a Cristo por la fe (Romanos 6:5).

JOHN PIPER

¡BIENVENIDO! ¡VEN, PECADOR!

EFESIOS 3:12
En quien tenemos seguridad y acceso
con confianza por medio de la fe en él.

Desde la cruz levantada en alto,
Donde el Salvador se digna a morir,
Qué melodiosos sonidos escuchamos,
Resonando en el embelesado oído.
La obra redentora del amor se ha realizado;
¡Ven y bienvenido! ¡Pecador, ven!

Rociado ahora el trono de sangre;
¿Por qué lamentarse bajo las cargas?
Sobre mi cuerpo traspasado
La justicia posee el precio pagado:
Doblen la rodilla, y besen al Hijo,
Ven y bienvenido, pecador, ven...

Pronto acabarán los días de la vida
—he aquí vengo—, ¡el Salvador, Amigo!
Y el espíritu a salvo transportará
A las esferas del día sin fin,
A mi hogar eterno,
¡ven y bienvenido! ¡Pecador, ven!

THOMAS HAWEIS (Autor del himno *From the Cross*)

Día 254

SEGUIR ADELANTE

FILIPENSES 2:8 NVI

Y al manifestarse como hombre, se humilló a sí mismo
y se hizo obediente hasta la muerte, ¡y muerte de cruz!

Nuestro Salvador fue crucificado por nosotros para que por su muerte pudiera darnos vida, enseñarnos y motivarnos para permanecer. Yo sigo adelante hacia Él, hacia el Padre y hacia el Espíritu Santo. Trabajo duro para ser hallado fiel y me considero a mí mismo indigno de los bienes terrenales... Piense en todas estas cosas en su corazón. Sígalas con pasión. Tal como se le ha mandado, luche por la verdad hasta la muerte, porque Cristo fue obediente hasta la muerte. El apóstol Pablo dice: "Mirad que no haya en ninguno corazón de maldad... para apartaros del Dios vivo. Sino exhortaos unos a otros... (y edificaos unos a otros) mientras se dice hoy". Hoy significa toda nuestra vida. Si viven de esa manera, amados, se salvarán; me harán feliz y glorificarán a Dios por siempre.

BASILIO

Día 255

ME HIRIÓ EL PECADO

COLOSENSES 1:14

En quien tenemos redención
por su sangre, el perdón de pecados.

Me hirió el pecado; fui a Jesús,
Mostréle mi dolor.
Perdido errante, vi su luz;
Bendíjome en su amor.

En la cruz, en la cruz
Do primero vi la luz,
Y las manchas de mi alma yo lavé;
Fue allí, por fe, do vi a Jesús,
Y siempre feliz con Él seré.

Sobre una cruz mi buen Señor
Su sangre derramó
Por este pobre pecador,
A quien así salvó.

Venció la muerte con poder
Y el Cielo lo exaltó.
Confiar en Él es mi placer,
Morir no temo yo.

Aunque Él se fue, solo no estoy;
Mandó al Consolador,
Divino Espíritu, que hoy
Me da perfecto amor.

(Traducido al castellano por Pedro Grado Valdés)

ISAAC WATTS (autor del himno *Alas, And Did My Savior Bleed?*)

Día 256

MISERICORDIA INSONDABLE

COLOSENSES 1:22 NVI

Pero ahora Dios, a fin de presentarlos santos, intachables, e irreprochables delante de él, los ha reconciliado en el cuerpo mortal de Cristo mediante su muerte.

Lo que vemos, pues, en el drama de la cruz no son tres actores sino dos: nosotros mismos por una parte y Dios por la otra. No a Dios como Él es en sí mismo (el Padre), pero sin embargo a Dios

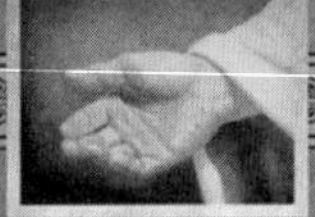

hecho hombre en Cristo (el Hijo). De ahí la importancia de esos pasajes del Nuevo Testamento que hablan de la muerte de Cristo como la muerte del Hijo de Dios, por ejemplo: "De tal manera amó Dios al mundo que dio a su Hijo unigénito", "él... no escatimó a su propio Hijo", y "fuimos reconciliados con Dios por la muerte de su Hijo". Porque al dar a su Hijo se estaba dando a sí mismo. Al ser esto así, es el Juez mismo quien, en amor santo, asumió el papel de la víctima inocente, porque en la persona de su Hijo, y por medio de Él, Él mismo llevó el castigo que infligió. En palabras de Dale: la misteriosa unidad del Padre y el Hijo hizo posible que Dios a la misma vez soportara e infligiera el sufrimiento penal". No hay ni ruda injusticia ni amor sin principios, y tampoco una herejía cristológica en eso; lo único que hay es misericordia insondable. Porque para salvarnos de manera tal que le satisficiera a sí mismo, Dios, a través de Cristo, nos sustituyó a nosotros por Él mismo.

JOHN R. W. STOTT

Día 257

CLAVANDO LA REDENCIÓN

COLOSENSES 2:13-14 NVI

Antes de recibir esa circuncisión, ustedes estaban muertos en sus pecados. Sin embargo, Dios nos dio vida en unión con Cristo, al perdonarnos todos los pecados y anular la deuda que teníamos pendiente por los requisitos de la ley. Él anuló esa deuda que nos era adversa, clavándola en la cruz.

Nada acerca de la cruz de Cristo ocurrió por accidente. El Hijo de Dios no fue vencido de repente por la maldad del hombre y fue clavado a una cruz. Más bien al contrario, la cruz fue el medio por el cual el Hijo de Dios venció la maldad del hombre. Para asegurar las llaves de la casa de David y abrir la puerta de la salvación para todos los que entraran, Dios llevó a su Hijo como un clavo en un

lugar seguro. Un lugar firme. Un lugar perdurable.

Tan horrendo como suena el martillo que golpea a nuestros oídos espirituales, Colosenses 2:13-14 dice que mientras que nosotros estábamos muertos en nuestros pecados, Dios nos dio vida con Cristo...

Nunca llegaré a comprender plenamente cómo se produjeron tales atrocidades según el libre albedrío de la humanidad mientras que Dios las utilizaba para desvelar su plan perfecto, divino y redentor. Cristo fue clavado a la cruz como el humano perfecto; Él era el cumplimiento de la Ley en todos los aspectos. Cuando Dios llevó a su Hijo como un clavo en un lugar firme, Él tomó el código escrito, finalmente cumplido en su Hijo, y canceló nuestra deuda. Con cada golpe del martillo, Dios estaba clavando la redención.

BETH MOORE

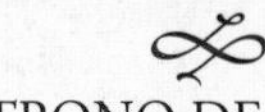

DÍA 258

EL TRONO DE LA GRACIA

HEBREOS 4:16 NVI

Así que acerquémonos confiadamente al trono de la gracia para recibir misericordia y hallar la gracia que nos ayude en el momento que más la necesitemos.

Debido a quién es Dios y lo que Jesucristo ha hecho al morir por nosotros, cambiando el trono de juicio por un trono de gracia, quienes confiamos en Cristo debemos acercarnos al trono de la gracia con confianza. Si fuéramos por nuestros propios méritos, no podríamos tener ninguna confianza en absoluto. El trono de Dios sería un lugar de terror, pero ya que Dios ha hecho lo que era necesario para quitar todo juicio por nuestros pecados, ahora para nosotros es pecado acudir de ninguna otra manera que no sea con confianza. Si acudimos con confianza, podemos venir sabiendo que Dios hará exactamente lo que el autor de

Hebreos dice que hará, y que nosotros ciertamente podemos "hallar gracia para cuando la necesitemos".

¡Cualquiera que sea nuestra necesidad! ¿Busca usted perdón de pecados? Hallará que la gracia de Dios le perdona todo pecado. ¿Necesita fortaleza para la vida diaria? Hallará la gracia de Dios que le proporciona fuerza. ¿Necesita consuelo debido a una gran pérdida? Dios le dará consuelo. ¿Dirección para alguna decisión importante? Recibirá dirección. ¿Aliento? Recibirá aliento. ¿Sabiduría? Eso también.

JAMES MONTGOMERY BOICE

Día 259

SATISFACCIÓN POR MEDIO DE LA SUSTITUCIÓN

HEBREOS 7:27

Que no tiene necesidad cada día, como aquellos sumos sacerdotes, de ofrecer primero sacrificios por sus propios pecados, y luego por los del pueblo; porque esto lo hizo una vez para siempre, ofreciéndose a sí mismo.

Rechazamos enérgicamente, por tanto, toda explicación de la muerte de Cristo que no tenga como centro el principio de la "satisfacción por medio de la sustitución", ciertamente divina satisfacción propia por medio de la propia sustitución. La cruz no fue un trato comercial con el diablo, y menos un trato para engañarlo y atraparlo; tampoco fue un exacto equivalente, un *quid pro quo* para satisfacer un código de honor o un punto técnico de la ley; no fue una sumisión obligatoria por parte de Dios a alguna autoridad moral por encima de Él de la cual no podía escapar de ninguna otra manera; tampoco fue un castigo de un manso Cristo por parte de un Padre duro y castigador; ni la obtención de la salvación por un Cristo amante de manos de un Padre reacio; tampoco fue un acto del Padre que pasó por encima de Cristo como mediador. En cambio, el Padre justo y amante se

humilló a sí mismo para hacerse carne en y por medio de su Hijo, para hacerse pecado y maldición por nosotros para redimirnos sin comprometer su propio carácter. Las palabras teológicas "satisfacción" y "sustitución" deben definirse y salvaguardarse de forma muy clara, pero no se puede renunciar a ellas bajo ninguna circunstancia. El evangelio bíblico de la expiación es el de Dios satisfaciéndose a sí mismo por medio de sustituirnos a nosotros por Él mismo.

JOHN R. W. STOTT

DÍA 260

LA NECESIDAD DE LA SANGRE

HEBREOS 9:22

Y casi todo es purificado, según la ley, con sangre;
y sin derramamiento de sangre no se hace remisión.

Usted debe ser salvo mediante el plan de Dios. Fue el amor lo que impulsó a Dios a enviar a su Hijo para salvarnos y derramar su sangre. Ese fue el plan, y sin la sangre, ¿qué esperanza tiene usted? No hay ningún pecado desde su niñez —desde que estaba en la cuna— hasta ahora que pueda ser perdonado a menos que lo sea por la sangre. Tomemos lo que Dios dice: "Sin derramamiento de sangre no se hace remisión". Sin la sangre no hay remisión en absoluto. Yo no veo cómo un hombre puede no entender esto, pues para eso murió Cristo, para eso murió Cristo en el Calvario. Si un hombre toma a la ligera esa sangre, ¿qué esperanza tiene? ¿Cómo va a entrar usted en el reino de Dios? No puede unirse al cántico de los santos si no entra al cielo de esa manera... Debe usted aceptar el plan de redención y entrar por medio de él.

DWIGHT L. MOODY

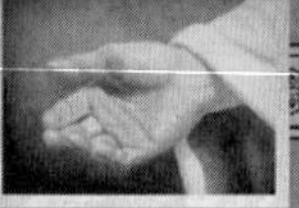

Día 261

EL DIVINO MISTERIO DE ESA CRUZ

1 PEDRO 2:24

Quien llevó él mismo nuestro pecados en su cuerpo sobre el madero, para que nosotros, estando muertos a los pecados, vivamos a la justicia; y por cuya herida fuisteis sanados.

¡Oh, el divino misterio de esa cruz! La debilidad cuelga de ella, el poder es liberado por ella, el mal está clavado a ella, y los triunfantes trofeos se elevan hacia ella. Un santo dijo: "Atravieso mi carne con clavos por temor de ti". No se refiere a clavos de hierro, sino de temor y de fe. Porque las cadenas de justicia son más fuertes que las de castigo. La fe de Pedro le rodeó cuando siguió al Señor hasta el atrio del sumo sacerdote. Ninguna persona le había rodeado, y el castigo no lo liberó ya que su fe lo rodeaba. De nuevo, cuando Pedro fue rodeado por los judíos, la oración lo liberó. El castigo no lo sujetó porque él le había dado la espalda a Cristo.

¿Crucifica usted también el pecado para así poder morir al pecado? Quienes mueren al pecado viven para Dios. ¿Vive usted para Él, quien no escatimó a su propio Hijo para poder crucificar nuestros pecados en su cuerpo? Porque Cristo murió por nosotros para que nosotros pudiéramos vivir en su cuerpo resucitado. Por lo tanto, nuestra culpa y no nuestra vida murió en Él, de quien se dice: "llevó él mismo nuestros pecados en su cuerpo sobre el madero, para que nosotros, estando muertos a los pecados, vivamos a la justicia; y por cuya herida fuisteis sanados" (ver 1 Pedro 2:24).

AMBROSIO

Día 262

LA CARGA HA SIDO QUITADA

1 PEDRO 2:24

Quien llevó él mismo nuestro pecados en su cuerpo sobre el madero, para que nosotros, estando muertos a los pecados, vivamos a la justicia; y por cuya herida fuisteis sanados.

Entonces vi en mi sueño que Cristiano le preguntó si no podría ayudarle con la carga que llevaba sobre su espalda. Porque hasta entonces no se había librado de ella, ni tampoco podía hacerlo por ningún medio sin ayuda.

Él le dijo: "Respecto a tu carga, conténtate con llevarla hasta que llegues al lugar de liberación; porque allí caerá de tu espalda por sí misma"...

Luego vi en mi sueño que el camino por el cual Cristiano debía caminar estaba vallado por los dos lados con un muro llamado Salvación. Por lo tanto, por ese camino corrió el cargado Cristiano, pero no sin gran dificultad, debido a la carga que llevaba a su espalda.

Corrió hasta llegar a un lugar en cierto modo ascendente; y en aquel lugar se hallaba una cruz, y un poco más abajo, al final, un sepulcro. Y miré en mi sueño, que justo cuando Cristiano encontró la cruz, su carga se alivió en sus hombros y cayó de su espalda, y comenzó a desplomarse, y así continuó hasta que llegó a la entrada del sepulcro, donde entró, y ya no volví a verla.

JUAN BUNYAN

Día 263

LA PUERTA

APOCALIPSIS 13:8

Del Cordero que fue inmolado desde el principio del mundo.

La cruz de Jesús es la revelación del juicio de Dios sobre el pecado. Nunca tolere la idea del martirio acerca de la cruz de Jesucristo. La cruz fue un triunfo soberbio en el cual los fundamentos del infierno fueron removidos. No hay nada más cierto en el tiempo o la eternidad que lo que Jesucristo hizo en la cruz: Él volvió a llevar a la totalidad de la raza humana a una relación correcta con Dios...

La cruz no le *ocurrió* a Jesús: Él vino a propósito para ella. Él es "el Cordero que fue inmolado desde el principio del mundo". El completo significado de la encarnación es la cruz...

La cruz es la exhibición de la naturaleza de Dios, la puerta por la cual cualquier individuo de la raza humana puede entrar a la unión con Dios. Cuando llegamos a la cruz, no la atravesamos; permanecemos en la vida de la cual la cruz es la puerta.

El centro de la salvación es la cruz de Jesús, y la razón por la cual es tan fácil obtener salvación es debido a que supuso un gran costo para Dios. La cruz es el punto donde Dios y el hombre pecador se funden con un estallido y se abre el camino a la vida; pero el estallido se produce en el corazón de Dios.

OSWALD CHAMBERS

DÍA 264

SEIS HORAS

MARCOS 15:42

Cuando llegó la noche, porque era la preparación, es decir, la víspera del día de reposo...

Seis horas de un viernes. Seis horas que sobresalen en el plano de la historia del hombre al igual que el monte Everest en un desierto. Seis horas que han sido descifradas, diseccionadas y debatidas durante dos mil años.

¿Qué significan esas seis horas? Afirman ser la puerta en el tiempo por la cual la eternidad entró en las oscuras cavernas del

hombre. Marcan los momentos en que el Navegante descendió a las aguas más profundas para dejar puntos de anclaje para sus seguidores.

¿Qué significa ese viernes?

Porque la vida se había ennegrecido con fracaso, ese viernes significa perdón.

Porque el corazón estaba marcado con futilidad, ese viernes significa propósito.

Y porque el alma miraba a este lado del túnel de la muerte, ese viernes significa liberación.

Seis horas. Un viernes.

¿Qué hace *usted* con aquellas seis horas de aquel viernes?

MAX LUCADO

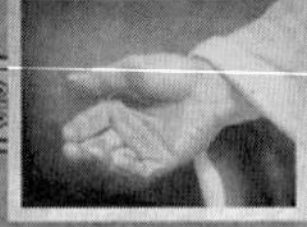

Jesús habla desde la cruz

Todo se ha cumplido.
JUAN 19:30 NVI

La crucifixión fue una manera solitaria, dolorosa y horrible de morir. El método debió de haber sido diseñado en el infierno. Mataba... lentamente y con agonía; de hecho, a menudo prolongaba la vida más tiempo del que podía sentirse el dolor. Las víctimas simplemente pasaban a un estado de 'shock' y apenas permanecían vivas, respirando por una voluntad inconsciente. En ese punto, los ejecutores tenían una práctica muy eficaz: rompían las piernas de los condenados causándoles así la muerte rápidamente.

Durante aquellas horas de atroz sufrimiento, Jesús hizo varias afirmaciones. Sus palabras fueron breves. Ciertos aspectos físicos de la crucifixión aseguraban que no se realizaran largos discursos. Los compañeros de crucifixión de Jesús enseguida se quedaron en silencio, pero Él tenía algunas cosas importantes que decir.

La mayoría de nosotros estará de acuerdo en que los comentarios de una persona que está a las puertas de la eternidad merecen una atención especial; y cuánto más las palabras finales de Jesús desde la cruz. Él habló siete veces. Meditaremos en cada una de esas palabras.

Día 265

ESTAR ANTE LA CRUZ

LUCAS 23:35
Y el pueblo estaba mirando.

¿Dónde está usted cuando mira la cruz? El impacto de las horas finales de Jesús sobre nuestra imaginación depende de nuestra perspectiva. ¿Nos acercamos a la cruz con burla y duda o nos acercamos a su base en humilde adoración y gratitud? ¿Nos quedamos atrás con temor o desesperación, compartiendo la incredulidad de aquellos que esperaban una cosa del Señor y obtuvieron otra distinta que no llegaron a comprender? ¿O permanecemos con reverencia, asombrados continuamente por el significado del sufrimiento de Dios Hijo?

Cambiar deliberadamente nuestra perspectiva puede alterar y mejorar nuestro entendimiento de la cruz. Acercarnos o alejarnos puede ayudarnos a ver la cruz bajo una nueva luz. Una dimensión abierta a nuestra imaginación nos pone por encima de la cruz, viendo los acontecimientos y a las personas desde la perspectiva de Dios. Notamos, por ejemplo, que las afirmaciones de Jesús nos hacen movernos en círculos concéntricos, comenzando con los soldados a sus pies y moviéndonos hacia fuera hasta alcanzar la línea de meta. Altere su posición y alterará sus puntos de vista sobre la cruz. Esto es literalmente una crucial meditación y adoración.

NEIL WILSON

Día 266

PERDONAR A LOS ENEMIGOS

LUCAS 23:34 NVI
—Padre—dijo Jesús—, perdónalos, porque no saben lo que hacen.

Debemos recordar el valor de una creencia correcta. Para mí es beneficioso saber que Cristo llevó mis enfermedades y se sometió a sí mismo a mis pasiones por mí. Él se hizo pecado y maldición por mí; esto es, por todo el mundo. Fue humilde y se hizo siervo por mí; Él es el Cordero, la Vid, la Roca, el Siervo y el Hijo de un criado por mí. Él no conoce el día del juicio pero, por mí, ignora el día y la hora... Qué remedio tan glorioso, ¡tener consuelo en Cristo! Porque Él soportó esas cosas con una enorme paciencia por nosotros, así que, ¡ciertamente nosotros no podemos soportarlas simplemente para la gloria de su Nombre con una paciencia común! ¿Quién no aprendería a perdonar a sus enemigos cuando ve que, aun en la cruz, Cristo oró por aquellos que le perseguían? Por tanto, ¿por qué le pide remedios para nosotros? Sus lágrimas nos lavan y su llanto nos limpia... Pero si comienza usted a dudar, se desesperará. Porque cuanto mayor el insulto, mayor gratitud se debe.

AMBROSIO

DÍA 267

ORAR POR LOS ENEMIGOS

LUCAS 23:34

Padre, perdónales, porque no saben lo que hacen.

¿Qué es perfección de amor? Amar aún a nuestros enemigos y amarlos de tal manera que puedan convertirse en hermanos cristianos. Porque el amor no debiera ser algo carnal. Desear a las personas un bienestar temporal y físico es bueno, pero cuando eso falla, espere que sus almas estén seguras. ¿Desea usted vida para su amigo? Hace bien. ¿Se alegra por la muerte de su enemigo? Hace mal. Sin embargo, aun la vida que usted desea para sus amigos puede que no sea buena para ellos; y la muerte de sus enemigos por la que se alegra puede que haya sido por el bien de ellos. No es certero si esta vida presente será beneficiosa o perju-

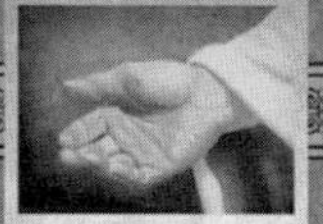

dicial para alguien pero, sin duda alguna, la vida con Dios es beneficiosa. Por tanto, ame a sus enemigos deseando que se conviertan en cristianos. Ame a sus enemigos para que ellos puedan llegar a tener comunión con usted. Porque Cristo amó de esta manera y, mientras colgaba en la cruz, dijo: "Padre, perdónalos porque no saben lo que hacen". Él no dijo: "Padre, dales una larga vida. Aunque me maten, déjalos vivir". Él les estaba quitando la muerte eterna mediante su misericordiosa oración y mediante su suprema fortaleza... Por lo tanto, si ha aprendido usted a orar por su enemigo, camina en el sendero del Señor.

AGUSTÍN

DÍA 268

RECUÉRDELO A ÉL

LUCAS 23:34

Padre, perdónales, porque no saben lo que hacen.

Ha escuchado usted un insulto, como el viento. Es usted como una ola. Cuando sopla el viento y el oleaje, el barco está en peligro, el corazón corre riesgo, y el corazón es lanzado de un lado a otro. Cuando fue usted insultado, deseó venganza; pero si ha sido usted vengado y se alegra por el dolor de la otra persona, ha sufrido usted un naufragio. ¿Por qué es así? Porque Cristo está dormido en usted. ¿Qué significa que Cristo está dormido en usted? Que usted ha olvidado a Cristo. Despiértelo, pues; tráigalo a la mente y permita que Él se despierte en usted. Ponga atención a Él. ¿Qué quiere usted? Venganza. ¿Ha olvidado que, cuando Cristo estaba siendo crucificado, Él dijo: "Padre, perdónales, porque no saben lo que hacen"? Aquel que dormía en su corazón no quería venganza. Despiértelo, pues. Recuérdelo; recuérdelo por medio de su palabra, porque Él nos manda que le recordemos. Entonces, si Cristo se despierta en usted, usted dirá: "¿Qué clase de persona soy, que quiero venganza? ¿Quién soy yo para ame-

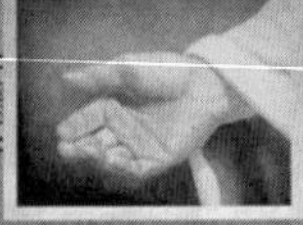

nazar a otras personas? Podría morir antes de ser vengado... por tanto, refrenaré mi enojo y regresaré a un corazón tranquilo". Porque cuando Cristo ordenó al mar, se restauró la paz.

AGUSTÍN

DÍA 269

UN AMOR TAL

LUCAS 23:34

Padre, perdónales, porque no saben lo que hacen.

De todas las escenas alrededor de la cruz, esta es la que más me enoja. ¿Qué tipo de persona —me pregunto— se burlaría de un hombre moribundo?...

Las palabras dichas aquel día tenían el propósito de herir. Y no hay nada más doloroso que las palabras con intención de herir...

Pero no le estoy diciendo nada nuevo. Sin duda, usted ya habrá tenido su parte de palabras que hieren, y habrá sentido el aguijón de una burla bien dirigida. Quizá siga usted sintiéndolo. Alguien a quien usted ama o respeta le lanza al piso con una calumnia o una equivocación; y allí se queda usted, herido y sangrando. Quizá las palabras tenían intención de herir, o quizá no; pero eso no importa. La herida es profunda...

¿Vio lo que Jesús no hizo? Él no retrocedió...

¿Vio lo que Jesús hizo? ... Él... habló en su defensa: "Padre, perdónales, porque no saben lo que hacen"...

Nunca, nunca he visto un amor tal.

MAX LUCADO

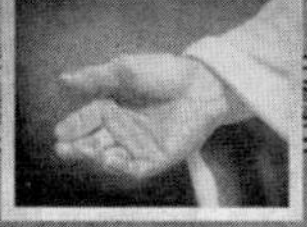

Día 270

ENCARNE EL PERDÓN

LUCAS 23:34
Perdónales.

La cruz se ladeó hacia el cielo y después se deslizó dentro del agujero cavado en el rocoso frente llamado Calvario. La sacudida envió fuego a sus extremidades recién atravesadas. Siguió una mayor agonía cuando los soldados pusieron cuñas entre la piedra y la madera para mantener erguida la cruz.

Con su primer aliento, Jesús exhaló palabras que nos parecen increíbles en aquella situación y difíciles de creer cuando las oímos aplicadas a nosotros. Y sin embargo, aquellas palabras no deberían sorprendernos. Jesús siempre miraba con ojos llenos de perdón. Al ser confrontado con un hombre paralítico al que unos amigos desesperados hicieron bajar a través de un techo, Jesús respondió con perdón: la más profunda de las sanidades. Cuando su compañero de cruz se acercó a Él con un ruego indefenso y humilde: "Acuérdate de mí", Jesús respondió con un seguro perdón. Jesús es el perdón de Dios encarnado. ¿Cómo no podría perdonar y pedirle a su Padre que perdonara a aquellos que inconscientemente le ayudaron a lograr el perdón?

NEIL WILSON

Día 271

SU VALOR

LUCAS 23:43 NVI
—Te aseguro que hoy estarás
conmigo en el paraíso—le contestó Jesús.

Ahora bien, ¿por qué hizo eso Jesús? ¿Qué tenía Él que ganar al

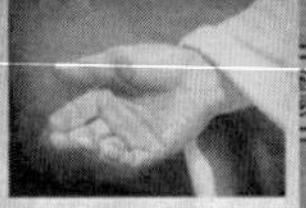

prometer a aquel desesperado un lugar de honor en la mesa del banquete? ¿Qué podría dar a cambio aquel colaboracionista?... ¡Nada!

Ese es el punto. Escuche con atención: El amor de Jesús no depende de lo que nosotros hagamos por Él. De ninguna manera. A ojos del Rey, usted tiene valor sencillamente porque usted es. No tiene que verse bien o hacer bien las cosas. Su valor es innato.

Punto.

Piense en eso durante un minuto. Usted es valioso simplemente porque existe; no debido a lo que hace o lo que haya hecho, sino simplemente porque usted es. Recuerde eso. Recuerde eso la próxima vez que le dejen agitándose en la estela del barco de vapor de ambición de alguna persona. Recuerde eso la próxima vez que algún estafador intente colgar la etiqueta de un precio de saldo en su autoestima. La próxima vez que alguien intente hacerle pasar por una persona indigna, simplemente piense en la forma en que Jesús le honra... y sonría.

MAX LUCADO

DÍA 272

ESPERANZA DEL PARAÍSO

LUCAS 23:43

Entonces Jesús le dijo: De cierto te digo que hoy estarás conmigo en el paraíso.

¿Qué sigue a la crucifixión? ¡El paraíso! Comunión con los fieles de Dios, con aquellos que han creído, que han perseverado, que han "retenido firme hasta el fin nuestra confianza del principio" (Hebreos 3:14). La segunda afirmación de Jesús desde la cruz fue la promesa del paraíso a uno de los malhechores que era crucificado con Él. "Entonces Jesús le dijo: De cierto te digo que hoy estarás conmigo en el paraíso" (Lucas 23:43).

Todo sufrimiento tiene un final. Para quienes creen en Jesús,

tiene un principio y tiene un final; no seguirá por siempre porque es controlado por el Alfa y la Omega. El final para todos los creyentes es el paraíso, y el paraíso le pertenece a Dios; es la recompensa de los vencedores: "Al que venciere, le daré a comer del árbol de la vida, el cual está en medio del paraíso de Dios" (Apocalipsis 2:7). ¿No es eso hermoso?

¿Qué necesitamos en medio del sufrimiento? ¡Esperanza! ¡La esperanza de gloria, de vida, de comunión con Jesús! ¿Y qué necesitamos comunicar a otros cuando colgamos de allí sufriendo? Necesitamos comunicar la realidad y la gloria de la segura esperanza del cielo.

KAY ARTHUR

DÍA 273

HOY

LUCAS 23:43

Entonces Jesús le dijo: De cierto te digo que hoy estarás conmigo en el paraíso.

Pocos de nosotros llegamos a conocer de antemano el día en que pasaremos del tiempo a la eternidad. El ladrón en la cruz recibió ese privilegio, y el regalo infinitamente mayor de un inesperado destino: el paraíso. Aunque las conversiones en el lecho de muerte no son la norma ni debieran ser el plan, la seguridad de Jesús plantea al menos una gran pregunta: ¿Cómo fue transformado el ladrón de ser un pecador en camino a la separación eterna de Dios a ser un viajero destinado a una comunión eterna con Dios? ¿Qué hizo él para ser salvo?

Para oídos acostumbrados a un vocabulario de salvación muy preciso y medido (incluso enlatado), las palabras del ladrón pueden sonar sencillas e incompletas: "Jesús, acuérdate de mí cuando vengas en tu reino". Esto no es nada parecido a la tradicional "oración del pecador". Sin embargo, Jesús lo aceptó como

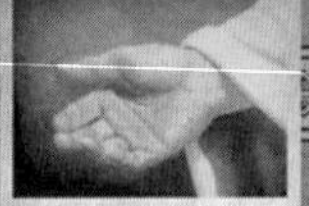

arrepentimiento y fe. El hombre reconoció su condición de pecador y el papel único de Jesús como Rey; no asumió el perdón, sino que lo pidió. Jesús respondió con un sincero indulto real. El Señor conmutó la sentencia del pecador de castigo eterno por su propia e inminente muerte. Una mayor relación podía esperar hasta el paraíso.

NEIL WILSON

DÍA 274

AHÍ TIENES A TU HIJO

JUAN 19:26 NVI

Cuando Jesús vio a su madre, y a su lado al discípulo a quien él amaba, dijo a su madre: —Mujer, ahí tienes a tu hijo.

Fue a esa piadosa madre que Jesús se volvió en su hora de la muerte. Sus últimos pensamientos fueron sobre ella, no pensando ser consolado por ella como tantas veces ella lo había hecho cuando Él era un niño, sino pensando en su dolor y en su futuro una vez que Él se hubiera ido. Él tenía un corazón de carne, y su caballerosa hombría no le permitía olvidar a quien le había traído a este mundo. De ahí que: "desde el púlpito de la cruz, Jesús predica un sermón para todas las edades sobre el quinto mandamiento"...

En medio de todo lo que Jesús estaba soportando en aquella terrible hora, pensó en ella, que había sido la guarda de su niñez y su juventud, y le entregó un inestimable legado de amor a su querido Juan. El mandamiento es consolar a las viudas en su aflicción, y María estaba muy afligida cuando estaba al lado de la cruz; quizá fuera la única de la familia que fue testigo de la muerte de su hijo, y debió de haberse sentido muy consolada cuando Él hizo provisión para su seguridad futura. El amor, proporcionando salvación por la cruz, no se olvidó de la provisión material que necesitaría una madre viuda afligida.

HERBERT LOCKYER

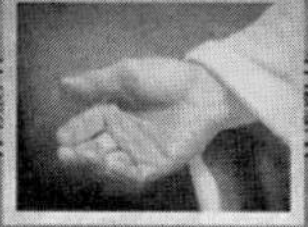

¿QUÉ CLASE DE DIOS?

JUAN 19:26-27

Cuando vio Jesús a su madre, y al discípulo a quien él amaba, que estaba presente, dijo a su madre: mujer, he ahí tu hijo. Después dijo al discípulo: He ahí tu madre. Y desde aquella hora el discípulo la recibió en su casa.

María es más vieja ahora. El cabello de sus sienes es gris; las arrugas han sustituido su piel joven; sus manos están encallecidas. Ella ha educado un hogar lleno de hijos, y ahora mira la crucifixión de su primogénito...

Pregunta: ¿Qué clase de Dios haría pasar a las personas por una agonía tal? ¿Qué clase de Dios le daría una familia y luego le pediría que la abandonara? ¿Qué clase de Dios le daría amigos y luego le pediría que les dijera adiós?

Respuesta: Un Dios que sabe que el amor más profundo no se construye sobre la pasión y el romance sino sobre una misión y un sacrificio común.

Respuesta: Un Dios que sabe que sólo somos peregrinos y que la eternidad está tan cerca que cualquier "adiós" es en realidad un "hasta luego".

Respuesta: Un Dios que lo hizo Él mismo.

Juan apretó con su brazo a María un poco más fuerte. Jesús le estaba pidiendo que fuera el hijo que una madre necesita y que, en algunos aspectos, Él nunca fue.

Jesús miró a María. Su dolor se debía a un dolor que era mucho mayor que el de los clavos y las espinas. En su silenciosa mirada, ellos volvieron a compartir un secreto. Y Él dijo adiós.

MAX LUCADO

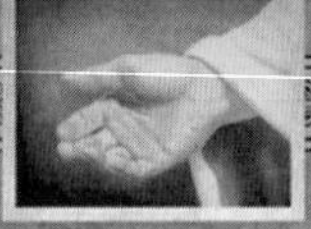

Día 276

CUIDA DE ELLA

JUAN 19:26-27

Mujer, he ahí tu hijo... He ahí tu madre.

Jesús debió de haber tenido muchas conversaciones interesantes con su madre, pero nosotros sólo estamos al tanto de tres de ellas. Cada uno de esos intercambios implicaba una relación única: Él como eterno Hijo de Dios; ella como madre de Dios. Su relación era comprensiblemente complicada.

En Lucas 2:50 Jesús corrigió con ternura la desesperada declaración de preocupación de María recordándole que ella "debería haber sabido que yo estaría en la casa de mi Padre". En el preludio del primer milagro de Jesús en la boda en Caná (Juan 2:1-12), María expresó una preocupación a Jesús: "No tienen vino". La respuesta de Jesús le recordó a su madre que las prioridades de ella no eran necesariamente las de Él. El acuerdo de ella le dio a Él la libertad de actuar.

Entre las tareas finales de Jesús en la vida, Él se ocupó del cuidado de su madre; confió a María y a Juan el uno al otro como madre e hijo. Un triste tono de separación da color al término "mujer" y destaca el amoroso traspaso que Jesús hace de la lealtad de su madre, el cual pasa de Él a Juan, a quien quería en particular. La universal eficacia del ministerio de Jesús como Mesías recibe una alegre confirmación en la manera en que Él se ocupó de las obligaciones comunes, humanas y necesarias de la vida genuina. Su divinidad brilló claramente a través de una humanidad sin igual.

NEIL WILSON

FAMILIA DE CREYENTES

JUAN 19:26-27

Cuando vio Jesús a su madre,
y al discípulo a quien él amaba,
que estaba presente, dijo a su madre:
mujer, he ahí tu hijo. Después dijo al discípulo:
He ahí tu madre. Y desde aquella
hora el discípulo la recibió en su casa.

Nuestro Señor dio énfasis a la familia humana, pero aún más enfatizó la *familia* espiritual de Dios. La relación genuina y permanente no es la de la carne, sino la del Espíritu. A pesar de lo maravillosas que son las relaciones terrenales, hay una relación más íntima entre los hijos de Dios. Juan, como creyente, era una mejor elección para hacerse cargo del cuidado de la madre de Jesús que sus hermanos y hermanas que no eran creyentes.

Jesús hizo nacer la hermandad de los creyentes. Él creó una nueva sociedad que no está segregada por la raza o la nacionalidad, ni está basada en el estatus social o el poder económico. Está formada por aquellos cuya fe se encuentra en la cruz y cuya experiencia de perdón fluye de ella. Jesús encomendó a su propia madre en manos de un hermano. En el Gólgota, aquel terrible día, Cristo llamó a un hermano en la familia de la fe a ministrar a alguien que tenía necesidad. Eso sigue siendo parte de su llamado a quienes están en la familia de Dios.

DAVID JEREMIAH

DESAMPARADO

MATEO 27:46

Cerca de la hora novena, Jesús clamó a gran voz, diciendo: Elí, Elí, ¿lama sabactani? Esto es: Dios mío, Dios mío, ¿por qué me has desamparado?

Con el trono sobre el terrible madero,
Cordero de Dios, tu dolor veo.
Oscuridad vela tu angustiado rostro;
Y no puedo trazar sus líneas de aflicción.
Tampoco puedo decir qué desconocidas punzadas
Te mantienen en silencio y soledad.

Silencio a lo largo de aquellas tres terribles horas,
Luchando con los poderes del mal,
Abandonado con el pecado del hombre,
Penumbra a tu alrededor y en tu interior,
Hasta que la hora designada se acerque,
Hasta que el Cordero de Dios muera.

¡Escucha ese grito que repica con fuerte voz
y se eleva a través de la abrumadora nube!
Tú, el unigénito del Padre,
Tú, su único Ungido,
Tú preguntas: "¿puede ser?"
"¿Por qué me has desamparado?"

JOHN ELLERTON

QUE NO SEAMOS DESAMPARADOS

MARCOS 15:34

Y a la hora novena Jesús clamó a gran voz, diciendo:
Eloi, Eloi, ¿lama sabactani? Que traducido es:
Dios mío, Dios mío, ¿por qué me has desamparado?

Dios había desamparado a Jesús. ¡No fue su imaginación! Dios realmente había abandonado a su Hijo, dejándolo en medio de la terrible muerte por el pecado. Jesús no tenía otro recurso; no tenía ayuda. En aquel inexplicable momento horrendo, el Padre y el Espíritu Santo se separaron del Hijo...

El grito había sido registrado mil años antes cuando su agonía fue proféticamente escrita por el salmista en el Salmo 22. ¡Escrito por el Verbo y leído incontables veces por el Verbo que se había hecho carne! Ahora se cumplía y llegaba a los oídos del Dios santo que tenía que castigar el pecado, porque Aquel que no conoció pecado era en aquel momento hecho pecado por nosotros...

La hora había llegado, la eterna hora de destino. Nunca antes, nunca más habría un momento como aquel, cuando Dios el Padre y Dios el Espíritu iban a desamparar al Hijo por causa de la humanidad, ¡a quien, en su mayoría, no podía importarle menos! Sin embargo, Él lo hizo para que nosotros, que estábamos muertos, separados de Dios, pudiéramos vivir y nunca ser abandonados por Él.

KAY ARTHUR

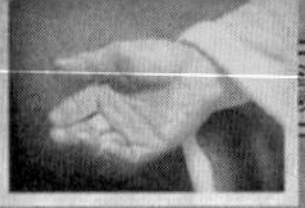

TOTALMENTE CUALIFICADOS

MARCOS 15:34

¿Por qué me has desamparado?

Jesús comenzó sus primeras y últimas afirmaciones desde la cruz con la misma palabra: Padre. Qué contraste tan agudo con este punto central tan bajo en la crisis de la cruz, cuando Jesús experimentó la plena profundidad y distancia de separación de Dios cuando tomó sobre sí mismo los pecados de la humanidad. Completamente humano, Jesús clamó desde la cerrada oscuridad de la retirada de Dios. En aquel momento, Él no se dirigió a Dios como Padre, sino simplemente como "Dios mío, Dios mío". La identificación de Jesús con la humanidad y su sustitución alcanzó su devastador clímax.

Los escritores de los evangelios, ahogados y humillados por la importancia, parecen haber sido guiados a registrar las palabras en el dialecto natal de Jesús, como si el idioma arameo tuviera un particular patetismo al expresar el abandono del Señor. La expresión es tan querida que merece ser escuchada y sentida aun antes de ser comprendida. Ellos incluyeron una traducción.

Pero la recelosa multitud reunida aquel día no la comprendió. La diversidad lingüística de Jerusalén en la Pascua dio como resultado un murmullo de especulación, imaginando que Jesús quería pedir ayuda a Elías. La mezclada reacción fue equivocada se mire como se mire. Nosotros ahora sabemos que Jesús clamó esas palabras para que nosotros no tuviéramos nunca que decirlas.

NEIL WILSON

Día 282

DIOS NO PUDO MIRAR

SALMO 22:1

Dios mío, Dios mío, ¿por qué me has desamparado?
¿por qué estás tan lejos de mi salvación,
y de las palabras de mi clamor?

Mientras Jesús colgaba allí manchado, saturado y cargado de pecado, el Padre se negó a mirar a su Hijo. ¿Por qué? Cristo estaba llevando toda infamia, todo vicio degradante que los depravados seres humanos habían cometido o cometerían. Su cuerpo y su alma estaban totalmente inmersos en las abominaciones del hombre. Él llevaba la desobediencia de Adán, el acto de asesinato de Caín, el adulterio de David, y los asesinatos de los cristianos por mano de Saulo de Tarso. Él llevaba todo pecado cometido desde el comienzo de la Historia y todo pecado que será cometido hasta que el mundo sea desintegrado por fuego...

Nunca en los anales de la Historia se ha llevado tanto pecado al mismo tiempo, y todo fue llevado por Aquel que no tenía pecado; todo estaba sobre el santo Dios-hombre sin pecado, Cristo Jesús, y por eso el Padre dio la espalda a la voz de su Hijo cuando Cristo tomó nuestro lugar (ver Salmo 22:1). Dios no podía mirar la escena; ciertamente fueron nuestros pecados, nuestra maldad, nuestra transgresión, nuestras iniquidades y nuestras abominaciones la causa de que el rostro de Dios no mirara el desgarrador acontecimiento.

JACK VAN IMPE

ÉL SABE CÓMO NOS SENTIMOS

JUAN 19:28 NVI

Después de esto, como Jesús sabía que ya todo había terminado, y para que se cumpliera la Escritura, dijo: —Tengo sed.

En el momento justo se nos recuerda que Aquel a quien oramos conoce nuestros sentimientos. Él conoce la tentación. Él se ha sentido desanimado. Él ha tenido hambre, y sueño, y cansancio. Él sabe cómo nos sentimos cuando nuestros hijos quieren cosas distintas todo el tiempo. Él asiente con comprensión cuando oramos con enojo. Él es tocado cuando le decimos que hay mucho más por hacer de lo que podrá nunca hacerse. Él sonríe cuando confesamos nuestro agotamiento...

"Tengo sed"...

Él quiere que recordemos que Él, también, fue humano. Él quiere que sepamos que Él, también, conoció el zumbido monótono y el cansancio que se produce con los largos días. Él quiere que recordemos que nuestro pionero no llevaba un chaleco salvavidas, ni guantes de goma, ni una armadura impenetrable. No, Él fue el pionero de nuestra salvación mediante el mundo al que usted y yo nos enfrentamos cada día.

Él es el Rey de reyes, el Señor de señores, y la Palabra de vida. Más que nunca, Él es la Estrella de la mañana, el Cuerno de la salvación y el Príncipe de paz.

Pero hay algunas horas en las que somos restaurados recordando que Dios se hizo carne y habitó entre nosotros. Nuestro Maestro supo lo que significa ser un carpintero crucificado que tuvo sed.

MAX LUCADO

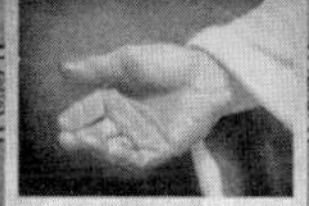

Día 284

SED

JUAN 19:28

Después de esto, sabiendo Jesús que ya todo estaba consumado, dijo, para que la Escritura se cumpliese: Tengo sed.

Los aspectos físicos de la obra de salvación estaban consumados. Jesús había experimentado por nuestra causa la profunda separación entre Dios y la humanidad producida por el pecado. Lo único que quedaba era la victoria final sobre la muerte al morir. Jesús expresó su condición sin expectativa de recibir alivio; simplemente estaba afirmando el hecho de su agotamiento y su sed. Esas palabras probablemente se expresaran como un gruñido; su cuerpo apenas podía mantener la vida que ardía dentro de Él. La esponja empapada que tocó sus labios no tuvo otro propósito sino el de fomentar sus dos últimas expresiones.

De una forma especial, Jesús experimentó en la cruz la verdad de la cuarta bienaventuranza, la que describe a quienes llegan al punto en que "tienen hambre y sed de justicia". Jesús vivió con esa sed, de manera tan real y abrumadora como su lengua seca e hinchada y su garganta reseca en aquel momento. Y en todos los sentidos de la palabra, Él supo que esa sed estaba a punto de ser satisfecha.

NEIL WILSON

Día 285

CONSUMADO ES

JUAN 19:30

Cuando Jesús hubo tomado el vinagre, dijo: Consumado es. Y habiendo inclinado la cabeza, entregó el espíritu.

Ahora bien, las palabras que Cristo emplea merecen nuestra

atención, porque demuestran que el total cumplimiento de nuestra salvación —y todas las partes de ella— está contenido en su muerte. Su resurrección no está separada de su muerte, pero Cristo sólo intenta mantener nuestra fe fija solamente sobre sí mismo y no permitir que se dirija hacia ninguna otra dirección en absoluto. El significado, por tanto, es que todo aquello que contribuye a la salvación del hombre se encuentra en Cristo y no debiera buscarse en ningún otro lugar; o (lo que se reduce a lo mismo) que la perfección de la salvación está contenida en Él. También hay un contraste implícito, porque Cristo contrasta su muerte con los antiguos sacrificios y con todas las figuras; es como si hubiera dicho: "De todo lo que se practicaba bajo la Ley, no había nada que tuviera poder en sí mismo para hacer expiación por los pecados, para aplacar la ira de Dios, y para obtener justificación; pero ahora la verdadera salvación es exhibida y manifestada al mundo".

JUAN CALVINO

DÍA 286

DECRETO DIVINO

JUAN 19:30

Cuando Jesús hubo tomado el vinagre, dijo: Consumado es. Y habiendo inclinado la cabeza, entregó el espíritu.

La muerte de Jesucristo es el cumplimiento en la Historia de la mente y la intención de Dios. No hay lugar para ver a Jesucristo como un mártir, pues su muerte no fue algo que le ocurrió *a* Él, algo que hubiera podido evitarse. Su muerte fue la razón por la que Él vino.

Nunca fundamente su argumento para el perdón sobre la idea de que Dios es nuestro Padre y que Él nos perdonará porque nos ama. Eso contradice la verdad revelada de Dios en Jesucristo; hace que la cruz sea innecesaria, y que la redención sea "mucho

ruido y pocas nueces". Dios perdona el pecado solamente debido a la muerte de Cristo. Dios no podía perdonar a la gente por ningún otro medio sino por la muerte de su Hijo, y Jesús es exaltado como Salvador a causa de su muerte... La nota más grande de triunfo que resonó nunca en los oídos de un universo asombrado fue la que sonó en la cruz de Cristo: "*Consumado es*" (Juan 19:30). Esa es la palabra final en la redención de la humanidad...

Jesucristo se hizo maldición por nosotros por decreto divino. Nuestra parte en comprender el tremendo significado de su maldición es la convicción de pecado. Se nos da la convicción como un regalo de vergüenza y arrepentimiento; es la mayor misericordia de Dios. Jesucristo odia el pecado en las personas, y el Calvario es la medida de su odio.

OSWALD CHAMBERS

DÍA 287

PAGADO POR COMPLETO

JUAN 19:30 NVI

Al probar Jesús el vinagre, dijo: —Todo se ha cumplido. Luego inclinó la cabeza y entregó el espíritu.

Después del sacrificio de Cristo ya no habría más necesidad de derramar sangre. Él "entró una vez para siempre en el Lugar Santísimo, habiendo obtenido eterna redención" (Hebreos 9:12).

El Hijo de Dios se convirtió en el Cordero de Dios, la cruz se convirtió en el altar, y nosotros fuimos "santificados mediante la ofrenda del cuerpo de Jesucristo hecha una vez para siempre" (Hebreos 10:10).

Lo que debía pagarse fue pagado. Lo que debía hacerse fue hecho. Se requería sangre inocente. Se ofreció sangre inocente, una vez y para siempre. Grabe estas cinco palabras en lo profundo de su corazón: *Una vez para siempre.*

MAX LUCADO

Día 288

UN GRITO DE VICTORIA

JUAN 19:30

Consumado es.

Después de que el escritor de Hebreos recopilase su lista de grandes ejemplos de fe, registrados en Hebreos 11, él cambió abruptamente el paradigma convirtiendo a los héroes de la fe en una "grande nube de testigos" (Hebreos 12:1). Ahora el foco central cambia a "nosotros" que nos preparamos para correr. ¿Cómo corremos? Lo hacemos "puestos los ojos en Jesús, el autor y consumador de la fe" (12:2). El escritor prosigue a describir la obra de Jesús en la cruz: "el cual por el gozo puesto delante de él sufrió la cruz, menospreciando el oprobio" (12:2).

Ver el final o visualizar el esfuerzo completado ofrece solamente una pincelada del momento de la consumación. El grito de victoria de Jesús resonó por toda la creación, dando para siempre la vuelta a la tortilla al dominio del mal. Su obra fue consumada; su meta, alcanzada; su desafío, cumplido; su propósito, logrado; su gran batalla, ganada. No podemos añadir nada a nuestra salvación, no simplemente porque no seamos capaces, sino porque Él ya la ha declarado completa: ¡consumada!

NEIL WILSON

Día 289

ÉL SE ENTREGÓ

LUCAS 23:46

Entonces Jesús, clamamdo a gran voz, dijo: Padre,
en tus manos encomiendo mi espíritu.
Y habiendo dicho esto, expiró.

Su muerte fue diferente; fue una muerte victoriosa. Él trajo los despojos con Él; fue una muerte vicaria. No tenía nada personal que reclamar de Él excepto como representante de los pecadores. Él estaba muriendo la muerte del hombre en su lugar; fue una muerte voluntaria. Ningún hombre le quitó la vida; Él la puso de sí mismo. La Escritura dice con claridad que Él clamó a gran voz y entregó su espíritu; Él no cedió a la muerte en debilidad; ¡Él llamó a la muerte a que lo sirviera a Él! Es significativo que el escritor inspirado no diga: "Él murió" sino "expiró"; esto es, "expiró su vida", indicando claramente la naturaleza voluntaria del acto...

El Profeta de la cruz estaba hablando el idioma de la *seguridad* cuando dijo: "Padre, en tus manos encomiendo mi espíritu". Porque no hay seguridad excepto cuando encomendamos todo en las manos de Dios. La mayor demostración de esto es la cruz.

La seguridad del hueco de la mano de Dios es la seguridad que todo corazón anhela. Desafía a las maldiciones, crucifixiones y cruces; y Jesús anunció el hecho antes de expirar su vida.

RUSSELL BRADLEY JONES

DÍA 290

LA LÍNEA DE META

LUCAS 23:46

Entonces Jesús, clamando a gran voz, dijo:
Padre, en tus manos encomiendo mi espíritu.
Y habiendo dicho esto, expiró.

El momento de la muerte representa la pérdida final de control. Hasta el momento en que exhaló esta oración final, Jesús estuvo llevando a cabo activamente un plan diseñado por Dios para la salvación de la humanidad. Al cruzar la línea de meta, Jesús se encomendó al Padre para la resurrección y restauración a su estado divino. Previamente se había vaciado a sí mismo (ver Filipenses 2:7) para tomar sobre sí la plena humanidad. Había

permitido que el Padre lo insertara en la raza humana como un bebé diminuto e indefenso. Había llevado a cabo todas las implicaciones de su misión para la humanidad, hasta llegar a la cruz e incluyendo esta (Filipenses 2:8). Ahora se encomendó al Padre una vez más.

Los creyentes a lo largo de la Historia, guiados por Cristo mismo, han puesto alta la barrera para morir bien. ¿Qué mejor afirmación de confianza y fe podemos declarar en el momento de la muerte o informar a nuestra familia y amigos mucho antes de morir, que el tener la intención de encomendar nuestro espíritu en las manos de nuestro Padre celestial para su custodia? Jesús confiadamente invadió la muerte con esa declaración. ¿Podemos nosotros, quienes confiamos en Cristo, hacer menos que eso?

NEIL WILSON

DÍA 291

CUANDO SEA EL MOMENTO

LUCAS 23:46 NVI

Entonces Jesús exclamó con fuerza: ¡Padre, en tus manos encomiendo mi espíritu! Y al decir esto, expiró.

Aun en su último suspiro antes de morir, Jesús seguía siendo Rey. Aquel que dijo que ningún hombre podía quitarle la vida murió en el momento determinado y de la manera determinada. En el Antiguo Testamento, la afirmación literal para el momento en que el Cordero de la Pascua debía ser muerto era "entre las tardes", lo cual, según la tradición judía, se situaba entre las tres de la tarde y las seis de la tarde... Jesús fue crucificado en el día exacto en que los corderos de la Pascua eran sacrificados (Juan 18:28). A las 3:00 de la tarde Él clamó por última vez, cumpliendo su papel como "el Cordero de Dios que quita el pecado del mundo" (Juan 1:29)...

Jesús murió de acuerdo a los propósitos de la Providencia

divina, y no a los deseos de hombres cobardes. Asimismo, usted y yo moriremos, no según la voluntad del cáncer, ni según la voluntad de un borracho imprevisible que cruza la autopista, ni según la voluntad de una dolorosa enfermedad. Moriremos bajo la buena mano del cuidado providencial de Dios; cruzaremos el telón según el reloj de Dios, y no según el calendario del azar.

EDWIN LUTZER

DÍA 292

LAS PROFUNDIDADES DE SU AMOR

MARCOS 15:37 NVI

Entonces Jesús, lanzando un fuerte grito, expiró.

Varios cientos de pies por debajo de mi silla hay un lago, una caverna subterránea de agua cristalina conocida como el acuífero Edwards. Nosotros, los del sur de Texas, sabemos mucho sobre este acuífero. Conocemos su longitud: 175 millas (263 kilómetros) y conocemos su trazado: (de oeste a este, excepto bajo San Antonio, por donde discurre de norte a sur)... Pero a pesar de todos los hechos que sí conocemos, hay un hecho esencial que no conocemos: no conocemos su tamaño. ¿La profundidad de la caverna? Es un misterio. ¿El número de litros de agua? Sin medida. Nadie sabe la cantidad de agua que contiene el acuífero... Nosotros utilizamos esa agua, dependemos de ella y moriríamos sin ella... ¿pero medirla? No podemos...

¿Quién ha penetrado en las profundidades del amor de Dios? Solamente Dios lo ha hecho. "¿Quieren ver el tamaño de mi amor? ænos invita Élæ Suban por el tortuoso camino fuera de Jerusalén. Sigan las gotas de barro sangriento hasta que alcancen la cima de la colina. Antes de levantar la mirada, deténganse y escúchenme susurrar: Esto es lo mucho que los amo".

Músculos desgarrados por el látigo cubren su espalda. Riachuelos de sangre sobre su rostro. Sus ojos y sus labios están

cerrados por la hinchazón. El dolor se propaga con furia con la intensidad de un reguero de pólvora. A medida que se hunde para aliviar el horroroso dolor de sus piernas, sus vías respiratorias se cierran. Al borde de la asfixia, empuja sus agujereados músculos contra el madero y sube un poco en la cruz. Hace esto durante horas. Dolorosamente arriba y abajo hasta que su fuerza y nuestras dudas se terminan.

¿Le ama Dios a usted? Contemple la cruz y contemple su respuesta.

MAX LUCADO

JESÚS RESUCITA *de la* MUERTE

¿Por qué buscan ustedes entre los muertos al que vive?
No está aquí; ¡ha resucitado!
LUCAS 24:5-6 NVI

La piedra fue quitada de la entrada del sepulcro de Jesús con un único propósito: dejar ver a los observadores que estaba vacía. Jesús ya había abandonado las instalaciones; las rocas, la madera y la albañilería ya no le limitaban. Quienes llegaron para honrar su cuerpo experimentaron la sorpresa y la alegría de adorarlo vivo. Ciertamente, Él ha resucitado.

La resurrección corporal de Jesucristo es el fundamento del cristianismo y el acontecimiento central de la Historia. Si esa tumba no hubiera estado vacía, la de usted tampoco nunca lo estaría. Todo lo que Jesús dijo e hizo antes de morir en la cruz lo situó en una categoría muy especial entre los fundadores y maestros religiosos a lo largo de la Historia. Su resurrección de la muerte lo sitúa en una categoría por sí mismo.

Esa tumba sigue estando vacía. Lo que nosotros creamos no cambiará su condición, pero lo que creamos acerca de Aquel que la dejó vacía marcará por completo la diferencia para nosotros en esta vida y en la próxima. Permítase a usted mismo la maravilla de experimentar el Domingo de Resurrección una vez más a medida que lee las siguientes páginas.

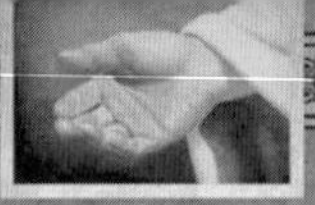

EL SÁBADO

JUAN 19:42

Allí, pues, por causa de la preparación de la pascua de los judíos, y porque aquel sepulcro estaba cerca, pusieron a Jesús.

Los discípulos que pasaron... desde el viernes hasta el domingo aprendieron que cuando Dios parece estar más ausente, puede que esté más cerca que nunca; cuando Dios parece tener menos poder, puede que sea más poderoso; cuando Dios parece más muerto, puede que este volviendo a la vida. Ellos aprendieron a no descartar nunca a Dios...

El Viernes Santo y el Domingo de Resurrección son quizá los días más significativos en el calendario de la Iglesia y, sin embargo, en un sentido real, vivimos nuestras vidas en el sábado, el día que está en medio. ¿Podemos confiar en que Dios puede hacer algo santo, bello y bueno de un mundo que incluye Bosnia y Ruanda, y guetos en el centro de las ciudades en la nación más rica de la tierra? La Historia humana se desarrolla, entre el tiempo de la promesa y su cumplimiento. Es domingo en el planeta tierra; ¿alguna vez llegará el domingo?

Quizá sea por eso que los autores de los Evangelios dedicaron mucho más espacio a la última semana de Jesús que a las varias semanas en las que Él estuvo apareciéndose después de la resurrección. Ellos sabían que la historia que seguiría a menudo se parecería al sábado, el día que está en medio, más que al domingo, el día de regocijo. Es bueno recordar que en el drama cósmico, vivimos nuestros días en sábado, el día sin nombre.

PHILIP YANCEY

DÍA 294

EL PRIVILEGIO DE JOSÉ

MARCOS 15:42-47

E informado por el centurión, dio el cuerpo a José.

Estamos asistiendo aquí al entierro de nuestro Señor Jesús. ¡Oh, que por gracia seamos plantados a su semejanza! José de Arimatea era uno de quienes esperaban el reino de Dios. Los que esperan tener parte en sus privilegios, deben poseer la causa de Cristo, cuando esta parece estar aplastada. Dios levantó a ese hombre para su servicio. Hubo una especial providencia en que Pilato fuera tan estricto en su investigación, para que nadie pudiera pretender decir que Jesús estaba vivo. Pilato dio permiso a José para que se llevara el cuerpo, y que hiciera lo que bien le pareciera con él. Algunas de las mujeres vieron dónde fue puesto Jesús, para poder regresar después del sábado para ungir el cuerpo muerto, debido a que no tenían tiempo para hacerlo antes. Se tomó especial cuidado del sepulcro de Cristo, porque Él iba a resucitar; y Él no desamparará a quienes confían en Él y claman a Él. La muerte, privada de su aguijón, pronto pondrá fin a las tristezas del creyente, al igual que puso fin a las del Salvador.

MATTHEW HENRY

DÍA 295

GUARDIAS EN EL HUERTO

MATEO 27:64 NVI

Por eso, ordene usted que se selle el sepulcro hasta el tercer día, no sea que vengan sus discípulos, se roben el cuerpo y le digan al pueblo que ha resucitado. Este último engaño sería peor que el primero.

Nicodemo y José llevaron una bolsa de mirra y áloes y, junto

con las especias y la tela, envolvieron el cuerpo de Jesús guardando la costumbre judía. Pero sus enemigos estaban nerviosos, y acudieron a Pilato y le pidieron que pusiera guardia alrededor del sepulcro porque temían que el cuerpo fuera robado por sus discípulos, que después afirmarían que había resucitado de los muertos, justo como Él había declarado que haría.

A mí eso me parece sorprendente. ¡Totalmente sorprendente! Los enemigos de Jesús evidentemente sabían lo que Jesús quería decir mejor que sus propios seguidores. Los discípulos estaban escondidos con miedo a ser arrestados y compartir el destino de Jesús; pero sus enemigos evidentemente comprendían que Jesús había dicho que resucitaría de la muerte después de tres días. A menudo, aquellos que rechazan el mensaje tienen mayores temores de que pudiera haber una inolvidable verdad en él que los que afirman creerlo. Ellos tomaron precauciones adicionales para guardarse de eso; sin embargo, no podían luchar contra Dios permanentemente.

RAVI ZACHARIAS

DÍA 296

BUSCAR AL SALVADOR

MATEO 28:1

Pasado el día de reposo, al amanecer del primer día de la semana, vinieron María Magdalena y la otra María, a ver el sepulcro.

Ella buscó al Salvador muy temprano en la mañana. Si no puede usted esperar a Cristo y ser paciente en la esperanza de tener comunión con Él en algún momento distante, nunca tendrá ninguna comunión; porque el corazón que está listo para la comunión es un corazón hambriento y sediento. Ella lo buscó también con gran valentía. Otros discípulos huyeron del sepulcro, porque temblaban y estaban sorprendidos; pero María se dice que "se quedó". Si quiere tener a Cristo con usted, búsquelo con

valentía; que nada se lo impida; desafíe al mundo; prosiga cuando otros huyen. Ella buscó solamente al Salvador. No le importaban los ángeles, y les dio la espalda para irse; su única búsqueda era la del Señor. Si Cristo es su único amor, si su corazón ha echado fuera a todos los rivales, no por mucho tiempo tendrá usted falta del consuelo de su presencia. María Magdalena buscó de esa manera porque amaba mucho. Elevémonos hacia la misma intensidad de afecto; que nuestro corazón, como el de María, esté lleno de Cristo, y que nuestro amor, como el de ella, no esté satisfecho con nada más que Él mismo.

CHARLES HADDON SPURGEON

DÍA 297

FELIZ SALVADOR

MATEO 28:1

Pasado el día de reposo, al amanecer del primer día de la semana, vinieron María Magdalena y la otra María, a ver el sepulcro.

Cuando los cristianos hablan de Jesús como "Varón de dolores, experimentado en quebranto", no están describiendo su naturaleza espiritual interior. El quebranto fue algo lanzado al Señor mediante su oposición; le fue clavado junto con los golpes y las maldiciones. Él no intercambió su gozo por tristeza; la tristeza provenía del exterior, y el gozo permaneció en el interior. Toda la hostilidad que se apiló contra Él, toda la conspiración que dio como resultado su traición, arresto, encarcelamiento, juicio, convicción, sentencia, azotes y crucifixión, no cambió a Jesús. Si Él fue experimentado en quebrantos, fue sólo para soportarlos.

Quizá se le haya ocurrido la pregunta: ¿por qué la figura del Salvador es tantas veces representada con una expresión benigna o feliz en su rostro? Tradicionalmente, Él tiene una apariencia solemne y triste, y a menudo está en un estado de extrema agonía,

tanto en la escultura como en la pintura. Durante siglos, la principal representación de nuestro Señor que el mundo ha conocido es la de un hombre colgado de una cruz. Debería recordarse que a pesar de lo horrible que fue la crucifixión y de lo trascendental que demostró ser, fue seguida de la resurrección, en la cual el Padre celestial cambió la muerte y la aparente derrota y desesperación por una gloriosa victoria.

SHERWOOD ELIOT WIRT

DÍA 298

EL TERCER DÍA

MARCOS 16:3 NVI

Iban diciéndose unas a otras: ¿Quién nos quitará la piedra de la entrada del sepulcro?

Una fuerte guardia romana estaba situada en el sepulcro, con la entrada sellada y los soldados allí con espadas. Nadie podía robar el cuerpo.

Temprano en la mañana, las dos mujeres que se dirigían al sepulcro llevaban especias para el cuerpo. Un deseo desesperado de hacer algo por la persona que ya no está en su cuerpo conduce a sus seres queridos a llevar flores o a hacer *algo* cerca de los restos del cuerpo de la persona que estaba tan recientemente viva. En aquellos tiempos, las especias proporcionaban un cumplimiento satisfactorio de este deseo natural. Con ninguna idea de expectativa ni sentimientos de esperanza, ellas —con tono de abatimiento— caminaban hacia el sepulcro, sólo para encontrarse con: ¡vacío! La piedra estaba quitada, ¡el cuerpo no estaba allí! Había dos hombres "con ropas resplandecientes", obviamente ángeles, enviados como los ángeles que habían sido enviados a anunciar la venida de Él a María treinta años antes, y que ahora les decían a las mujeres que Aquel a quien buscaban entre los muertos no estaba muerto, sino *vivo.* "No está aquí, sino que ha

resucitado. Acordaos de lo que os habló, cuando aún estaba en Galilea, diciendo: Es necesario que el Hijo del Hombre sea entregado en manos de hombres pecadores, y que sea crucificado, y resucite al tercer día". (Lucas 24: 6-7).

Entonces ellas recordaron.

EDITH SCHAEFFER

DÍA 299

¡CRISTO HA RESUCITADO!

LUCAS 24:2

Y hallaron removida la piedra del sepulcro.

¡Cristo ha resucitado! ¡Aleluya!
¡Bendita mañana de vida y de luz!
He aquí, el sepulcro descansa,
La muerte es conquistada por su poder.

¡Cristo ha resucitado! ¡Aleluya!
La alegría llena el mundo hoy;
Del el sepulcro que no pudo contenerlo,
¡Mira, la piedra ha sido removida!

¡Cristo ha resucitado! ¡Aleluya!
Amigos de Jesús, sequen sus lágrimas;
A través del velo de tristeza y oscuridad,
¡Miren, aparece el Hijo de Dios!

¡Cristo ha resucitado! ¡Aleluya!
Él ha resucitado, como dijo;
Es ahora el Rey de la gloria,
Y nuestra gran Cabeza exaltada.

FANNY CROSBY

¿CREE?

LUCAS 24:5

Y como tuvieron temor, y bajaron el rostro a tierra, les dijeron: ¿Por qué buscáis entre los muertos al que vive?

Las mujeres habían planeado poner especias en el cuerpo de Jesús; le habían visto morir en la cruz y ser llevado a un sepulcro. Conocían el lugar, ¡pero Jesús no estaba! En su lugar estaban dos ángeles que les recordaron la predicción de Jesús de que sería crucificado y que después, al tercer día, resucitaría de la muerte. Entonces las mujeres se acordaron.

Si desde el principio hubieran escuchado, comprendido y creído, ellas no habrían esperado encontrar su cuerpo en el sepulcro; pero ninguno de los seguidores de Jesús había comprendido su predicción, y de ahí que todos se quedaran sorprendidos por su resurrección. Sin aliento a causa de la emoción, las mujeres se apresuraron a regresar con las maravillosas noticias, pero los once discípulos y los demás no creyeron lo que decían.

¿Cree usted? Porque Cristo resucitó de la muerte, nosotros podemos saber que nuestro mundo se dirige a la redención, y no al desastre. Sabemos que la muerte ha sido conquistada y que también nosotros seremos resucitados de la muerte para vivir por siempre con Cristo. Sabemos que Cristo está vivo y gobierna su reino, y que el poder de Dios que levantó a Cristo de los muertos está disponible para nosotros para que podemos vivir para Él en un mundo de maldad.

¿Cree usted? Entonces viva con gozo, esperanza y poder.

DAVE VEERMAN

ÉL VIVE

LUCAS 24:5

¿Por qué buscáis entre los muertos al que vive?

Vengan a ver el lugar donde Jesús estaba,
Y escuchen a los vigilantes celestiales decir:
Él vive, el que estuvo muerto;
¿Por qué buscar al que vive entre los muertos?
Recuerden que el Salvador dijo
Que resucitaría.

¡Oh, qué feliz sonido! ¡Oh, gloriosa hora,
cuando por su gran poder
resucitó y abandonó el sepulcro!
Que ahora nuestros cantos cuenten su triunfo,
Quien desbarató las bandas de la muerte y el infierno,
Y vive por siempre para salvar.

El unigénito de entre los muertos,
Por nosotros resucitó, nuestra gloriosa Cabeza,
Para traer vida inmortal;
Y aunque los santos, como Él, mueran,
Comparten la victoria de su Salvador,
Y el triunfo con su Rey.

THOMAS KELLY

Día 302

CRISTO EL SEÑOR HA RESUCITADO HOY

MATEO 28:6
Ha resucitado.

Prácticamente todo el mundo pone a Jesús en la categoría de "mejor hombre que ha vivido jamás", muchos están de acuerdo en que Él es "el mayor maestro que el mundo haya conocido nunca", no hay pocos que insisten en que Él nos demostró cómo debiera vivirse", y algunos creen que Él "demostró cómo enfrentarse a la muerte". Pero a pesar de lo verdaderas que puedan ser estas opiniones, todas ellas se quedan cortas con respecto a lo que las Escrituras dicen acerca de Él...

Aun un momento de reflexión demostrará que esta serie de acontecimientos de inmediato elevan a Jesús por encima de las opiniones mencionadas anteriormente a una posición que solamente Él puede ocupar. Él es infinitamente más que un respetado maestro, que un brillante ejemplo, que un valiente ante la muerte y que un impecable modelo a seguir. Su resurrección se considera la aprobación del Padre de todas las afirmaciones de Jesús y el sello de validez de que su muerte quita nuestros pecados. Su vida después de la muerte es una afirmación concerniente a la realidad de la existencia eterna, y su conquista de la muerte es un robusto recordatorio de que la muerte no tiene porque suponer temor para quienes confían su destino eterno a Jesús.

El fundamento es que las opiniones de aprobación sobre la vida de Jesús están equivocadas a menos que estén unidas a la feliz creencia en su resurrección. La reverencia, a pesar de lo sincera que sea, por un Cristo muerto, a pesar de lo noble que sea, no hará nada por un pecador que se dirige hacia una eternidad perdida. Solamente una experiencia personal del Cristo resucitado será suficiente.

STUART BRISCOE

EL CRISTO RESUCITADO

JUAN 20:16

Jesús le dijo: ¡María! Volviéndose ella, le dijo: ¡Raboni! (que quiere decir, Maestro).

El título "Raboni" es un término que conlleva el mayor respeto, reverencia y amor; es un término más enfático y honroso que el más sencillo "rabbi".

María en el sepulcro realizó el mayor descubrimiento de todos: el Cristo resucitado. El relato dice que ella fue a proclamar la gloriosa noticia: "¡He visto al Señor!". En el sepulcro fue la última vez en que Cristo fue llamado con el término "Raboni" o sus equivalentes más cercanos: "maestro", "rabbi". Desde aquel día trascendental en adelante, Él sería el Señor resucitado, triunfante y reinante.

No es suficiente que atribuyamos a Cristo esos títulos de respeto y tradición; nosotros también debemos conocerlo como nuestro Señor resucitado. Nosotros también tenemos un mandato y una misión de proclamar las buenas nuevas desde la experiencia personal: "Yo he visto al Señor". Solamente un encuentro vibrante con el Cristo resucitado y un reconocimiento de su gran poder nos conducen a conocerlo como Él es realmente y a compartir su mensaje con los demás. En ese descubrimiento está nuestro destino.

HENRY GARIEPY

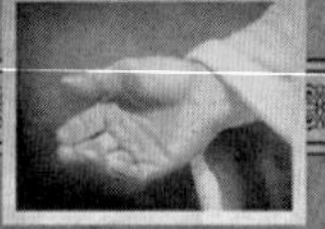

Día 305

ELLOS CREYERON

JUAN 20:6-8

Luego llegó Simón Pedro tras él, y entró en el sepulcro, y vio los lienzos puestos allí, y el sudario, que había estado sobre la cabeza de Jesús, no puesto con los lienzos, sino enrollado en un lugar aparte.

Los lienzos estaban allí como el seco y rajado caparazón de un capullo, dejado atrás cuando el gusano ha salido y ha desplegado sus brillantes alas a la luz del sol... O, más exactamente, como un guante que se ha quitado de la mano, cuyos dedos siguen reteniendo la forma de la mano.

De esa manera estaban los lienzos, un poco hundidos, ligeramente deshinchados porque entre las tiras de vendas había un peso considerable de especias, pero allí estaban las telas de lino que habían rodeado el cuerpo de Cristo.

Cuando vieron *aquello* fue que los discípulos creyeron.

La palabra griega que se emplea para "ver" *—theorei—* no significa contemplar como se mira por unos anteojos, ni tampoco ver como el observador que mira a través de su lupa.

Significa ver con una luz interior que conduce a alguien a una conclusión.

Es percepción.

Reflexión.

Comprensión: algo más que vista...

Ellos llegaron a la conclusión,

La inamovible, irrefutable y certera convicción,

De que Jesucristo había resucitado de la muerte.

PETER MARSHALL

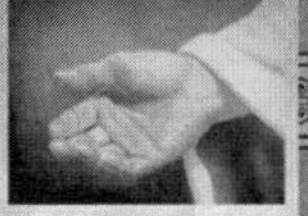

Día 306

YO SOY LA RESURRECCIÓN

JUAN 11:25

Le dijo Jesús: Yo soy la resurrección y la vida;
el que cree en mí, aunque esté muerto, vivirá.

En Jesús no hay puestas de sol; todo son amaneceres. Él es "la estrella resplandeciente de la mañana", no la estrella de la tarde. Es el heraldo del amanecer, no de la oscuridad. Rufus Moseley, un seglar, llamado para dirigir un funeral, fue al Nuevo Testamento para ver cómo Jesús dirigió un funeral y encontró que "Jesús no dirigió funerales. Él dirigió resurrecciones". Eso —que yo tengo en Cristo— no tiene que tener el sentimiento de un funeral; tiene el sentimiento de una resurrección... Un destacado erudito del Nuevo Testamento dice que se puede omitir la palabra "la" en ambos casos: "Yo soy resurrección", no "*la* resurrección", su propia resurrección. Él era y es "*la* resurrección", la suya propia, pero es aún más: es el principio y el poder de resurrección. Si tiene usted a Jesús, tiene resurrección. Él resucita su mente, su cuerpo, su espíritu, sus esperanzas, su perspectiva, su todo. En Él usted es resucitado ahora. Yo saludaré la resurrección de mi cuerpo como a un viejo amigo: "Te he conocido toda mi vida; porque la vida ha sido una larga y gloriosa resurrección. Bienvenido, amigo; sabía que vendrías".

E. STANLEY JONES

Día 307

LA RESURRECCIÓN Y LA VIDA

JUAN 11:25

Le dijo Jesús: Yo soy la resurrección y la vida;
el que cree en mí, aunque esté muerto, vivirá.

No es de sorprenderse que a Jesús se le ponga el nombre de muchas cosas buenas en el Evangelio. Si miramos los nombres por los cuales el Hijo de Dios es llamado, comprenderemos cuántas de esas cosas buenas Él es. Los pies de aquellos que predican su hombre son bellos. Una cosa buena es la vida, y Jesús es la Vida. Otra cosa buena es la luz del mundo (cuando es la luz verdadera que alumbra a la gente); y se dice del Hijo de Dios que es todas esas cosas. Otra cosa buena, además de la vida y la luz, es la verdad; y una cuarta es el camino que lleva a la verdad. Nuestro Salvador nos enseña que Él es todas esas cosas. Él dice: "Yo soy el camino, la verdad y la vida". Ah, ¿no es bueno que el Señor se librara de la tierra y la mortalidad para resucitar? Y nosotros hemos obtenido este beneficio del Señor: que Él es la Resurrección. Él dice: "Yo soy la resurrección". La puerta a través de la cual se entra en el mayor de los gozos también es buena; y Cristo dice: "Yo soy la puerta"... No debemos dejar de mencionar la Palabra, que es Dios el Padre de todo. Porque este es otro bien, en nada menor a los demás. Felices, por tanto, aquellos que aceptan estos bienes y los reciben de quienes anuncian sus bendiciones, cuyos pies son hermosos.

ORÍGENES

DÍA 308

NADA EXCEPTO LA VERDAD

LUCAS 24:46-47

Y les dijo: Así está escrito, y así fue necesario que el Cristo padeciese, y resucitase de los muertos al tercer día; y que se predicase en su nombre el arrepentimiento y el perdón de pecados en todas las naciones.

La Historia está repleta de aquellos que han tenido delirios de grandeza sobre sí mismos. Algunos incluso han estado dispuestos a morir por su causa, pero —al igual que todos los hombres—

todos ellos fueron derrotados por la muerte. Si abrimos sus tumbas, hallaremos sus cuerpos muertos; pero eso es lo que hace único a Jesús. Él predijo su muerte, predijo su entierro y profetizó que un día saldría de la tumba victorioso sobre la muerte. Tres días después de su muerte, hizo precisamente eso.

Las Escrituras lo registran. Todos los que han intentado desaprobarlo han sido vencidos. Científicos, determinados a destruir la fe cristiana, han sido incapaces, y muchos escépticos y ateos han sido llevados a la fe después de haber estudiado la muerte y la resurrección de Jesucristo, el cual es uno de los acontecimientos más detalladamente documentados en la historia del mundo.

Mediante su muerte somos redimidos, y mediante su sangre nuestro pecado es expiado, pero todo eso no tiene sentido si Él no hubiera salido del sepulcro. La resurrección de Cristo validó lo que hizo en la cruz.

DAVID JEREMIAH

DÍA 309

VOLVEREMOS A VIVIR

JOB 14:14

Si el hombre muriere, ¿volverá a vivir? Todos los días de mi edad esperaré, hasta que venga mi liberación.

Cuatrocientos años antes del nacimiento de Cristo, el filósofo griego Sócrates murió envenenado. Él fue considerado el maestro más sabio del mundo, pero cuando sus amigos preguntaron: "¿Volveremos a vivir?", lo único que él pudo responder fue: "Espero que sí, pero ningún hombre puede saberlo".

En Job 14:14 otro hombre hizo la misma pregunta: "Si el hombre muriere, ¿volverá a vivir?". Es una antigua pregunta, que persigue a muchas personas y prueba toda persuasión religiosa: la pregunta más crucial de todas las edades. En Hebreos 2:15 encontramos que algunos hombres viven toda su vida atados al

temor de la muerte. Muchos tienen temor de que la muerte los alcance. Sin alguna seguridad de vida después de la muerte, la muerte se convierte en una proposición aterradora; pero esa es exactamente la razón de que podamos celebrar la Semana Santa: la resurrección de Jesucristo responde esa antigua pregunta una vez para siempre. La resurrección saca al cristianismo de la esfera de la filosofía y lo convierte en un hecho de la Historia. Demuestra que hay vida más allá de esta vida.

DAVID JEREMIAH

DÍA 310

¿MORIR POR UNA MENTIRA?

HECHOS 12:2

Y mató a espada a Jacobo, hermano de Juan.

Un área que muchas veces se pasa por alto en los desafíos al cristianismo es la transformación de los apóstoles de Jesús. Sus vidas cambiadas proporcionan un testimonio sólido de la validez de sus afirmaciones... Puedo confiar en los testimonios de los apóstoles porque, de entre aquellos hombres, once murieron como mártires sobre la base de dos cosas: la resurrección de Cristo y su creencia en Él como el Hijo de Dios...

La respuesta que normalmente resuena es esta: "Pues muchas personas han muerto por una mentira; ¿qué demuestra eso, entonces?".

Sí, muchas personas han muerto por una mentira, pero creían que era la verdad. Ahora bien, si la resurrección no se produjo (por ej., fue falsa), los discípulos lo sabían. Yo no veo manera de demostrar que ellos pudieron haber sido engañados; por lo tanto, esos once hombres no sólo murieron por una mentira —aquí está la trampa—, sino que sabían que era una mentira. Sería difícil hallar a once hombres en la Historia que murieran por una mentira, sabiendo que era una mentira.

JOSH MCDOWELL

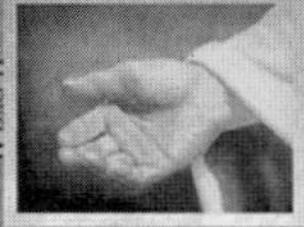

Día 311

NUESTRA SEGURIDAD

ROMANOS 4:25 NVI

Él fue entregado a la muerte por nuestros pecados, y resucitó para nuestra justificación.

La resurrección también nos da seguridad acerca de nuestra propia salvación. Jesús fue ciertamente "resucitado para nuestra justificación" (Romanos 4:25). Nuestra salvación no depende de nuestros logros sino del logro de Cristo, el cual sabemos que es completo. Esta es una de las mayores atracciones del cristianismo para el no cristiano. En el Islam no hay tal seguridad; los musulmanes realizan fielmente sus rituales, esperando que Dios tenga misericordia de ellos, pero sin tener seguridad de la aceptación de Dios. Los Testigos de Jehová, a pesar de la confianza con la que proclaman su comprensión de las Escrituras, no tienen tal seguridad.

Para los budistas e hindúes, el camino a la liberación es una larga y pesada escalada que se alarga incontable número de vidas, sin ninguna seguridad de cuándo serán capaces de compensar todo el mal karma que hayan reunido durante el camino. Qué buena noticia puede ser para tales peregrinos, agotados de luchar por su salvación, cuando escuchen las palabras de Pablo: "Por tanto, ninguna condenación hay para los que están en Cristo Jesús... Porque la ley del Espíritu de vida en Cristo Jesús me ha librado de la ley del pecado y de la muerte" (Romanos 8:1-2).

AJITH FERNANDO

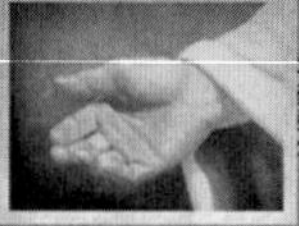

Día 312

LIBRE, PERO NO BARATA

ROMANOS 6:23 NVI

Porque la paga del pecado es muerte, mientras que la dádiva de Dios es vida eterna en Cristo Jesús, nuestro Señor.

Gracia es una palabra maravillosa. Significa el favor libre e inmerecido de Dios; es su remedio para el pecado... para el pecador.

La gracia es libre; pero no barata.

Es el mejor regalo jamás ofrecido.

Costó al Hijo de Dios su vida. Él, el "amigo de los pecadores", vino a la Historia para realizar un sacrificio infinito por los pecados de toda la humanidad, desde el primer ser humano hasta el último que jamás vivirá. Él era el "Cordero de Dios que quita el pecado del mundo". Nació para ser crucificado; sufrió nuestra muerte para que nosotros pudiéramos recibir su vida; llevó nuestros pecados para que pudiéramos ser justificados conforme a su perfección; se hizo pobre para que pudiéramos tener sus riquezas...

Su regalo de la gracia es libre si lo pedimos, libre si lo tomamos...

En su misericordia, Dios no nos da lo que merecemos: juicio. En su gracia, Él nos da lo que no merecemos: justificación.

Si reconocemos que somos pecadores —si confesamos nuestros pecados—, si deseamos su perdón, limpieza, renovación, *vida*; si pedimos perdón a Dios...

Él nos responderá con gracia.

RICHARD HALVERSON

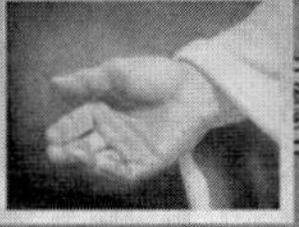

DÍA 313

SUMA CONFIANZA

1 CORINTIOS 15:17

Y si Cristo no resucitó, vuestra fe es vana; aún estáis en vuestros pecados.

¿Por qué es tan importante creer en la resurrección? "Si Cristo no resucitó, vuestra fe es vana", y si Cristo no resucitó, nuestros seres queridos que ya han muerto están perdidos. Si Jesucristo no resucitó de la muerte, "somos los más dignos de conmiseración". Si Cristo ha resucitado de la muerte, "Él es el primogénito de los que creen". El cuadro que Pablo nos hace es el de los primeros frutos de una cosecha, la promesa de lo que queda por venir. Él es los primeros frutos de la cosecha de almas de Dios; y nosotros somos el resto de la cosecha.

Pablo dice que la esperanza de la resurrección es la razón por la que él está dispuesto a pasar por intenso sufrimiento por Cristo. ¿Qué razón tendría para preguntar si Cristo no estuviera en realidad vivo? Con mucho, el mayor problema en la vida es la muerte... Pero para el cristiano la piedra ha sido quitada del sepulcro de la muerte. ¡Está vacío! La muerte para el cristiano es la puerta de entrada a la vida. Cristo ha ido delante de nosotros para decirnos que hay un nuevo mundo por delante nuestro y que podemos enfrentarnos a la tumba con suma confianza en esa promesa.

JILL BRISCOE

DÍA 314

NO MÁS AGUIJÓN

1 CORINTIOS 15:54-55

Sorbida es la muerte en victoria. ¿Dónde está, oh muerte, tu aguijón? ¿Dónde, oh sepulcro, tu victoria?

¡Aclamen! ¡Al victorioso Jesús aclamen!
En su nube de gloria se remonta
En gran triunfo por el cielo,
Se eleva a mundos que le esperan.

Los cielos abren de par en par sus portales,
Glorioso Héroe, camina por ellos:
Rey de la gloria sentado en su trono,
El trono de su gran Padre, y el suyo propio.

Alábenle, todo el coro celestial,
Extasiado, hagan sonar sus resonantes liras
Hijos de los hombres, en un esfuerzo más humilde,
Canten del reinado de su poderoso Salvador.

Que cada nota con asombro suene;
Vencido el pecado, ¡el infierno cautivo!
¿Dónde está ahora, oh muerte, tu aguijón?
¿Dónde tus terrores? ¡rey derrotado!

THOMAS SCOTT

DÍA 315

SU TRIUNFO

ROMANOS 6:9

Sabiendo que Cristo, habiendo resucitado de los muertos, ya no muere; la muerte no se enseñorea más de él.

Jesucristo ha venido a invadir toda forma de muerte y a infundirle su vida; Él es capaz de hacer eso porque en su propia muerte absorbió todo el poder de la muerte en sí mismo.

En su cuerpo, la muerte fue absorbida. Al someterse al tormento del Calvario, dominó al Atormentador. Él llevó en sí mismo todo el golpe de la espada de la muerte y recibió en sí

mismo todo el fruto amargo que merecían los pecadores del mundo. De alguna manera, en una poderosa transferencia, todos los registros de delincuencia de la Historia del pecado humano y su fracaso fueron pagados por aquella Persona sin pecado. Él recibió la agonía de nuestro castigo y proporcionó el éxtasis de nuestra liberación.

Debido a que Él era sin pecado, fue capaz de hacer eso. Solamente la magnitud de un alma no usurpada y sin mancha podía absorber la increíble dimensión del pecado que Cristo encontró en la cruz. Los pecados de toda la raza humana le sumergieron, pero la muerte no pudo retenerlo. En el Hijo de Dios se halló un estado tan inmaculado que pudo tomar la culpa de toda la humanidad y aún sobrevivir a un encuentro con la justicia divina. Cristo agota el poder del pecado, rompe el poder de la muerte, y sale victorioso.

JACK HAYFORD

DÍA 316

NO MÁS MUERTE

1 CORINTIOS 15:56-57

Ya que el aguijón de la muerte es el pecado, y el poder del pecado, la ley. Mas gracias sean dadas a Dios, que nos da la victoria por medio de nuestro Señor Jesucristo.

La muerte es destruida. La cruz ha triunfado sobre ella. Ya no tiene ningún poder, sino que está verdaderamente muerta. Por eso todos los discípulos de Cristo desprecian la muerte y ya no le tienen temor; toman la ofensiva contra ella, y mediante la señal de la cruz y por la fe en Cristo, la pisotean como muerta. Antes de que viniera el Salvador, la muerte era terrible para los santos; todo el mundo lloraba por los muertos como si hubieran perecido; pero ahora que el Salvador ha resucitado, la muerte ya no es terrible nunca más. Porque todo aquel que cree en Cristo pisotea

la muerte; prefiere morir que negar su fe en Cristo. Porque ellos saben que cuando mueran no serán destruidos, sino que realmente comienzan a vivir. Mediante la Resurrección ellos se vuelven incorruptibles. Porque el diablo, que una vez con malicia se regocijó en la muerte, es quien está verdaderamente muerto ahora que somos liberados de los dolores de la muerte. Como prueba de esto, las personas son cobardes y tienen terror a la muerte antes de creer en Cristo; pero cuando se han convertido a la fe de Cristo y a su enseñanza, menosprecian la muerte tanto que incluso con anhelo se apresuran a ella. Ellos testifican de la victoriosa resurrección de Cristo.

ANASTASIO

DÍA 317

LE OCURRIÓ A USTED

GÁLATAS 2:20

Con Cristo estoy juntamente crucificado, y ya no vivo yo, mas vive Cristo en mí; y lo que ahora vivo en la carne, lo vivo en la fe del Hijo de Dios, el cual me amó y se entregó a sí mismo por mí.

Nuestra salvación se cuida de nuestra seguridad eterna, y nuestra identificación se cuida de nuestro caminar diario de victoria. Con identificación quiero decir que la vida de Cristo es ahora mía. "Ya no vivo yo, mas vive Cristo en mí" (Gálatas 2:20). Lo que le ocurrió a Cristo en el Calvario me ocurrió a mí. Cristo fue crucificado, y yo fui crucificado; Cristo fue enterrado, y yo fui enterrado; Cristo fue resucitado, y yo fui resucitado. Identificación es el tema de Romanos 6. Cuando somos identificados con Él y hemos aceptado que, por la fe, el poder del pecado está roto, somos libres para andar en el Espíritu, liberados para convertirnos en las personas que Dios quiere que seamos. Es Cristo Jesús viviendo su vida en nosotros y a través de nosotros

como individuos. Nuestra relación con Él es que somos salvos, somos perdonados, somos aceptados, somos hijos de Dios. Estamos seguros en la cruz. Podemos tener la paz y la seguridad de que nuestro caminar diario es agradable y honorable a Él...

Alguien que está sano y salvo en el amor de Dios y es sostenido por su gracia ya no escucha de un Dios distante; ahora escucha a Alguien que le ama lo suficiente para llevarlo a una relación personal, y eso causa toda la diferencia.

CHARLES STANLEY

DÍA 318

NUESTRO VERDADERO HOGAR

EFESIOS 2:19

Así que ya no sois extranjeros ni advenedizos, sino conciudadanos de los santos, y miembros de la familia de Dios.

Recuerde siempre que hemos renunciado al mundo y vivimos aquí como invitados y extraños entretanto. Anticipe el día asignado a cada uno de nosotros para nuestra llegada al hogar. Aquel día nos arrebatará, nos liberará de las trampas del mundo, y nos hará regresar al paraíso y al reino. ¿Quién, en una tierra extranjera, no se apresuraría a regresar a su propio país? ¿Quién, cuando se apresura a regresar a sus amigos, no espera con ansia que soplen los vientos de espalda para así poder abrazar antes a sus seres queridos? Consideramos el paraíso como nuestro país. Ya consideramos a los patriarcas como nuestros padres. ¿Por qué no nos apresuramos y corremos, para así poder ver nuestro país y saludar a nuestros padres? Un gran número de nuestros seres queridos están esperándonos allí. Una densa multitud de padres, hermanos e hijos nos anhelan, ya seguros de su propia seguridad y anhelando nuestra salvación... Amados, apresurémonos a esas personas. Anhelemos estar con ellos y llegar pronto a Cristo. Que Dios vea nuestro anhelante deseo; que el Señor Jesucristo mire el

propósito de nuestra mente y nuestra fe. Él dará las mayores recompensas de su gloria a quienes tengan un mayor deseo por Él.

CIPRIANO

DÍA 319

MORIR AL YO

FILIPENSES 2:5,8 NVI

La actitud de ustedes debe ser como la de Cristo Jesús,... se humilló a sí mismo y se hizo obediente hasta la muerte.

Ser cristiano es ser un sujeto —sujeto a un rey—; es decir, dar la bienvenida al gobierno de Dios en la vida de uno. Jesús mismo se sujetó al Padre: "He aquí que vengo, oh Dios, para hacer tu voluntad" (Hebreos 10:7). Esto significa que Él había venido a este mundo no para ganar, sino para perder; no para conseguir, sino para dar; no para ser servido, sino para servir; no para obtener pan, sino para ser *el* pan, el Pan del cielo, partido por la vida del mundo.

"Haya, pues, en vosotros este sentir que hubo también en Cristo Jesús... se humilló a sí mismo" (Filipenses 2:5-8).

Eso lo expresa en términos muy sencillos. Si quiere usted ser cristiano, que su sentir sea el mismo que el de Él: ser humillado, sujetarse, ser obediente; hasta la *muerte.* Eso significará muerte, puede estar seguro; al menos muerte a algunos de sus deseos y planes. Muerte a *usted mismo.* Pero nunca olvide que la muerte de Jesús fue la que abrió el camino para su propia exaltación y nuestra vida eterna. Nuestra muerte al egoísmo es la resplandeciente puerta a las glorias del palacio del Rey. ¿Acaso es tan difícil ser su siervo? ¿Es demasiado alto el precio?

ELISABETH ELLIOT

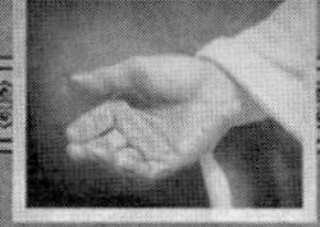

Día 320

NUEVA VIDA

COLOSENSES 2:12

En el cual fuisteis también resucitados con él, mediante la fe en el poder de Dios que le levantó de los muertos.

Por tanto, que esto quede fijo en nuestras mentes: que Cristo ha extendido su mano hacia nosotros, que no puede abandonarnos en mitad del camino sino que, confiando en su bondad, podemos levantar nuestros ojos con valentía y mirar al día final... ¿Porque en qué respecto difieren los creyentes de los malvados sino en que, abrumados por la aflicción y como ovejas para el matadero (Romanos 8:36), ellos siempre tienen un pie en la tumba y, ciertamente, no están lejos de ser continuamente tragados por la muerte? De esta manera, no hay otro sustento para nuestra fe y paciencia que este: que mantenemos fuera de nuestra vista la condición de la vida presente, y aplicamos nuestras mentes y nuestros sentidos al día final, y atravesamos los obstáculos del mundo; hasta que el fruto de nuestra fe aparezca en su plenitud.

JUAN CALVINO

Día 321

NUESTRO MEDIADOR

HEBREOS 9:15 NVI

Por eso Cristo es mediador de un nuevo pacto, para que los llamados reciban la herencia eterna prometida, ahora que él ha muerto para liberarlos de los pecados cometidos bajo el primer pacto.

¡Qué tremendamente grande es la remisión y redención de los pecados a través de Jesucristo!

Muchos cristianos no comprenden suficientemente la obra

que Jesucristo está haciendo por nosotros en este mismo momento. Muchos de nosotros creemos que Él murió por nuestros pecados, creemos en su muerte y resurrección, pero olvidamos que después de su resurrección Él ascendió al cielo y se sentó a la diestra del Padre y comenzó a vivir para nosotros tan ciertamente como murió por nosotros.

El diablo hace acusación contra nosotros día y noche, pero Jesús es nuestro Abogado. En Él somos la justicia de Dios (2 Corintios 5:21).

Si, después de que nos haya sido perdonado un pecado, seguimos preocupándonos por ello, aun por cinco minutos más, estamos robando, tanto a Él como a nosotros mismos, mucho gozo.

"Resistid al diablo y huirá de vosotros" (Santiago 4:7). Ninguna arma mejor podría encontrarse para luchar contra él que este texto.

La conciencia de pecado puede degenerar en derrotismo: "Es demasiado malo, pero es así como soy". El diablo se regocija cuando somos derrotados, pero tiene temor a la conciencia de la victoria.

El diablo nos hace conscientes de pecado. El Espíritu de Dios nos hace conscientes de pecado, y después conscientes de la victoria.

CORRIE TEN BOOM

DÍA 322

COMUNIÓN PARA SIEMPRE

APOCALIPSIS 21:3

Y oí una gran voz del cielo que decía: He aquí el tabernáculo de Dios con los hombres, y él morará con ellos; y ellos serán su pueblo, y Dios mismo estará con ellos como su Dios.

No habrá santuario, o tabernáculo, o templo en el cielo; y no habrá iglesias. Apocalipsis 21:22 dice que "el Señor Dios Todopoderoso es el templo de ella, y el Cordero". Debido a que Dios morará en medio de su pueblo, al igual que comenzó haciendo en el huerto de Edén, no habrá necesidad de santuario para que sea su morada.

Nosotros, de forma incorrecta, llamamos a nuestras iglesias "santuarios" en la actualidad porque son donde nos reunimos una vez a la semana para adorar a Dios y escuchar la proclamación de su Palabra. Pero Dios no mora en edificios en esta era; Él mora en su pueblo. En la actualidad, no podemos "ver" su presencia como podremos hacerlo en el cielo. En lugar de morar "en" nosotros en el cielo, Él morará "entre" nosotros, en nuestra misma presencia.

El mismo Jesús que sanó a los enfermos, resucitó a los muertos, alimentó a las multitudes, murió en el Calvario y resucitó de la muerte, y ascendió al cielo, estará caminando entre nosotros en el cielo. Tendremos una comunión personal constante con Él para siempre.

DAVID JEREMIAH

Día 323

NUESTRA ESPERANZA

FILIPENSES 3:21

El cual transformará el cuerpo de la humillación nuestra, para que sea semejante al cuerpo de la gloria suya, por el poder con el cual puede también sujetar a sí mismo todas las cosas.

Aunque no sabemos con exactitud cómo van a ser cambiados nuestros cuerpos en aquel glorioso día, ¡sí sabemos que las limitaciones, el dolor, el sufrimiento y la muerte desaparecerán para siempre! Pablo les dijo a los corintios que nuestros cuerpos serán enterrados en corrupción y serán resucitados sin corrupción; serán sembrados en humillación y resucitados en esplendor; será sembrado un cuerpo físico y será resucitado un cuerpo espiritual (1 Corintios 15).

Nuestros nuevos cuerpos serán semejantes al glorioso cuerpo de nuestro Señor Jesucristo. Aparte de la resurrección de Jesús mismo, hay sólo tres resurrecciones que se registran en los Evangelios: la del hijo de la viuda de Naín, la de la hija de Jairo, y

la de Lázaro. Todas esas situaciones comenzaron con lamento hasta que Jesús llegó; después aquella tristeza fue transformada en gozo y alegría. Jesús dijo de sí mismo: "Yo soy la resurrección y la vida". Dondequiera que la vida de Jesús signifique muerte, la muerte siempre es derrotada. Cuando Él venga de nuevo, la muerte dará su último golpe. Como Pablo dijo a los corintios: "La muerte es sorbida en victoria" (15:54).

DAVID JEREMIAH

DÍA 324

LIBERADOS DE LA MUERTE

1 PEDRO 1:23

Siendo renacidos, no de simiente corruptible, sino de incorruptible, por la palabra de Dios que vive y permanece para siempre.

Cristo es la vida... porque Él nunca permite que la vida que ha sido una vez conferida se pierda, sino que la preserva hasta el fin. Porque ya que la carne es tan frágil, ¿qué sería del hombre si, después de haber obtenido una vez la vida, fuera dejado solo? La perpetuidad de la vida debe, por tanto, estar fundada en el poder de Cristo mismo, para que Él pueda completar lo que ha comenzado.

La razón por la cual se dice que los creyentes nunca mueren es porque sus almas, siendo nacidas de nuevo con una semilla incorruptible (1 Pedro 1:23), tienen a Cristo morando en ellas, de quien derivan un vigor perpetuo. Porque aunque el cuerpo esté sujeto a la muerte a causa del pecado, sin embargo el espíritu es vida a causa de la justicia (Romanos 8:10). Que el hombre exterior se deteriore cada día en ellos está tan lejos de quitarles su vida verdadera que ayuda al progreso de ella, porque el hombre interior se renueva de día en día (2 Corintios 4:16). Aún más, la muerte misma es una clase de emancipación de la atadura de la muerte.

JUAN CALVINO

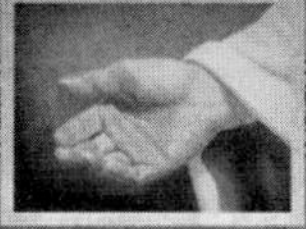

Día 325

CIERTAMENTE

1 JUAN 1:1

Lo que era desde el principio, lo que hemos oído,
lo que hemos visto con nuestros ojos, lo que hemos contemplado,
y palparon nuestras manos tocante al Verbo de vida.

Jerusalén no se había impresionado por la manera en que los discípulos de Cristo se habían comportado durante el arresto y juicio del Nazareno. Sus seguidores ciertamente no habían sido valientes; de hecho, todos ellos o bien habían huido para salvar sus propias vidas o habían seguido a una gran distancia. Pedro tenía tanto miedo que incluso negó haber conocido al Nazareno.

Luego, después de la muerte de su Maestro, la banda de discípulos se había escondido con las puertas cerradas, "por miedo a los judíos".

Sin embargo, después de aquella mañana, encontramos a esos mismos hombres,

Tímidos,

Asustados,

Ineficaces,

Predicando abiertamente, sin temor a nadie.

Su convicción personal suena como una campana a lo largo de las páginas del Nuevo Testamento... firme y fuerte...

"Lo que hemos visto oído con nuestros propios oídos, visto con nuestros propios ojos, tocado con nuestras propias manos, os declaramos".

¿Y de qué estaban tan seguros?

De que Jesucristo estaba vivo.

PETER MARSHALL

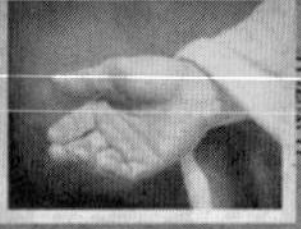

Día 326

UN SALVADOR ÚNICO

1 CORINTIOS 15:12-14 NVI

Ahora bien, si se predica que Cristo ha sido levantado de entre los muertos, ¿cómo dicen algunos de ustedes que no hay resurrección? si no hay resurrección, entonces ni siquiera Cristo ha resucitado. Y si Cristo no ha resucitado, nuestra predicación no sirve para nada, como tampoco la fe de ustedes.

Sin la resurrección, el cristianismo hubiera nacido muerto. No se puede tener una fe viva si lo único que se tiene es un salvador muerto. Sin la resurrección, la fe cristiana pudiera haber sido una forma de vida encomiable, pero Jesús sería simplemente otro gran maestro que vivió su vida y regresó al polvo. El cristianismo no sería la verdad de Dios si Jesús no hubiera resucitado de entre los muertos.

La resurrección sitúa a Jesucristo en una clase por sí mismo; le hace único. Otras religiones pueden competir con el cristianismo en algunas cosas; pueden decir, por ejemplo: "¿Les dio su fundador un libro santo? Nuestro fundador nos dio un libro santo. ¿Tiene muchos seguidores su fundador? También los tiene el nuestro. ¿Tienen ustedes edificios conde la gente se reúne para adorar a su Dios? Nosotros tenemos edificios donde la gente viene a adorar a nuestro dios".

Pero los cristianos pueden decir: "Todo eso puede que sea cierto, ¡pero nuestro Fundador resucitó de la muerte!". Fin de la conversación.

TONY EVANS

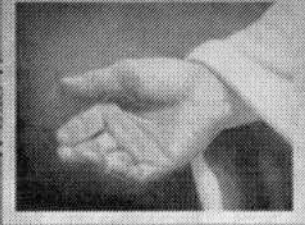

Jesús se aparece a sus seguidores

Luego les dijo: Cuando todavía estaba yo con ustedes, les decía que tenía que cumplirse todo lo que está escrito acerca de mí en la ley de Moisés, en los profetas y en los salmos. Entonces les abrió el entendimiento para que comprendieran las Escrituras.
LUCAS 24:44-45 NVI

Muchas personas diferentes pasaron tiempo con Jesús después de la resurrección. La mayoría de ellas dudaban de una manera u otra. Tomás puede que haya sido el más expresivo en su reticencia a creer que Jesús estaba vivo, pero todos ellos mostraron cierto grado de sorpresa porque no esperaban que Jesús resucitara de la tumba. A pesar de sus promesas, ellos quedaron sorprendidos.

Las apariciones de Jesús después de la resurrección tuvieron un resultado común: los que dudaban quedaron convencidos. Muchos de aquellos que testificaron de su resurrección mantuvieron su testimonio aun a la luz de una muerte dolorosa. Sus vidas y su mensaje llevan el timbre de verdad que continúa resonando en la Historia.

A medida que piense en las variadas apariciones de Jesús en esta sección, tómese algún tiempo para reflexionar sobre la forma en que el testimonio de ellos ha afectado su propia vida y las formas en que Jesús se ha mostrado a sí mismo vivo para usted.

Día 327

¿A QUIÉN BUSCAS?

JUAN 20:15 NVI

¿Por qué lloras, mujer? ¿A quién buscas?

¿Por qué lloras? ¿A quién buscas? Esa fue la pregunta hecha a María cuando ella fue al huerto donde habían puesto el cuerpo de Jesús en un sepulcro. Durante los cortos años que los discípulos habían pasado con Jesús, sus conversaciones habían estado llenas de preguntas. Hay, por tanto, una tierna nota de crítica cuando esta pregunta se les hizo *a* ellos. En realidad tiene connotaciones de una pregunta que Él les había hecho en más de una ocasión. A aquellos primeros seguidores, Él había preguntado: "¿Qué quieren?". Él había preguntado lo mismo a los discípulos de Juan el Bautista: "¿Qué salieron a ver?". Uno tiene que suponer que Él en repetidas ocasiones los detuvo para preguntarles qué era lo que ellos querían que Dios fuera para merecer su aprobación.

Durante sus años con Él, su incapacidad de comprender mucho de lo que Él decía se gana tanto nuestra compasión como nuestro asombro. Además, ellos estaban con Aquel que no tenía igual y, por tanto, su vacilante y tímida postura a cada paso del camino es comprensible. ¿Pero cuánto más específico tuvo Él que ser antes de que estuvieran seguros de quién era?

RAVI ZACHARIAS

Día 328

NUNCA TE DEJARÉ IR

JUAN 20:17 NVI

Suéltame, porque todavía no he vuelto al Padre. Ve más bien a mis hermanos y diles: "Vuelvo a mi Padre, que es Padre de ustedes; a mi Dios, que es Dios de ustedes".

Una de las imágenes después de la resurrección de Cristo que más amo es cuando tiene que decirle a María Magdalena que tiene que despegarse de Él para que cada uno de ellos pueda ser liberado para llevar a cabo lo que Dios les ha llamado a hacer (ver Juan 20:17). En el momento en que ella reconoció a Jesús, obviamente se agarró a Él por su vida, como si dijera: "¡Ahora que te he encontrado, nunca te dejaré ir!". Aunque usted y yo no hemos visto nunca a Cristo cara a cara, no somos en nada diferentes. Algunas veces recibimos una revelación fresca de Cristo en un momento de crisis, y entonces puede que no queramos movernos de su lado durante el resto de nuestros días.

Cristo parece decirnos: "Sí, esta revelación es un regalo para ti, pero cuídate de no quedarte estancado aquí. No te aferres a tu vista acerca de mí. Deja que esos momentos alimenten tu futuro. Camina por fe y no por vista, ¡hay trabajo que hacer! Descansa seguro de que yo siempre estaré contigo porque ahora que te encontrado, nunca te dejaré ir".

BETH MOORE

Día 329

TENÍA QUE HACERSE

LUCAS 24:26

¿Acaso no tenía que sufrir el Cristo estas cosas antes de entrar en su gloria?

Si usted de buena gana lleva la cruz, ella le llevará a usted, y le llevará hasta el fin que usted busca, aun cuando sea el fin del sufrimiento; aunque no será aquí. Si la lleva de mala gana, hará de ella un peso para usted mismo y aumentará mucho su carga y, sin embargo, debe llevarla. Si rechaza una cruz, sin duda que encontrará otra que quizá sea más pesada.

¿Piensa usted escapar de lo que ningún mortal ha sido capaz de evitar? ¿Cuál de los santos en todo el mundo ha estado sin la cruz y la tribulación? Porque ni siquiera Jesucristo nuestro Señor estuvo una hora sin la angustia de su pasión durante todo el tiempo que vivió. *Le incumbía* —dijo Él— *al Cristo sufrir y resucitar de los muertos, y entrar en su gloria.* ¿Y cómo busca usted otro camino distinto a ese camino real, el cual es el camino de la santa cruz?

THOMAS À. KEMPIS

DÍA 330

ESTUDIE Y ORE

LUCAS 24:32

Y se decían el uno al otro: ¿No ardía nuestro corazón en nosotros mientras nos hablaba en el camino, y cuando nos abría las Escrituras?

La palabra *arder* significa exactamente lo que usted piensa: "hacer arder... encender... consumir con fuego"... Su corazón significa para Cristo mucho más que cualquier otra cosa. Que su corazón esté plenamente aferrado a Cristo es más importante que cualquier cantidad de servicio que pueda usted rendir o cualquier regla que pueda usted guardar... Dios quiere cautivar por completo su corazón y hacer que arda de pasión por Él. Es su prioridad absoluta para usted según Marcos 12:30; el gozo y la satisfacción huirán de usted en su ausencia. Existen dos claves inmutables que encienden nuestro fuego espiritual e inflaman la pasión recta; ambas están dentro de las brasas de Lucas 24:32. "¿No ardía nuestro corazón en nosotros mientras nos hablaba en

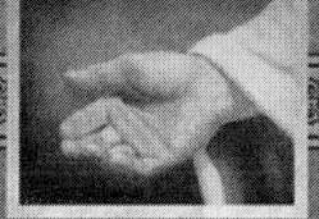

el camino, y cuando nos abría las Escrituras?".

Para mí, "nos hablaba en el camino" es una representación maravillosamente personal y tierna de la oración, y "nos abría las Escrituras" es una representación perfecta del estudio bíblico. Amados, podemos hacer muchas otras cosas para avivar la llama de nuestra pasión espiritual por Cristo, pero todos los demás esfuerzos son en vano sin los dos palos de la oración y el estudio bíblico que se frotan para encender un fuego.

BETH MOORE

DÍA 331

PAZ A VOSOTROS

JUAN 20:19

Cuando llegó la noche de aquel mismo día, el primero de la semana, estando las puertas cerradas en el lugar donde los discípulos estaban reunidos por miedo de los judíos, vino Jesús, y puesto en medio, les dijo: Paz a vosotros.

¿No ocurre siempre así? ¿No viene Él justo cuando más se le necesita, y no son siempre sus primeras palabras: Paz a vosotros? "Jesucristo es el mismo ayer, hoy, y por los siglos".

Me pregunto si les mostró sus manos y su costado, y también sus pies, no sólo para que pudieran reconocerlo en aquel cuarto escasamente iluminado sino para que siempre, hasta el fin, pudieran recordar esto: Yo, a quien ustedes siguen, sufrí; si ustedes me siguen no podrán evitar el sufrimiento; no deben sorprenderse por ningún sufrimiento. "No lo consideren extraño", "considérenlo un gozo". Aún más que eso (porque su llamado siempre ha sido tomar la cruz y llevarla), a mí me parece que al mostrarles sus manos, su costado y sus pies, Él estaba dejando impresa esta verdad en sus mentes: "De cierto, de cierto os digo que si el grano de trigo no cae a tierra y muere, no lleva fruto; pero si muerte, lleva mucho fruto". "No hay vida excepto por la

muerte". Pero antes les dijo: "Paz a vosotros".

AMY CARMICHAEL

Día 332

UNA ELECCIÓN DE LA VOLUNTAD

JUAN 20:25

Le dijeron, pues, los otros discípulos: Al Señor hemos visto. Él les dijo: Si no viere en sus manos la señal de los clavos, y metiere mi dedo en el lugar de los clavos, y metiere mi mano en su costado, no creeré.

Cuando la mayoría de los discípulos vieron por primera vez a Jesús vivo después de su crucifixión, Tomás no estaba con ellos. Cuando los otros discípulos le contaron del hecho de la resurrección, Tomas respondió: "No creeré a menos que vea" (Juan 20:25). Algunos de nosotros somos escépticos como lo era Tomás; encontramos muy fácil dudar de lo que no podemos ver o tocar... Tomás finalmente vio al Cristo resucitado, quien le dijo: "No seas incrédulo, sino creyente" (Juan 20:27). Cuando Jesús llamó a Tomás a creer, apeló a la voluntad de Tomás...

Escoger creer en la resurrección de Jesucristo conduce al gozo, la paz y la experiencia de su vida resucitada en nosotros. El Cristo vivo es la principal razón para hablarles a otros acerca de nuestra fe. Pablo, escribiendo a los corintios, dijo: "Si Cristo no resucitó, vana es vuestra fe" (1 Corintios 15:17). Ninguna otra religión del mundo se gloría en que su fundador era realmente Dios que se hizo hombre, fue muerto, y sin embargo resucitó de la muerte. ¡Tales afirmaciones ciertamente debieran investigarse! Aun si usted es escéptico por naturaleza, al igual que lo era Tomás, es seguro investigar sus dudas llevándolas directamente a Cristo. ¡Permita que Él le ayude a escoger creer!

JILL BRISCOE

Día 333

PERSEGUIDO POR EL RECUERDO

JUAN 21:9-10

Al descender a tierra, vieron brasas puestas, y un pez encima de ellas, y pan. Jesús les dijo: Traed de los peces que acabáis de pescar.

Después de su resurrección, Jesús se apareció a sus discípulos en una playa, habiendo hecho un fuego y cocinado el desayuno (Juan 21:9). De todos ellos, Pedro debió de haber contenido la respiración cuando olió el punzante olor del humo. Seguramente le rodeó de recuerdos de una horrible noche de no hacía mucho tiempo en que él había estado temblando a la vez que se calentaba al lado de otro fuego (Juan 18:18)...

Ahora, en una playa, el Jesús resucitado estaba haciendo el desayuno para Pedro y los demás sobre unas brasas. Después de la comida, el Señor le preguntó a Pedro tres veces: "¿Me amas?". ¿Puede imaginarse cómo esa pregunta, iniciada por su reciente fracaso, debió de haber penetrado el alma de Pedro?... Sin embargo, Jesús hizo saber a Pedro que a pesar de su fracaso, él podía ser perdonado. Aún más, el Señor resucitado le dijo que tenía un trabajo especial para Pedro...

Pedro permitió que Jesucristo le perdonara, le limpiara de sus pecados y le llenara del Espíritu Santo para así poder servir a su Señor con poder. Nosotros podemos hacer lo mismo.

JILL BRISCOE

Día 334

CUIDA DE MIS OVEJAS

JUAN 21:16 NVI

Y volvió a preguntarle: Simón, hijo de Juan, ¿me amas? Sí, Señor, tú sabes que te quiero. Cuida de mis ovejas.

¿Qué podría ser más grande que ser visto haciendo las cosas de Cristo declaradas como pruebas de amor por Él? Él dijo, dirigiéndose al líder de los apóstoles: "Pedro, ¿me amas?". Cuando Pedro confesó que sí, el Señor añadió: "Si me amas, cuida de mis ovejas". El Maestro no le preguntó al discípulo si le amaba para obtener información (¿por qué iba a hacerlo cuando Él ya conoce el corazón de todos?), sino para enseñarnos el gran interés que Él tiene en el cuidado de esas ovejas. Claramente, pues, quienes trabajan por esas ovejas que Cristo valora tanto, recibirán una gran recompensa. Porque cuando vemos a alguien que cuida de los miembros de nuestro hogar, o de nuestros rebaños, consideramos que el celo de esa persona por ellos es una señal de amor hacia nosotros mismos. Sin embargo, todas esas cosas se pueden comprar con dinero. Imagine, pues, el gran regalo que Cristo dará a quienes cuiden del rebaño que Él compró, no con dinero ni ninguna otra cosa similar, sino con su propia muerte. Porque Él puso su vida en pago por el rebaño.

CRISÓSTOMO

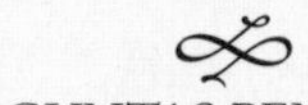

Día 335

PREGUNTAS PENETRANTES

JUAN 21:17

Le dijo la tercera vez: Simón, hijo de Jonás, ¿me amas? Pedro se entristeció de que le dijese la tercera vez: ¿Me amas? Y le respondió: Señor, tú lo sabes todo; tú sabes que te amo. Jesús le dijo: Apacienta mis ovejas.

[Pedro] fue despertado al hecho de que en el verdadero centro de su vida personal él estaba dedicado a Jesús, y comenzó a ver lo que significaba el paciente interrogatorio. No hubo la más mínima brizna de engaño en la mente de Pedro, y él nunca más podría ser engañado. No había lugar para las afirmaciones apasionadas, ni para la alegría o el sentimiento; era una revelación para

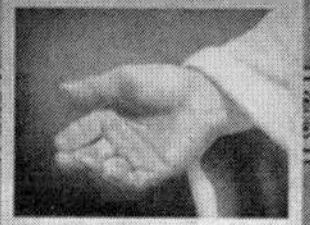

que él se diera cuenta de lo mucho que amaba al Señor, y con sorpresa dijo: "Señor, tú sabes todas las cosas". Pedro comenzó a ver lo mucho que amaba a Jesús; pero no dijo: "Mira esto, o aquello, para confirmarlo". Pedro estaba comenzando a descubrirse a sí mismo lo mucho que amaba al Señor, que no había nadie en los cielos o en la tierra aparte de Jesucristo; pero él no lo supo hasta que se produjeron las penetrantes y dolorosas preguntas del Señor. Las preguntas del Señor siempre me revelan a mí mismo.

¡La paciente franqueza y habilidad de Jesucristo con Pedro! Nuestro Señor nunca hace preguntas hasta que llega el momento adecuado. Rara vez, pero probablemente en una ocasión, Él nos llevará a un rincón, donde nos herirá con sus preguntas directas, y nosotros comprenderemos que le amamos mucho más profundamente de lo que ninguna profesión de fe podrá nunca mostrar.

OSWALD CHAMBERS

DÍA 336

PROFUNDAMENTE CAMBIADO

JUAN 21:17

Jesús le dijo: Apacienta mis ovejas.

Querido amigo, le suplico que mire a Pedro profundamente cambiado: el Pedro que se agradaba a sí mismo, confiaba en sí mismo y se buscaba a sí mismo, lleno de pecado, continuamente metiéndose en problemas, necio e impetuoso, pero ahora lleno del Espíritu y de la vida de Jesús. Cristo lo había hecho por él mediante el Espíritu Santo...

Esa historia debe ser la historia de todo creyente que realmente vaya a ser hecho una bendición por Dios. Esa historia es una profecía de la que todos pueden recibir de mano de Dios en el cielo...

¿Cómo fue que Pedro, el carnal Pedro, obstinado Pedro, con su fuerte amor propio, llegó a convertirse en un hombre de

Pentecostés y el escritor de su epístola? Fue porque Cristo lo tenía a su cargo, y Cristo le cuidaba, y Cristo le enseñó y le bendijo. Las advertencias que Cristo le había hecho fueron partes del entrenamiento; y lo último de todo fue esa mirada de amor. En su sufrimiento, Cristo no se olvidó de él, sino que se volvió y le miró, y "Pedro salió y lloró amargamente". Y el Cristo que guió a Pedro a Pentecostés está esperando hoy para hacerse cargo de todo corazón que esté dispuesto a rendirse a Él.

ANDREW MURRAY

Día 337

SU SUFRIMIENTO FUE COMPRENDIDO

JUAN 21:18-19

De cierto, de cierto te dijo: Cuando eras más joven, te ceñías, e ibas a donde querías; mas cuando ya seas viejo, extenderás tus manos, y te ceñirá otro, y te llevará a donde no quieras. Esto dijo, dando a entender con qué muerte había de glorificar a Dios. Y dicho esto, añadió: Sígueme.

Entre muchos otros santos, el bendito apóstol Pedro fue condenado a muerte y crucificado, como algunos escriben, en Roma. Hegesipo dice que Nerón buscaba cargos en contra de Pedro para llevarle a la muerte; y cuando eso fue percibido por la gente, ellos rogaron a Pedro con muchas palabras que abandonara la ciudad. Pedro, a causa de la importunidad de ellos que lo convenció, se preparó para irse; pero llegando a la puerta, vio al Señor Cristo venir a su encuentro, a quien él, adorando, dijo: "Señor, ¿a dónde vas?". A lo cual Él respondió y dijo: "Voy a ser crucificado de nuevo". Con ello Pedro, percibiendo que su sufrimiento era entendido, regresó a la ciudad. Jerónimo dice que él fue crucificado cabeza abajo, a requerimiento de él mismo, porque era (según dijo) indigno de ser crucificado de la misma manera que lo fue el Señor.

LIBRO DE LOS MÁRTIRES DE FOXE

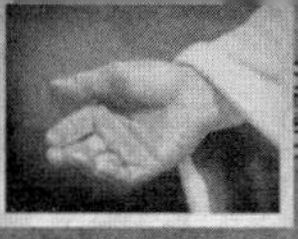

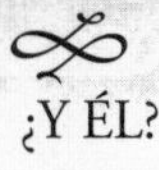

¿Y ÉL?

JUAN 21:21-22

Cuando Pedro le vio, dijo a Jesús: Señor, ¿y qué de éste? Jesús le dijo: Si quiero que él quede hasta que yo venga, ¿qué a ti? Sígueme tú.

Jesús le había dicho a Pedro con bastante énfasis: "Cuando seas viejo extenderás tus manos, y otros te ceñirán y te llevarán donde tú no quieras" (Juan 21:18). Pedro entonces notó que Juan estaba cerca, y dijo: "Señor, ¿y qué de éste?" (21:21)...

La respuesta que Jesús dio fue directa al grano... En lenguaje sencillo, eso quería decir que lo que Jesús decidiera hacer con Juan, ¡no era asunto de Pedro! El futuro de Juan quedaba estrictamente entre Jesús y Juan. De la misma manera, el futuro de Pedro estaba en manos de Jesús y, por tanto, solamente les importaba a Jesús y a Pedro. Lo que Jesús le había dicho a Pedro acerca de su propio futuro era todo lo que Pedro necesitaba saber.

Jesús añadió: "Sígueme tú" (21:21). A la luz del futuro que Pedro estaba llamado a vivir, no podía permitirse ninguna distracción del llamado fundamental y consumidor de seguir a Jesús. Eso era lo que él había sido desafiado a hacer años atrás al lado del lago, y su llamado no había sido rescindido ni alterado.

Intentar comprender las formas del trato de Dios con otras personas puede ser confuso. Puede que lleguemos a sentirnos contrariados, pero una cosa ayudará. Deberíamos dejar que Jesús haga su trabajo, que es dirigir, y nosotros deberíamos hacer el nuestro, que es seguir. Eso nos ayudará a estar centrados.

STUART BRISCOE

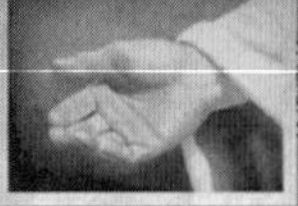

JESÚS DA LA GRAN COMISIÓN

Por tanto, id, y haced discípulos a todas las naciones, bautizándolos en el nombre del Padre, y del Hijo, y del Espíritu Santo.
MATEO 28:19

La resurrección captó la plena atención de los discípulos, y la gran comisión les dio dirección. Jesús originalmente prometió que los haría pescadores de hombres. Cuando Él envió la última vez a sus discípulos, declaró abierta la veda en el mundo. Jesús anunció que las personas de todas las naciones son candidatas para el discipulado; todas las personas debieran escuchar el evangelio.

Los parámetros de la misión fueron globales: el marco de tiempo, "hasta el fin del mundo"; el mensaje: convertirse en discípulo de Jesús y "guardar todas las cosas que os he mandado".

Ningún aspecto de la comisión de Jesús ha sido rescindido. Los creyentes viven bajo órdenes permanentes. Si todo el poder y la pasión de la vida y el ministerio de Jesús fueron derramadas en sus palabras finales, entonces nuestro fracaso en llevar a cabo ese mandato en nuestras vidas puede ser un síntoma de desobediencia o incredulidad. El desafío de la gran comisión es serio y personal; considere una vez más hasta qué grado refleja la manera en que usted pasa sus días.

DÍA 339

ADORADORES GOZOSOS

MATEO 28:16-17

Pero los once discípulos se fueron a Galilea, al monte donde Jesús les había ordenado. Y cuando le vieron, le adoraron; pero algunos dudaban.

Felices quienes han alcanzado el fin del camino que buscamos recorrer, que se sorprenden al descubrir la evidente verdad de que la gracia es costosa simplemente porque es la gracia de Dios en Jesucristo. Felices quienes son sencillos seguidores de Jesucristo y que se han convertido por su gracia, y son capaces de cantar las alabanzas de la gracia todo suficiente de Cristo con humildad de corazón. Felices quienes, conociendo esa gracia, pueden vivir en el mundo sin ser de él; quienes, por seguir a Jesucristo, están tan seguros de su ciudadanía celestial que son verdaderamente libres para vivir sus vidas en este mundo. Felices quienes saben que el discipulado simplemente significa la vida que brota de la gracia, y que la gracia simplemente significa discipulado. Felices quienes se han convertido en cristianos en este sentido de la palabra. Para ellos la palabra de gracia ha probado ser un manantial de misericordia.

DIETRICH BONHOEFFER

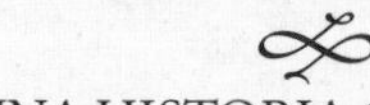

Día 340

UNA HISTORIA QUE CONTAR

MATEO 28:19

*Por tanto, id, y haced discípulos
a todas las naciones.*

Tenemos una historia que contar a las naciones.
Que hará volver sus corazones a la rectitud,
Una historia de verdad y misericordia,
Una historia de paz y de luz,
Una historia de paz y de luz.

Tenemos un mensaje que dar a las naciones,
Que el Señor que reina en las alturas
Ha enviado a su Hijo para salvarnos,
Y mostrarnos que Dios es amor,
Y mostrarnos que Dios es amor.

Tenemos un Salvador que mostrar a las naciones,
Que ha recorrido el camino del dolor,
Para que todos los pueblos del mundo
Puedan llegar a la verdad de Dios,
Puedan llegar a la verdad de Dios.

H. ERNEST NICHOL

Día 341

TODA NACIÓN

MATEO 28:19

Por tanto, id, y haced discípulos a todas las naciones.

¡Oh, Iglesia de Dios, levántate!
Extiende tu mano ayudadora,
Y, como la trompeta, deja que tu voz
Salga por todas las tierras;
No dejes caer tu armadura,
No ceses ni de día ni de noche,
De levantar la espada de la verdad del Evangelio,
Y blandirla por el bien.

¡Oh, Iglesia de Dios, levántate!
Extiende tus fronteras ampliamente,
Y a los extremos más remotos de la tierra
Envía pronto a tus heraldos;
Tus ejércitos son ahora grandes,
Pero más grandes aún deben ser,
Porque toda nación, toda región
Se regocijará en ti.

FANNY CROSBY

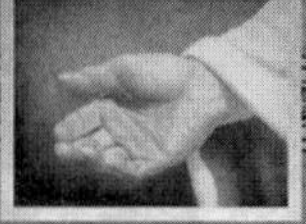

DANOS PALABRAS

MATEO 28:20

Enseñándoles que guarden todas las cosas que os he mandado, y he aquí yo estoy con vosotros todos los días, hasta el fin del mundo.

Oramos que nos sean dadas palabras, tal como está escrito en el libro de Jeremías: "Y me dijo Jehová: He aquí he puesto mis palabras en tu boca. Mira que te he puesto en este día sobre naciones y sobre reinos, para arrancar y para destruir, para arruinar y para derribar, para edificar y para plantar" (Jeremías 1:9-10). Porque ahora necesitamos palabras que arranquen de toda alma herida las ignominias habladas contra la verdad... También necesitamos pensamientos que derriben todos los edificios basados en las opiniones falsas... Y necesitamos una sabiduría que destruya todas las fortalezas que se levantan contra el conocimiento de Dios. Al igual que no debemos dejar de arrancar y destruir los estorbos que acaban de mencionarse, debemos —en lugar de lo que ha sido arrancado— plantar las plantas del campo de Dios. En lugar de lo que ha sido derribado, debemos levantar el edificio de Dios y el templo de su gloria. Por esa razón, debemos también orar al Señor que dio los dones mencionados en el libro de Jeremías. Oremos que Él nos de palabras para edificar el templo de Cristo, para plantar las leyes espirituales, y para enseñar a otros a hacer lo mismo.

ORÍGENES

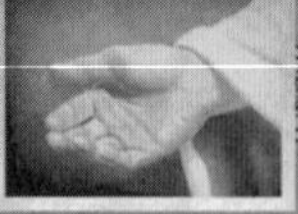

Día 343

MISIONEROS

JUAN 20:21 NVI

¡La paz sea con ustedes!, repitió Jesús. Como el Padre me envió a mí, así yo los envío a ustedes.

Jesús dijo que la salvación debe predicarse "hasta lo último de la tierra". Ningún lugar debe pasarse por alto ni dejarse fuera. Él no dijo que sólo en las naciones buenas, las naciones occidentales, o las naciones orientales; Él no dijo que sólo a aquellos que estén dispuestos a escucharnos, o a aquellos que nos gusten, o a aquellos que no nos persigan. Él dijo a todas las naciones.

Cuando Jesús dio a sus discípulos sus órdenes de marcha, les dijo que comenzaran en Jerusalén, el lugar de sus peores experiencias y mayores fracasos. Después debían ir a Judea, el lugar donde sus vecinos y familiares judíos vivían y conocían lo peor de ellos. Después de eso debían ir a Samaria, el lugar de sus peores prejuicios. Desde allí debían ir hasta lo último de la tierra...

En realidad, a menudo es más fácil ir a las partes más lejanas antes que atender a las cercanas. Sentimos que nos conocen demasiado bien en nuestra "Jerusalén", y por eso tememos que la gente no nos crea. Pero necesitamos comenzar allí.

JILL BRISCOE

Día 344

EL GRAN CUADRO

HECHOS 1:8 NVI

Pero cuando venga el Espíritu Santo sobre ustedes, recibirán poder y serán mis testigos tanto en Jerusalén como en toda Judea y Samaria, y hasta los confines de la tierra.

Este es el gran cuadro. Cristo vino, murió y resucitó para reunir una gozosa e incontable compañía para su nombre de entre todos los pueblos del mundo. Esto es lo que cada cristiano debiera soñar... Es crucial que millones de cristianos cumplan su llamado en trabajos seculares, al igual que es igualmente crucial que durante el tiempo de guerra, toda la tela de la vida y la cultura no se deshilache. Pero durante el tiempo de guerra, aun a los millones de civiles les encanta recibir noticias del frente; les encanta oír de los triunfos de las tropas; sueñan con el día en que ya no habrá más guerra. Así ocurre con los cristianos. Todos nosotros debiéramos soñar con esto. Debiera encantarnos oír cómo se está produciendo el avance del Rey Jesús; debiera encantarnos oír de los triunfos del evangelio a medida que Cristo planta su Iglesia entre los pueblos asediados durante siglos por los poderes extranjeros de las tinieblas.

JOHN PIPER

DÍA 345

EL MAYOR MINISTERIO

MATEO 24:14

Y será predicado este evangelio del reino en todo el mundo, para testimonio a todas las naciones; y entonces vendrá el fin.

Recuerde cuando apareció por primera vez la televisión. Muchos cristianos le dieron la espalda, creyendo que era dirigida por el príncipe del poder del aire. El maligno ciertamente tuvo su influencia en ese medio (y sigue teniéndola), ¿pero por qué no usar la televisión como un medio para proclamar las buenas nuevas? ¿Por qué no usar la radio? ¿Por qué no usar la prensa? ¿Por qué no usar la Internet? ¿Por qué no usar cualquier medio que tengamos a nuestra disposición para llevar el mensaje del evangelio y extenderlo por todo el mundo? Cuanto más lejos, mejor. Cuanto más rápido, mejor. Cuanto antes, mejor. ¡Hasta que Él venga!

Lo que Jesús estaba diciendo a sus discípulos era esto: "Mientras estuve en la tierra, yo estaba localizado. Solamente podía tocar a hombre y mujeres individuales en mis viajes y hablar a unas cuantas audiencias locales. Pero créanme, después de que me haya ido y venga el Espíritu Santo para llenar y dar poder a mis hijos e hijas, entonces mi ministerio se extenderá tan lejos como estén los cristianos".

Por tanto, dondequiera que haya un cristiano, allí está Cristo. Dondequiera que haya un creyente, allí está el ministerio.

DAVID JEREMIAH

DÍA 346

EXTIÉNDANLO

HECHOS 1:8

Pero recibiréis poder cuando venido sobre vosotros el Espíritu Santo, y me seréis testigos en Jerusalén, en toda Judea, en Samaria, y hasta lo último de la tierra.

Dios nunca nos da nada para que lo guardemos para nosotros mismos. Ya sea dinero, perspectiva o verdad, tiene que ser compartido. Jesús dijo en su gran mandamiento en Mateo 28:19:20: "Por tanto, id, y haced discípulos a todas las naciones, bautizándolos en el nombre del Padre, y del Hijo, y del Espíritu Santo, enseñándoles que guarden todas las cosas que os he mandado". A aquellos que fueron testigos de su ascensión, declaró en Hechos 1:8: "Pero recibiréis poder cuando venido sobre vosotros el Espíritu Santo, y me seréis testigos en Jerusalén, en toda Judea, en Samaria, y hasta lo último de la tierra". Jesús hizo saber muy claramente a sus discípulos que la verdad que Él les había enseñado durante los últimos tres años no era para ser guardada en una reserva personal de conocimiento. Ellos debían dar lo que habían recibido.

CHARLES STANLEY

DÍA 347

NUESTRA COMISIÓN

HECHOS 1:8

Pero recibiréis poder cuando venido sobre vosotros el Espíritu Santo, y me seréis testigos en Jerusalén, en toda Judea, en Samaria, y hasta lo último de la tierra.

Esta es la comisión que se mantiene para nosotros en la actualidad. No es dada solamente a una entidad corporativa, a la Iglesia como cuerpo; no es una comisión corporativa. Es un mandato muy personal para cada uno de los creyentes: de forma personal, privada. Fue dada a aquellos hombres aun antes de que el Espíritu Santo hubiera venido y hubiera formado la Iglesia. Es un mandato directo para usted y para mí en la actualidad; nos corresponde a nosotros llevar la Palabra de Dios al mundo. No podemos decir que es trabajo de la Iglesia enviar misioneros y dar el evangelio, y después sentarnos y dejar que otros lo hagan. La pregunta más importante es si *usted* está llevando la Palabra de Dios. ¿Ha ido usted hasta lo último de la tierra como testigo del evangelio? ¿O apoya a un misionero o un programa de radio que lo hace? ¿Está usted personalmente involucrado? Hoy día hay muchas personas que quieren hablar acerca de los tiempos de la venida de Él, pero no quieren involucrarse en llevar la Palabra de Dios. Pero esa es su comisión —no sólo para los apóstoles—, que es su comisión para usted y para mí... Él quiere que las personas sean salvas. Esa es nuestra comisión.

J. VERNON MCGEE

Día 348

¿CUÁL ES SU TESTIMONIO?

HECHOS 1:8

Pero recibiréis poder cuando venido sobre vosotros el Espíritu Santo, y me seréis testigos en Jerusalén, en toda Judea, en Samaria, y hasta lo último de la tierra.

"En Jerusalén", lo cual se aplica a nosotros, significa que en nuestra ciudad natal debería haber un testigo de Cristo. "En toda Judea" equivale a nuestra comunidad; "Samaria" representa el otro lado de la carretera, las personas con las que no nos juntamos. Aunque puede que no nos encontremos con esas personas socialmente, debemos llevarles el evangelio. Desde luego que no podemos juntarnos con todo el mundo; podemos elegir a nuestros amigos, tal como hace todo el mundo. Esa es parte de la libertad que tenemos. Hay personas que no querrían juntarse con nosotros; hay muchas personas que no querrían tenerme a su alrededor, pues yo encresparía su estilo. Pero tenemos tanto el privilegio como la responsabilidad de llevar la Palabra de Dios a las personas con quienes no nos juntamos socialmente.

Finalmente, este testimonio de Cristo debe llegar hasta las partes más recónditas de la tierra. Nunca debiéramos perder de vista el hecho de que esa es la intención del Señor. Él nos ha dicho que si le amamos, guardemos sus mandamientos. Su mandamiento es personal; no podemos pasarlo a la multitud y decir: "La iglesia lo está haciendo; yo no necesito involucrarme". ¿Hasta dónde está usted involucrado, amigo? ¿Cuál es su testimonio de Cristo?

J. VERNON MCGEE

USTED ES LA HISTORIA

HECHOS 1:8

Pero recibiréis poder cuando venido sobre vosotros el Espíritu Santo, y me seréis testigos en Jerusalén, en toda Judea, en Samaria, y hasta lo último de la tierra.

El corazón de la estrategia de Cristo para hablarle al mundo del amor de Dios es algo diferente: Él testifica por medio de cada uno de sus seguidores dondequiera que estén, cada día.

Lo cual hace indispensable a cada creyente. Cada seguidor de Cristo emplea mucho de su tiempo donde los profesionales no lo hacen: en contacto con los incrédulos. ¡Y el amor funciona sólo por contacto!

Lo cual es el punto de Pentecostés (Hechos 2). El Espíritu Santo fue dado a cada discípulo que estaba allí (120), y no sólo a los apóstoles (12). Por consiguiente, Él vino sobre los tres mil que respondieron a su testimonio. Pentecostés dio cumplimiento a la increíble promesa de Cristo en su último discurso: "El que en mí cree, las obras que yo hago, él las hará también; y aun mayores hará" (Juan 14:12).

Lo que Jesús comenzó en su encarnación —en su propio cuerpo— ahora debía ser continuado por medio de los cuerpos de cada creyente, de forma simultánea, dondequiera que estuvieran. Jesús comenzó algo durante su breve ministerio en la tierra que debía ser continuado mediante su cuerpo, la Iglesia, después de que Él ascendiera.

El libro de Hechos es el relato de esa continuación.

Y el libro de Hechos ¡*aún sigue escribiéndose*!

RICHARD HALVERSON

Día 350

RIÓS DE AGUA VIVA

JUAN 7:38

El que cree en mí, como dice la Escritura, de su interior correrán ríos de agua viva.

Jesús estaba colgado en la cruz, Él fue traspasado; murió. Aunque clamó desde el Calvario: "Dios mío, Dios mío, ¿por qué me has desamparado?", esas no fueron sus últimas palabras. En cambio, dijo: "Consumado es", y se volvió hacia el Padre: "Padre, en tus manos encomiendo mi espíritu". La obra está hecha, y desde Pentecostés todo aquel que cree en Jesús como su Salvador tiene el Espíritu Santo, el Espíritu de Cristo, el Espíritu de verdad —todas esas son palabras para la misma Persona— viviendo dentro de él. El Espíritu Santo, no alguna fuerza interior o integración psicológica, es la fuente de los desbordantes ríos de agua viva. Deben ser aguas vivas, un jardín regado en tiempo de sequía. ¡El Espíritu Santo vive en él!

Estos ríos no sólo deben ser copiosos, sino que también deben ser difundidos: los "ríos de agua viva" deben *fluir*, fluir hacia otros. El Espíritu Santo no debe guardarse egoístamente en el interior de mí mismo, como un tesoro encerrado en el pequeño puño de un niño. Las aguas no deben condenarse hasta que se conviertan en una charca de aguas estancadas. Deben ser un río que fluye, y fluye, y fluye.

FRANCIS SHAEFFER

Día 351

ENTRÉGUESE

JUAN 7:38

El que cree en mí, como dice la Escritura, de

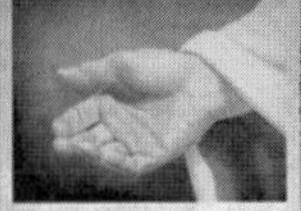

su interior correrán ríos de agua viva.

Cuanto más entiendo y contemplo la rendición de Jesús de sí mismo por mí, más me doy yo mismo una vez más a Él. La rendición es mutua: el amor viene de ambas partes. El darse a sí mismo causa una impresión tal en mi corazón, que mi corazón, con el mismo amor y gozo, se hace enteramente suyo. Por su entrega de sí mismo a mí, Él de sí mismo toma posesión de mí; se hace mío y yo suyo. Sé que tengo a Jesús enteramente para mí, y que Él me tiene enteramente para sí…

¿Y cómo es que llego yo, entonces, al pleno disfrute de esta bendita vida?... Por medio de la fe reflexiono y contemplo su rendición a mí, tan segura y gloriosa. Por medio de la fe me apropio de ella. Por medio de la fe confío en Jesús para confirmar esta rendición, para que se comunique a sí mismo a mí y se revele dentro de mí. Por medio de la fe espero con certeza la plena experiencia de salvación que surge de tener a Jesús como mío, de hacer todo, todo por mí. Por medio de la fe, vivo en este Jesús que me amó y se entregó por mí.

ANDREW MURRAY

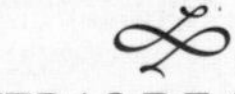

DÍA 352

LAS PRUEBAS DE SU PRESENCIA

ROMANOS 8:36 NVI

Así está escrito: "Por tu causa siempre nos llevan a la muerte; ¡nos tratan como a ovejas para el matadero!".

Cuando un gran rey envía un emisario a un pueblo rebelde, se espera una misión de rudo poder y terror; pero cuando Dios envió a su Hijo a nosotros, rebeldes, lo envió con ternura y humildad, aunque era un Rey enviando un Hijo que era también un Rey.

Él envió a Jesús como Dios, pero también lo envió como un Hombre a los hombres. Lo envió en una tarea de misericordia, de

persuasión, no de *fuerza*. La fuerza es extraña a la naturaleza de Dios. Jesús vino para invitar a los hombres, no a forzarlos, al arrepentimiento. Y el motivo de Dios para enviarlo fue amor, no juicio... aunque un día *lo enviará* en juicio, y "¿quién permanecerá el día de su venida?".

¿Cómo sabemos que Él vino, el Hijo de Dios, el Hijo del Hombre? Lo sabemos porque hemos visto los resultados de su venida: cuando vemos a sus seguidores que no quieren negarlo, aun cuando son llevados delante de feroces bestias o son torturados; cuando vemos sus números aumentar a medida que aumenta la persecución; cuando vemos que nada puede conquistar su fe en el Señor. Tales cosas no son obra del hombre mortal; son evidencia del poder de Dios. Son las pruebas de la presencia de Cristo.

EPÍSTOLA DE DIOGNETUS

DÍA 353

EL CORAZÓN DEL EVANGELIO

ROMANOS 3:25-26

A quien Dios puso como propiciación por medio de la fe en su sangre, para manifestar su justicia, a causa de haber pasado por alto, en su paciencia, los pecados pasados, con la mira de manifestar en este tiempo su justicia, a fin de que él sea el justo, y el que justifica al que es de la fe de Jesús.

El evangelio nos dice que nuestro Creador se ha convertido en nuestro Redentor. Anuncia que el Hijo de Dios se ha hecho hombre "por nosotros los hombres y por nuestra salvación", y ha muerto en la cruz para salvarnos del juicio eterno. La descripción básica de la muerte salvadora de Cristo en la Biblia es como una *propiciación*, es decir, como aquello que aplacó la ira de Dios contra nosotros quitando nuestros pecados de su vista. La ira de Dios es su justicia que reacciona contra la injusticia; se muestra a

sí misma como justicia retributiva. Pero Jesucristo ha sido nuestro escudo ante la perspectiva de la justicia retributiva al hacerse nuestro sustituto representante, en obediencia a la voluntad de su Padre, y recibiendo la paga de nuestro pecado en nuestro lugar. Por este medio, se ha hecho justicia, ya que los pecados de todos, los que serán perdonados, fueron juzgados y castigados en la persona de Dios el Hijo, y es sobre esta base que ahora se ofrece perdón a nosotros, los ofensores. El amor redentor y la justicia retributiva unieron sus manos, por así decirlo, en el Calvario, porque allí Dios se mostró a sí mismo como "justo, y el que justifica al que es de la fe de Jesús".

¿Comprende usted esto? Si lo hace, estará viendo hasta el mismo corazón del evangelio cristiano.

J. I. PACKER

DÍA 354

LAS BUENAS NUEVAS

JUAN 1:12 NVI

Mas a cuantos lo recibieron,
a los que creen en su nombre,
les dio el derecho de ser hijos de Dios.

Era imposible que nuestras vidas, que estaban separadas de Dios, pudieran regresar al alto y celestial lugar por medio de nuestro propio poder... Él nos liberó de la maldición al tomar nuestra maldición sobre sí mismo como suya... Habiéndose convertido en lo que nosotros éramos, una vez más unió la humanidad a Dios por medio de sí mismo. Mediante la pureza, Él llevó nuestros seres nuevos, creados a imagen de Dios, a una relación íntima con el Padre de nuestra naturaleza. Toda la plenitud de Dios físicamente moraba en Él, y Él llevó a la misma gracia todo lo que comparte en su cuerpo y que es similar a Él. Y Él proclama las buenas nuevas... a todo aquel que se convirtió en un

discípulo de la Palabra hasta el día de hoy. Las buenas nuevas son que las personas ya no están condenadas o apartadas del reino de Dios, sino que vuelven a ser hijos y han regresado a la posición que Dios les asignó... Por nosotros Él tomó parte en carne y sangre y nos salvó; nos volvió a llevar al lugar del que nos habíamos apartado, haciéndose mera carne y sangre por el pecado. Y así Él, de quien anteriormente estábamos separados por nuestra rebeldía, se ha convertido en nuestro Padre y nuestro Dios.

GREGORIO DE NICEA

DÍA 355

PARTICIPAR DE SUS SUFRIMIENTOS

FILIPENSES 3:10 NVI

A fin de conocer a Cristo, experimentar el poder que se manifestó en sus sufrimientos y llegar a ser semejante a él en su muerte.

Cuando llegue al cielo en mi nuevo cuerpo resucitado, esto es lo que espero hacer. Puede que sea teológicamente incorrecto, pero espero que pueda llevarme conmigo mi vieja silla de ruedas; no sólo mi modelo con motor, sino mi viejo tanque Sherman que uso en el sur de California: mi vieja y oxidada silla de ruedas. Eso es lo que quiero que esté a mi lado cuando esté delante de Jesús, porque entonces podré decir: "Señor Jesús, ¿ves esto? Bien, antes de que la envíes al infierno, hay algo que quiero decirte. Estuve en esta silla por más de tres décadas y tú tenías razón; en este mundo tuve problemas. Pero cuanto más problemática era la vida en esa silla de ruedas, más aprendí de ti; y cuanto más aprendí de ti, Señor, descubrí que tú eras más fuerte. La aflicción fue ligera y momentánea comparada con el privilegio que fue compartir la comunión de tus sufrimientos. Tú moriste por el pecado, yo morí al pecado, y así es como me fui haciendo semejante a ti en tu muerte. Y si no hubiera estado paralizada, no creo que me hubieran importado mucho esas cosas. Pero, Señor, en el

proceso de compartir tus sufrimientos, me acerqué mucho más a ti. Sentí tu fuerza. Fui capaz de revelarles a otros tu sonrisa y, milagrosamente, mi corazón latió al ritmo del tuyo".

JONI EARECKSON TADA

DÍA 356

NUESTRA OBSESIÓN

HEBREOS 12:1 NVI

Por tanto, también nosotros, que estamos rodeados de una tan grande de testigos, despojémonos del lastre que nos asedia, y corramos con perseverancia la carrera que tenemos por delante.

El poder de la morada de Cristo es lo que mantiene a los cristianos dinámicos vivos y entusiasmados por la vida.

A medida que caminamos en el poder del Cristo que mora en nosotros, los valores de la eternidad se hacen más importantes para nosotros. Muchas personas se convierten en nuestra obsesión porque muchas personas son la obsesión de Dios. Aunque sigamos teniendo trabajos, ganándonos la vida y pagando facturas, esas cosas ya no son el centro de nuestras vidas. Aunque trabajemos esforzándonos por mantenernos atractivos, no estamos enredados en ropa, peinados o zapatos. Nuestro propósito primordial y nuestra fuente de entusiasmo es alcanzar a los perdidos...

Cuando la vida de Jesús está obrando en nosotros, capacitándonos para comunicar el evangelio de forma natural a medida que caminamos por la vida, seremos renovados día a día.

LUIS PALAU

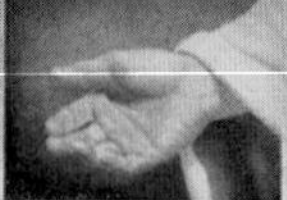

Jesús asciende al cielo

Les dijeron: Varones galileos, ¿por qué estáis mirando al cielo? Este mismo Jesús, que ha sido tomado de vosotros al cielo, así vendrá como le habéis visto ir al cielo.

HECHOS 1:11

Cuando Dios visitó la tierra, las formas de llegar y de partir fueron totalmente inesperadas. Él vino como un bebé: oculto, humilde y absolutamente sorprendente en su normalidad. Vino como cualquier otro porque tenía algo para todos. Cuando partió, Jesús lo hizo a plena vista. No se desvaneció sino que ascendió. Él se fue, pero de tal manera que su inminente regreso ha sido una posibilidad diaria, tal como Él prometió.

La ascensión de Jesús no fue ni mucho menos un fin sino un principio. Cuando desapareció en las nubes, comenzó la anticipación. Dios tenía la intención de que fuese activa: una anticipación de aventura y significado. Nos mandó observar y esperar: ocupadamente. Cuando nos centramos demasiado en observar, no llevamos a cabo sus mandamientos; cuando nos apoyamos demasiado en la espera, comenzamos a perder de vista su promesa de regresar. Aquellos primeros discípulos se quedaron allí un rato observando el cielo. Parecían estar inmovilizados por otro cambio de acontecimientos. Un ángel tuvo que recordarles que había trabajo por hacer antes de que Jesús regresara de la misma manera que se había marchado.

Esta sección se ocupa del tiempo intermedio, en el que observamos y esperamos. Jesús ha preparado un lugar. Él regresará. ¿Estará usted preparado?

Día 357

ESCOJA DE QUÉ LADO ESTÁ

MATEO 28:17

Y cuando le vieron, le adoraron;
pero algunos dudaban.

Todo el mundo tiene una opinión. Todo el mundo escoge de qué lado está. Usted no puede ser neutral en un asunto como esto. ¿Apatía? Esta vez no. Es un lado o el otro. Todos tenemos que escoger.

Y ellos escogieron.

Por cada astuto Caifás hubo un atrevido Nicodemo. Por cada cínico Herodes hubo un Pilato que preguntaba. Por cada ladrón bocazas hubo uno que buscaba la verdad. Por cada traidor Judas hubo un fiel Juan.

Hubo algo en la crucifixión que hizo que cada uno de los testigos o bien se acercara a ella o bien se alejara d ella. Simultáneamente atraía y repelía.

Y hoy día, dos mil años después, lo mismo es cierto. Es la línea divisoria de las aguas. Es la falla continental. Es Normandía. Y usted está o bien en un lado o bien en el otro. Se demanda una elección. Podemos hacer lo que queramos con la cruz. Podemos examinar su historia. Podemos estudiar su teología. Podemos reflexionar en sus profecías. Sin embargo, lo único que no podemos hacer es alejarnos de ella siendo neutrales. No está permitido sentarse en la valla. La cruz, su absurdo esplendor, no permite eso. Es el único lujo que Dios, en su horrible misericordia, no permite.

¿De qué lado está usted?

MAX LUCADO

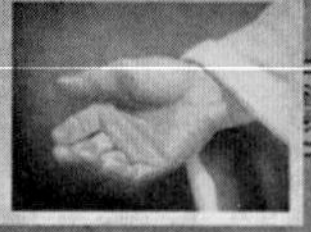

Día 358

FUERA DE LA VISTA

HECHOS 1:9

Y habiendo dicho estas cosas, y viéndolo ellos,
fue alzado, y le recibió una nube que le ocultó de sus ojos.

Él se ha ido; una nube de luz
Le recibió y le ocultó de la vista;
En las alturas del cielo, donde los ojos de los hombres
No pueden seguir, ni los ángeles comprender;
A través de los velos del tiempo y el espacio,
Pasó al lugar santísimo;
Toda la angustia y la tristeza, pasadas,
Toda la batalla luchada y ganada.

Él se ha ido; pero no en vano,
Espere hasta que regrese;
Él ha resucitado, no está aquí,
Muy por encima de esta esfera terrenal;
Más aún en corazón y mente
En Él encontramos nuestra paz:
A nuestro eterno Amigo,
Hasta allí ascendamos.

ARTHUR P. STANLEY

Día 359

LA PUERTA ABIERTA

LUCAS 24:51

Y aconteció que bendiciéndolos, se separó de ellos,
fue llevado arriba al cielo.

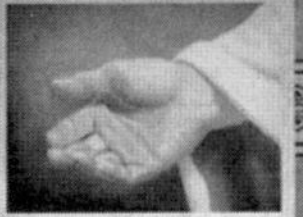

Mediante su ascensión nuestro Señor entra en el cielo y deja la puerta abierta para la humanidad.

En el monte de la ascensión se completa la transfiguración. Si Jesús se hubiera ido al cielo desde el monte de la transfiguración, se habría ido solo; no habría sido para nosotros nada más que una gloriosa Figura. Pero Él dio la espalda a la gloria, y descendió del monte para identificarse con la humanidad caída.

La ascensión es la consumación de la transfiguración. Nuestro Señor ahora regresa a su gloria primera; pero no vuelve simplemente como Hijo de Dios; vuelve a Dios como *Hijo del Hombre* al igual que como Hijo de Dios. Ahora hay libertad de acceso directo para todo aquel que quiera hasta el trono mismo de Dios mediante la ascensión del Hijo del Hombre. Como Hijo del Hombre, Jesucristo deliberadamente limitó la omnipotencia, omnipresencia y omnisciencia en sí mismo. Ahora están en su pleno y absoluto poder. Como Hijo del Hombre, Jesucristo tiene todo poder en el trono de Dios. Él es Rey de reyes y Señor de señores desde el día de su ascensión hasta ahora.

OSWALD CHAMBERS

DÍA 360

LA NUBE DE GLORIA

HECHOS 1:9

Y habiendo dicho estas cosas, y viéndolo ellos, fue alzado, y le recibió una nube que le ocultó de sus ojos.

Hubo una nube para recibirlo. ¿Qué clase de nube era esa? ¿Una nube de agua? No, era la misma gloria *shekinah* que había llenado el tabernáculo. En su oración sacerdotal, Él había orado: "Y ahora, Padre, glorifícame con aquella gloria que tuve contigo antes que el mundo fuese" (Juan 17:5). Cuando Él nació en este mundo, fue envuelto en pañales. Cuando dejó esta tierra, fue envuelto en nubes de gloria. Esa es la forma en que regresó a la diestra del Padre...

Es el Jesús glorificado quien ascendió al cielo. Este mismo Jesús, el Jesús glorificado, regresará de la misma manera y al mismo lugar. Zacarías 14:4 nos dice: "Y se afirmarán sus pies en aquel día sobre el monte de los Olivos, que está en frente de Jerusalén al oriente; y el monte de los Olivos se partirá por en medio, hacia el oriente y hacia el occidente, haciendo un valle muy grande; y la mitad del monte se apartará hacia el norte, y la otra mitad hacia el sur". Él ascendió en aquel lugar, y regresará a aquel lugar.

J. VERNON MCGEE

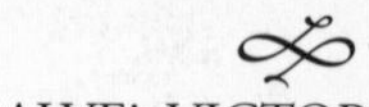

DÍA 361

¡SALVE! ¡VICTORIOSO JESÚS!

HECHOS 1:9

Y habiendo dicho estas cosas, y viéndolo ellos, fue alzado, y le recibió una nube que le ocultó de sus ojos.

¡Aclamen! ¡Al victorioso Jesús aclamen!
En su nube de gloria se remonta
En gran triunfo por el cielo,
Se eleva a mundos que le esperan.

Los cielos abren de par en par sus portales,
Glorioso Héroe, camina por ellos:
Rey de la gloria sentado en su trono,
El trono de su gran Padre, y el suyo propio.

Alábenle, todo el coro celestial,
Extasiado, hagan sonar sus resonantes liras
Hijos de los hombres, en un esfuerzo más humilde,
Canten del reinado de su poderoso Salvador.

Que cada nota con asombro suene;
Vencido el pecado, ¡el infierno cautivo!

¿Dónde está ahora, oh muerte, tu aguijón?
¿Dónde tus terrores? ¡rey derrotado!

THOMAS GIBBONS

DÍA 362

ÉL REGRESARÁ

HECHOS 1:11

Los cuales también les dijeron: Varones galileos,
¿por qué estáis mirando al cielo? Este mismo Jesús,
que ha sido tomado de vosotros al cielo,
así vendrá como le habéis visto ir al cielo.

El Padre misericordioso y dador tiene ternura hacia aquellos que lo temen, y con bondad y amor da cosas buenas a quienes vienen a Él con una mente confiada. Por lo tanto, no seamos de doble ánimo; tampoco dejemos que nuestras almas sean orgullosas a causa de sus dones abundantemente grandes y gloriosos. Está escrito: "Malditos los de doble ánimo y dudoso corazón, que dicen: Estas cosas las hemos oído aun en tiempos de nuestros padres; pero, miren, hemos envejecido y ninguna de ellas nos ha ocurrido". ¡Lejos esté de nosotros, necios! En cambio, compárense ustedes a un árbol: por ejemplo, a una vid. Primeramente, tira las hojas, luego florece, después da hojas y más tarde flores; después de eso llega la uva amarga, y luego sigue el fruto maduro. Ven cómo en poco tiempo el fruto de un árbol madura. Así se cumplirá la voluntad de Dios, pronto y de repente, tal como la Escritura da testimonio, diciendo: "El Señor vendrá de repente a su templo, el Santo, a quienes ustedes miran".

CLEMENTE DE ROMA

Día 363

SU REINO VENDRÁ

MIQUEAS 4:3

Y él juzgará entre muchos pueblos, y corregirá
a naciones poderosas hasta muy lejos; y martillarán
sus espadas para azadones, y sus lanzas para hoces;
no alzará espada nación contra nación,
ni se ensayarán más para la guerra.

En tiempos de Jesús, el pueblo de Israel aún estaba esperando su restauración. Antes de la crucifixión de Jesús, sus discípulos confiaban en que Jesús cumpliría la profecía de Miqueas librando a Israel de la ocupación romana y trayendo paz y prosperidad. Pero sus esperanzas se esfumaron cuando Él murió. Sin embargo, después de su resurrección de la muerte, los discípulos enseguida regresaron a sus anteriores esperanzas y preguntaron a Jesús: "Señor, ¿restaurarás el reino a Israel en este tiempo?" (Hechos 1:6). Jesús dejó claro en su respuesta que su reino no era esa clase de reino. En cambio, indicó que la profecía de Miqueas se cumpliría cuando su reino eterno, poblado por los redimidos, fuera establecido.

Este es el reino por el cual los cristianos oran repetidamente: "Venga tu reino" (Mateo 6:10) y del cual Jesús dijo: "Mi reino no es de este mundo" (Juan 18:36). Las guerras cesarán un día, pero sólo cuando el reino eterno de Cristo venga. Hasta entonces, las palabras de Pablo hablan en voz alta: "Si es posible, en cuanto dependa de vosotros, estad en paz con todos los hombres" (Romanos 12:18). Puede que no seamos capaces de parar las guerras; pero por la gracia de Dios podemos obedecer su mandamiento, y "si es posible", vivir en paz con los demás.

STUART BRISCOE

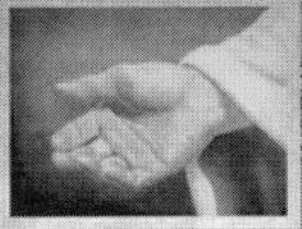

DÍA 364

A LA DIESTRA DE DIOS

ROMANOS 8:34 NVI

¿Quién condenará? Cristo Jesús es el que murió, e incluso resucitó, y está a la derecha de Dios e intercede por nosotros.

Para Él la ascensión llegó como la *culminación de la seguridad divina* de que la obra que Él había venido a hacer había sido consumada a entera satisfacción del Padre, a cuya diestra Él ahora había sido exaltado. "La derecha de Dios" es lenguaje metafórico de la omnipotencia divina. "Sentado" no implica que Él esté descansando, sino reinando como Rey y ejerciendo omnipotencia divina. La doctrina de la ascensión es, por tanto, la afirmación divina de la absoluta soberanía de Cristo sobre todo el universo...

Para el creyente, la ascensión de nuestro Señor tiene benditas implicaciones. Aunque físicamente remoto, Él está siempre cerca espiritualmente. Ahora libre de las limitaciones terrenales, su vida en las alturas es tanto la promesa como la garantía de la nuestra. "Porque yo vivo, vosotros también viviréis" (Juan 14:19). Su ascensión anticipa nuestra glorificación y nos da la seguridad de que Él ha ido a preparar lugar para nosotros (Juan 14:2)...

Le trae muy cerca de nosotros cuando recordamos que Él se llevó su humanidad con Él cuando regresó al cielo (Hebreos 2:14-18; 4:14-16).

"Llevó cautiva la cautividad" (Efesios 4:8). Su ascensión fue su regreso triunfante al cielo e indicó que el reino de tiranía del pecado ha terminado.

J. OSWALD SANDERS

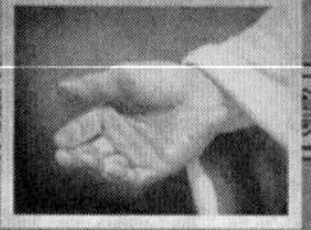

Día 365

¡VIDA ABUNDANTE!

JUAN 10:10

Yo he venido para que tengan vida,
y para que la tengan en abundancia.

Esta es una gran obra del amor de Dios por nosotros: Él nos da a su Hijo. En Él lo tenemos todo; de ahí que la gran obra de nuestro corazón deba ser recibir a este Jesús que nos ha sido dado, considerarlo y usarlo como nuestro. Debo comenzar cada día de nuevo con el pensamiento de que tengo a Jesús que hará todo por mí... En toda debilidad, u oscuridad, o peligro, en caso de todo deseo o necesidad, que su primer pensamiento sea siempre: tengo a Jesús para hacer que todo me vaya bien, porque Dios me lo ha dado a Él. Ya sea que necesite perdón, o consuelo, o confirmación, ya sea que haya usted caído o sea tentado a caer, en peligro, ya sea que sepa usted cuál es la voluntad de Dios en uno u otro asunto, o que sepa que usted no tiene la valentía y la fuerza para hacer su voluntad, que este sea su primer pensamiento: el Padre me ha dado a Jesús para que cuide de mí... Con este propósito, reconozca este don de Dios cada día como suyo... Tómelo, y abrácelo con fuerza en el amor de su corazón.

ANDREW MURRAY

Notas

Arthur, Kay. Extractos tomados de: *Beloved* (Amados). Copyright © 1994 por Kay Arthur. Publicado Por Harvest House Publishers, Eugene, Or. Usado con permiso.

Begg, Alistair. *What the Angels Wish They Knew* (Lo que los ángeles anhelan saber). Chicago: Moody Publishers, 1998.

Blackaby, Henry y Claude King. *Experiencing God workbook* (Cómo experimentar a Dios. Cuaderno). Nashville: LifeWay, 1990.

Boice, James Montgomery. *Amazing Grace* (Increíble gracia). Wheaton, Ill.: Tyndale House Publishers, 1993.

Bonhoeffer, Dietrich. *The Cost of Discipleship* (El costo del discipulado). New York: The Macmillan Co., 1967.

Bright, Bill. *God: Discover His Character.* (Dios: descubra su carácter). Orlando, Fl.: NewLife Publications, 1999.

Briscoe, Jill. *Daily Study Bible for Women* (Biblia de estudio diario para mujeres). Wheaton: Tyndale House Publishers, 1984.

Briscoe, Jill. *The Heartbeat of Jesus* (El latido del corazón de Jesús). Wheaton, Ill.: Scripture Press, Victor Books, 1984.

Briscoe, Stuart. *The One Year Book of Devotions for Men* (Libro devocionario en un año para hombres). Wheaton, Ill.: Tyndale House Publishers, 2000.

Bruce, F.F. Citas tomadas de *Hard Sayings of Jesus* (Dichos difíciles de Jesús), de F.F. Bruce. ©1983 F.F. Bruce. Usado con permiso de InterVarsity Press. P.O. Box 1400, Downers Grove, IL 60515.

Campolo, Anthony. *The Power Delusion* (La mentira del poder). Wheaton, Ill.: Victor Books, 1984.

Carmichael, Amy. *Edges of His Ways* (Bordes de sus caminos). Fort Washington, Penna.: Christian Literature Crusade, 1955.

Chambers, Oswald. *My Utmost for His Highest.* New York.: Dodd, Mead, and Company, 1935.

Chesterton, G.K. *The Everlasting Man* (El hombre eterno). Garden City, New York: Image Books, Doubleday & Co. 1955.

Colson, Charles W. *Born Again* (Nacido de nuevo). Old Tappan, New Jersey: Fleming H. Revell, una división de Baker Book House Company, 1976.

Curtis, Brent y John Eldredge. Reimpreso con permiso de Thomas Nelson Ind., Nashville, TN, del libro titulado *The Sacred Romance* (El romance sagrado), fecha de copyright 1997 por Thomas Nelson Publishers. Todos los derechos reservados.

DeMoss, Nancy Leigh. *Lies Women Believe* (Mentiras que creen las mujeres). Chicago: Moody Publishers, 2001.

Edersheim, Alfred. *The Life and Times of Jesus the Messiah* (La vida y los tiempos de Jesús el Mesías). McLean, Virginia: MacDonald Publishing Company, n.d.

Elliot, Elisabeth. De *A Lamp for My Feet* (Lámpara a mis pies), por Elisabeth Elliot ©1985 por Elisabeth Elliot. Publicado por Servant Publications, P.O. Box 8617, Ann Arbor, Michigan, 48107. Usado con permiso.

Evans, Anthony T. *Who is This King of Glory?* (¿Quién es este Rey de gloria?) Chicago: Moody Publishers, 1999.

Fernando, Ajith. *The Supremacy of Christ* (La supremacía de Cristo). Wheaton, Ill.: Crossway Books, 1995.

Foster, Richard J. *Prayer* (Oración). San Francisco: HarperSanFrancisco, una división de HarperCollins Publishers, 1992.

Foxe's Book of Martyrs (El libro de mártires de Foxe). Old Tappan, New Jersey. Fleming H. Revell, 1989.

Gariepy, Henry. *100 Portraits of Christ* (100 retratos de Cristo). Wheaton, Ill.: Victor Books, 1987.

Gire, Ken. *The Divine Embrace* (El abrazo divino). Wheaton, Ill.: Tyndale House Publishers, 2003.

Graham, Billy. *Angels: God's Secret Agents* (Ángeles: los agentes secretos de Dios). New York: Pocket Books, una división de Simon & Shuster, 1975.

Guinness, Os. Reimpreso con permiso. *The Call* (El llamado), Os Guinness, 1998, W. Publishing, Nashville, Tennessee. Todos los derechos reservados.

Halverson, Richard C. *No Greater Power* (Ningún poder mayor). Portland: Multnomah Press, 1986.

Hayford, Jack. *The Visitor* (El visitante). Wheaton, Ill.: Tyndale House Publishers, 1986.

Jeremiah, David. Extracto de *God in You* (Dios en usted). ©1998 por David Jeremiah. Usado con permiso de Multnomah Publishers, Inc.

Jeremiah, David. *Life Wide Open* (Vida abierta). Nashville: Integrity Publishers, 2002.

Jeremiah, David. *My Heart's Desire* (El deseo de mi corazón). Nashville: Integrity Publishers, 2002.

Jeremiah, David. *Sanctuary* (Santuario). Nashville: Integrity Publishers, 2002.

Jones, E. Stanley. *A Song of Ascents* (Un canto de ascensión). Nashville: Abingdon Press, 1968. Usado con permiso.

Jones, Rusell Bradley. *Gold From Golgotha* (Oro del Gólgota), 1945. ©Impact Christian Books, 332. Leffingwell Ave. Kirkwood, MO 36122.

Keller, W. Philip. *Rabboni* (Raboni). Old Tappan, New Jersey: Fleming H. Revell Company, 1977.

L'Engle, Madeleine. Reimpreso de *Penguins & Golden Calves.* Copyright ©1996 por Crosswicks, Inc. Usado con permiso de WaterBrook Press, Colorado Springs, CO. Todos los derechos reservados.

L'Engle, Madeleine. Reimpreso de *The Rock That is Higher* (La roca más alta). Copyright ©1993 por Crosswicks, Inc. Usado con permiso de WaterBrook Press, Colorado Springs, CO. Todos los derechos reservados.

Laurie, Greg. *Breakfast with Jesus* (Desayuno con Jesús). Wheaton, Ill.: Tyndale House Publishers, 2003.

Life Application Study Bible. Cita tomada de Perfil de Personalidad de Judas. *Life Application Study Bible* copyright ©1988, 1989, 1990, 1991, 1993, 1996 por Tyndale House Publishers, Inc., Wheaton, IL 60189. Todos los derechos reservados.

Lockyer, Herbert. *Seven Words of Love* (Siete palabras de amor). Waco, Tex.: Word Books, 1975.

Lotz, Anne Graham. Reimpreso con permiso. *God's Story* (La historia de Dios). Anne Graham Lotz, 1999, W. Publishing, Nashville, Tennessee. Todos los derechos reservados.

Lucado, Max. Reimpreso con permiso. *He Chose the Nails* (Él escogió los clavos), Max Lucado, 2000, W. Publishing, Nashville, Tennessee. Todos los derechos reservados.

Lucado, Max. *It's Not About Me* (No se trata de mí). Nashville: Integrity Publishers, 2003.

Lucado, Max. *No Wonder They Call Him Savior* (Con razón lo llaman Salvador). Portland, Ore.: Multnomah Press, 1986.

Lucado, Max. *Six Hours One Friday* (Seis horas de un viernes). Carmel, New York: Guideposts, 1989.

Lucado, Max. Reimpreso con permiso. *When Christ Comes* (Cuando Cristo venga). Max Lucado, 2000, W. Publishing, Nashville, Tennessee. Todos los derechos reservados.

Lutzer, Edwin. *Cries from the Cross* (Clamores desde la cruz). Chicago: Moody Publishers, 2002.

MacArthur, John. *Truth for Today* (Verdad par ahoy), por John MacArthur. Copyright 2001 por John MacArthur. Usado con permiso de J. Countryman, una división de Thomas Nelson, Inc.

Mains, David. *8 Survival Skills for Changing Times* (8 herramientas de supervivencia para tiempos cambiantes). Wheaton, Ill.: Chariot Victor Books, 1993.

Mains, Karen. Reimpreso con permiso de Thomas Nelson Inc., Nashville, TN., del libro titulado *Comforting One Another* (Consolarse los unos a los otros), fecha de copyright 1997 por Karen Mains. Todos los derechos reservados.

Marshall, Catherine. Reimpreso con permiso. *The Helper* (El ayudador), Catherine Marshall, 1978, W. Publishing, Nashville, Tennessee. Todos los derechos reservados.

Marshall, Peter. *The First Easter* (La primera Semana Santa). Old Tappan, New Jersey: Chosen Books, Fleming H. Revell, una división de Baker Book House Company, 1959.

McDowell, Josh. *More Than a Carpenter* (Más que un carpintero). Wheaton, Ill.: Tyndale House Publishers, 1977.

McGee, J. Vernon. *Acts: Chapters 1-14* (Hechos: Capítulos 1-14) en el comentario *Thru the Bible Commentary Series*. Nashville: Thomas Nelson Publishers, 1991. Usado con permiso de Thomas Nelson, Inc.

Meyer, Joyce. *Battlefield of the Mind* (El campo de batalla de la mente). New York: Warner Faith, una división de Warner Books, 2002.

Meyer, Joyce. *Knowing God Intimately* (Conociendo a Dios íntimamente). New York: Warner Faith, 2003.

Miller, Calvin. *Into the Depths of God* (A las profundidades de Dios). Minneapolis: Bethany House Publishers, una división de Baker Book House Company, 2000.

Moore, Beth. *Beloved Disciple* workbook (Discípulo amado. Cuaderno). Nashville: LifeWay Press, 2002.

Moore, Beth. *Jesus, The One and Only* (Jesús: el único). Nashville: Broadman & Holman Publishers, 2002.

Osborne, Grant y Philip Comfort, eds. *John*. En el comentario *Life Application Bible Commentary Series*. Wheaton, Ill.: Tyndale House Publishers, Inc., 1993.

Osborne, Grant y Philip Comfort, eds. *Mark*. En el comentario *Life Application Bible Commentary Series*. Wheaton, Ill.: Tyndale House Publishers, Inc., 1994.

Osborne, Grant y Philip Comfort, eds. *Mathew*. En el comentario *Life Application Bible Commentary Series*. Wheaton, Ill.: Tyndale House Publishers, Inc., 1996.

Packer, J. I. *I Want to be a Christian* (Yo quiero ser cristiano). Wheaton, Ill.: Tyndale House Publishers, 1987.

Packer, J. I. Citas tomadas de *Knowing God* (Conociendo a Dios) por J.I. Packer. ©1973 J.I. Packer. Usado con permiso de InterVarsity Press, P.O. Box 1400, Downers Grove, IL 60515.

Palau, Luis. *Stop Pretending* (Deja de fingir). Colorado Springs: Nexgen, una impresión de Cook Communications, 2003. Cook Communications Ministries, Colorado Springs, CO 809°8.

Pink, Arthur W. *Gleaming in the Godhead* (Resplandor en la Deidad). Chicago: Moody Publishers, 1975. (Ahora publicado bajo el título: The Nature of God 'La naturaleza de Dios').

Piper, John. *Don't Waste Your Life* (No desperdicie su vida). Wheaton, Ill.: Crossway Books, 2001.

Pippert, Rebecca Manley. Citas tomadas de *Out of the Salt Shaker and Into the World* (Fuera del salero), por Rebecca Manley Pippert. ©1999 por Rebecca Manley Pippert. Usado con permiso de InterVarsity Press, P.O. Box 1400, Downers Grove, IL 60515.

Pollock, John. *The Master* (El Maestro). Wheaton, Ill.: Victor Books, 1985.

Sanders, J. Oswald. *The Incompatible Christ* (El Cristo incompatible). Chicago: Moody Publishers, 1952.

Sauer, Erich. *The Triumph of the Crucified* (El triunfo del Crucificado), traducido por G.H. Lang. Grand Rapids: Wm. B. Eerdmans Publishing Company, 1957.

Sayers, Dorothy. *The Whimsical Christian, "The Greatest Drama Ever Staged"* (El cristiano caprichoso: el mayor drama jamás representado). New York: Collier Books, Macmillan Publishing Company, 1978.

Shaeffer, Edith. *Christianity is Jewish* (El cristianismo es judío). Wheaton, Ill.: Tyndale House Publishers, 1975.

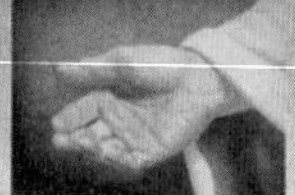

Smedes, Lewis B. Reimpreso de *How Can It Be All Right When Everything Is All Wrong?* (¿Cómo puede ir todo bien cuando todo va mal?). Copyright ©1999 por Lewis B. Smedes. Usado con permiso de WaterBrook Press, Colorado Springs, CO. Todos los derechos reservados.

Sproul, R.C. *The Holiness of God* (La santidad de Dios). Wheaton, Ill.: Tyndale House Publishers, Inc., 1998.

Stanley, Charles. Reimpreso con permiso de Thomas Nelson Inc., Nashville, TN., del libro titulado *How to Listen to God* (Cómo escuchar a Dios), fecha de copyright 1985 por Oliver Nelson Books. Todos los derechos reservados.

Stott, John R.W. Citas tomadas de *The Cross of Christ* (La cruz de Cristo), por John, R.W. Stott. ©1986 por John R.W. Stott. Usado con permiso de Intervarsity Press, P.O. Box 1400, Downers Grove, IL 60515.

Stowell, Joseph M. *Why It's Hard to Love Jesus* (Por qué es difícil amar a Jesús). Chicago: Moody Publishers, 2003.

Swindoll, Charles R. *Rise and Shine* (Levántate y resplandece). Portland, Ore.: Multnomah Press, 1989.

Tada, Joni Eareckson. Citas tomadas de *Praying Through Life's Problems* (Cómo orar durante las tormentas de la vida). Nashville: Integrity Publishers. Copyright ©2003 por the American Association of Christian Counselors.

Ten Boom, Corrie. *Amazing Love* (Increíble amor). Fort Washington, Penna.: Christian Literature Crusade, 1953.

Tozer, A.W. Reimpreso de *The Pursuit of God* (La búsqueda de Dios), por A.W. Tozer, copyright ©1982, 1993 por Christian Publications, Inc. Usado con permiso de Christian Publications, Inc., 800.233.4443.

Van Impe, Jack. *Great Salvation Themes* (Grandes temas de la salvación). Troy, Mich.: Jack Van Impe Ministries, 1991.

Veerman, David. *Beside Still Waters* (Al lado de aguas tranquilas). Wheaton, Ill.: Tyndale House Publishers, 1996.

Veerman, David. *On Eagles's Wings* (Sobre alas de águila). Wheaton, Ill.: Tyndale House Publishers, 1995.

Wiersbe, Warren W. *Meet Your King* (Conoce a tu Rey). Wheaton, Ill.: Victor Books, 1980.

Wirt, Sherwood Eliot. *Jesus Man of Joy* (Jesús, hombre de gozo). Eugene, Ore.: Harvest House Publishers, 1999.

Yancey, Philip. Citas aparecidas por primera vez en el número del 17 de Junio de 1996 de la revista Christianity Today. Usado con permiso de Christianity Today Internacional.

Zacharias, Ravi. Reimpreso con permiso. *Jesus Among Other Gods* (Jesús entre otros dioses), Ravi Zacharias, fecha de copyright 2000. W. Publishing, Nashville, Tennessee. Todos los derechos reservados.

Zacharias, Ravi. *Recapture the Wonder* (Vuelva a captar la maravilla). Nashville: Integrity Publishers, 2003.